CADEIAS DE VALOR
O novo imperialismo econômico

INTAN SUWANDI

CADEIAS DE VALOR
O novo imperialismo econômico

TRADUÇÃO: LETÍCIA BERGAMINI SOUTO

1ª edição
Expressão Popular
São Paulo – 2024

Copyright © 2024, by Editora Expressão Popular Ltda.
Traduzido de *Value Chains. The New Economic Imperialism*. New York: Monthly Review Press, 2019.

Tradução: Letícia Bergamini Souto
Produção editorial e revisão de tradução: Lia Urbini
Revisão: Miguel Yoshida e Milena Varallo
Projeto gráfico e diagramação: Zap Design
Capa: Rhuan Oliveira
Impressão e acabamento: Paym

Dados Internacionais de Catalogação-na-Publicação (CIP)

S967c — Suwandi, Intan
Cadeias de valor: o novo imperialismo econômico / Intan Suwandi ; tradução: Letícia Bergamini Souto. -- 1.ed. -- São Paulo : Expressão Popular, 2024.
232 p. : grafs, tabs.

ISBN 978-65-5891-138-8
Traduzido de: Value chains: the new economic imperialism.

1. Mercado de trabalho – Países em desenvolvimento. 2. Trabalho – Países em desenvolvimento. 3. Desenvolvimento econômico – Países em desenvolvimento. 4. Países em desenvolvimento – Comércio. 5. Comércio internacional. 6. Mercado de trabalho. I. Souto, Letícia Bergamini. II. Título.

CDU 331:338

Elaborada pela bibliotecária: Eliane M. S. Jovanovich - CRB 9/1250

1ª edição: junho de 2024

EDITORA EXPRESSÃO POPULAR LTDA
Alameda Nothmann, 806
CEP 01216-001 – Campos Elíseos – São Paulo-SP
atendimento@expressaopopular.com.br
www.expressaopopular.com.br
🄵 ed.expressaopopular
🄾 editoraexpressaopopular

Sumário

PREFÁCIO 9

O LOCAL OCULTO DA PRODUÇÃO GLOBAL 15
    Cadeias globais de mercadorias e corporações multinacionais 26
    A estrutura deste livro 41

CADEIAS DE VALOR-TRABALHO DAS MERCADORIAS:
RELAÇÕES DE PODER E CLASSE NA ECONOMIA MUNDIAL 57
    Cadeias globais de mercadoria e captura de valor imperialista 67
    Ancorando a abordagem das cadeias de
    valor-trabalho das mercadorias: um modelo empírico 77

FLEXIBILIDADE E RACIONALIZAÇÃO SISTÊMICA: CONTROLE
NAS CADEIAS DE VALOR-TRABALHO DAS MERCADORIAS 93
    Racionalização sistêmica e produção flexível: controle
    e as cadeias de mercadorias 95
    Tecnologia e trabalho 99
    Controle sobre o processo de trabalho no capitalismo monopolista 107
    Alinhando as suposições 120

"SOMOS APENAS COSTUREIRAS": ESTUDOS DE
CASO DE DUAS EMPRESAS INDONÉSIAS 131
    Controle da tecnologia 136
    Flexibilidade exigida 146
    Gestão e controle sobre o processo de trabalho 169
    O que se pode aprender? 188

O NOVO IMPERIALISMO ECONÔMICO: ANALISANDO
COM AS LENTES DO SUL GLOBAL 195
    A reversão do imperialismo? 197
    Os locais ocultos da expropriação imperialista 207

APÊNDICE 1 – Notas estatísticas 225

APÊNDICE 2 – Notas sobre a metodologia para os estudos de caso 231

Para Keagan Arkatedja,
meu Vermelho ardente

Prefácio

Quando criança, no final dos anos 1980, eu vivia em Jacarta (Indonésia) e estava familiarizada com a desigualdade descarada que caracterizava a cidade. Mansões construídas bem ao lado das favelas eram algo familiar, embora eu não vivesse em nenhum desses lugares. A pobreza se fazia presente por toda parte. Lembro-me vividamente de ver um homem idoso, atormentado pela hanseníase, puxando um carrinho cheio de blocos de gelo todas as manhãs no meu caminho para a escola. Ou um colega de classe, sentado bem ao meu lado, usando meias cheias de furos e um uniforme com cores desbotadas porque era muito velho. Essas experiências foram suficientes para evocar perguntas sobre riqueza e pobreza desde cedo na minha vida. "Por que há os ricos e os muito pobres neste país?", eu me questionava.

Mais tarde, no Ensino Médio – em uma escola cujas crianças de famílias abastadas podiam comprar tênis Nike ou camisetas de basquete que eram fabricadas, não muito longe de onde viviam, por trabalhadores que recebiam uma pequena fração do preço final desses itens –, uma das primeiras coisas que aprendemos sobre a Indonésia foi que fazíamos parte do "Terceiro Mundo". Então, aquela pergunta se transformou em: "Por que pertencemos ao Terceiro Mundo?". Naquela época, não consegui encontrar uma resposta satisfatória. Mal sabia eu que essa pergunta se tornaria a base de outras perguntas que mais tarde floresceriam e se tornariam o ponto de partida dos meus estudos.

Uma das respostas que encontrei depois de emigrar para os Estados Unidos foi que vivemos em uma economia imperialista que perpetua desigualdades em escala global, principalmente por meio da exploração e expropriação da periferia pelo centro. A Economia Política marxista me permitiu examinar esse problema em profundidade com um olhar crítico, e uma infinidade de ideias oferecidas por estudiosos críticos e radicais, tanto do Norte Global quanto do Sul Global, me forneceram recursos para conduzir minha própria pesquisa e formular minhas próprias análises. Este livro é resultado desse longo processo de tentar entender como as relações imperialistas embutidas no capitalismo contemporâneo são sustentadas, perpetuando a divisão entre o Norte e o Sul por meio dos mecanismos de drenagem e captura de valor.

A análise pode ser teórica em alguns momentos ou pode usar termos que são técnicos. Mas em seu cerne está uma narrativa sobre pessoas reais cujas vidas são afetadas pelos processos de produção globalizada de maneiras significativas, especialmente trabalhadores que são controlados, nos chãos de fábrica no Sul, por práticas de gestão governadas pelos interesses do capital. Dentro das configurações complexas das cadeias globais de valor, e por trás da retórica de redes de produção "descentralizadas", encontram-se as "antigas" e não tão boas histórias de exploração e troca desigual.

Mas se a questão diz respeito à classe trabalhadora, pode-se perguntar por que meu estudo se concentra no que os executivos das empresas fornecedoras dependentes têm a dizer. Ora, eles não pertencem ao grupo cuja lealdade é obviamente ao capital do Norte? Minha resposta é esta: eu acredito que é necessário entender como o capital funciona para derrotar o sistema que tem produzido tanta miséria para tantas pessoas. *Não se pode combater algo que não se conhece bem.* E podemos aprender como esse sistema funciona, sua lógica e seus requisitos, a partir das pessoas que garantem seu funcionamento diário no local de produção, os "especialistas" que conhecem todos os detalhes, que lidam com as demandas dadas por seus clientes multinacionais e a necessidade de controlar diretamente o trabalho, muitas vezes para atender essas mesmas demandas. Os fornecedores dependentes localizados no Sul podem ser vistos como uma peça-chave dentro das cadeias globais de mercadorias caracterizadas por contratos de terceirização independente. Eles nos dão uma imagem de como as cadeias funcionam e revelam que formas de relações de poder existem nelas. Eles também nos mostram como conectar os pontos entre o capital que governa a partir da metrópole e os trabalhadores que labutam nos complexos industriais na periferia.

Este livro oferece uma imagem da relação imperialista entre o Norte e o Sul. Espero que seja uma imagem sólida, mas obviamente não é *a* única. No entanto, mesmo que este livro não se concentre nos outros aspectos do imperialismo, incluindo aqueles que estão entrelaçados com gênero, raça, militarismo e meio ambiente, a discussão da exploração e expropriação da periferia se cruza com esses aspectos e deve gerar mais conversas em relação a eles. Também espero que este trabalho possa se conectar com outros que examinem não apenas a questão do imperialismo, mas também a questão do que a classe trabalhadora e os povos oprimidos do mundo fizeram e podem fazer para se libertar de um sistema que os explora e expropria.

Este livro pode não ser um guia sobre como acabar com o imperialismo de uma vez por todas. No entanto, a análise que ofereço aqui evidencia que o capital, o grande poder que controla as cadeias globais de valor, não é onipotente. Na economia mundial imperialista atual, as relações antagonistas de classe são tão claras quanto sempre foram, e as lutas em curso entre capital e trabalho são bem reais. Elas ocorrem em todos os lugares. Elas não são um construto teórico ou mero jargão marxista. Isso mostra que mudanças estão acontecendo, que o trabalho nunca se rendeu ao destino miserável prescrito pelo capital. Se a realidade do imperialismo muitas vezes é negada no mundo atual, a força dessa negação sempre começa com aqueles no topo da hierarquia de poder global. A maioria das pessoas que estão na base não se deixam enganar. Elas sabem do que se trata e continuam a se opor.

Se eu pudesse viajar no tempo para Jacarta, de volta aos anos em que eu estava no Ensino Médio, talvez eu tivesse que dar algumas respostas deprimentes para a minha versão mais jovem sobre por que seu país pertence ao "Terceiro Mundo". Mas eu também diria a ela que pessoas em muitos lugares ao redor do mundo e ao longo dos anos resistem – de maneira contínua, persistente e vigorosa.

No mundo em que vivo atualmente, a luta continua; espero que este livro contribua com ela.

Cadeias de valor: o novo imperialismo econômico é um produto de muitos anos de pesquisa e aprendizado que não teriam acontecido sem o apoio de muitas pessoas. Primeiro e acima de tudo, agradeço ao meu orientador, John Bellamy Foster, com quem aprendi muito, dentro e fora da academia. Meu interesse pela Economia Política marxista começou há muito tempo, mas foi sob sua orientação que esse interesse pôde se manifestar, primeiro em uma experiência de aprendizado significativa na Universidade de Oregon e, mais tarde, em minha escrita. Com ele, aprendi a perseverança na busca do conhecimento, e ele sempre me incentivou a fazer mais do que eu pensava ser capaz. Este livro se beneficiou muito de sua orientação. É um projeto que não teria se realizado sem seu tremendo apoio.

Também agradeço a dois outros orientadores durante meus anos no Departamento de Sociologia da Universidade de Oregon: Richard York e Val Burris. Richard apoiou minha pesquisa de muitas maneiras desde o início, e sua excelência pedagógica será para sempre uma inspiração. O extenso conhecimento de teorias e métodos de Val tem sido muito importante para o desenvolvimento da minha pesquisa. Seu incentivo e retorno sobre meus trabalhos são inestimáveis.

Agradeço a R. Jamil Jonna, que, com John Bellamy Foster, escreveu nosso artigo que foi adaptado para o capítulo "Cadeias de valor-trabalho das mercadorias: relações de poder e classe na economia mundial" deste livro. Jamil tornou possível nosso objetivo de fornecer uma base empírica para esta teoria. Também agradeço aos indivíduos – cujos nomes não sou capaz de mencionar aqui – que me ajudaram durante a pesquisa na Indonésia. Sem eles, o trabalho de campo não teria sido bem-sucedido.

O estudo foi apoiado em parte pelo Southeast Asian Studies Award e pelo Wasby-Johnson Sociology Dissertation Research Award. Agradeço aos generosos patrocinadores que forneceram esse financiamento.

Agradeço aos meus colegas sobreviventes na Universidade de Oregon: Cade Jameson, Tongyu Wu, Youngwoo Jeung, Ryan Wishart, Brian Rosenberg e Shihchi Lin. Eu não teria superado os desafios presentes no mundo às vezes cruel e solitário da pós-graduação sem o apoio deles (e algumas doses de soju). Também agradeço aos meus colegas da *Monthly Review*, além de John e Jamil: Brett Clark, Susie Day, Hannah Holleman, John Mage, Martin Paddio, Camila Quarta e John Simon, assim como Erin Clermont, que atuou como revisor. Agradeço especialmente a Michael Yates, diretor da Monthly Review Press e editor deste livro, cujo apoio e parecer foram essenciais no processo de publicação, e cujos trabalhos me inspiraram.

Sou profundamente grata a inúmeros autores da *Monthly Review*, com quem aprendi muitas coisas que influenciaram significativamente o desenvolvimento do meu pensamento. Também quero expressar meu respeito às gerações de partidários da esquerda indonésios que, apesar da repressão contínua e da hostilidade brutal contra eles, a despeito dos estigmas impostos a eles, conseguem se manter firmes.

Agradeço às pessoas cuja amizade tem sido central em minha vida, que forneceram o amor que me fez seguir em frente em todos esses anos: Lu Yi, Sirry Alang, Abhishesh Regmi e Divya Sharma, Vania Situmeang, Yuping Zhang e Tri Astraatmaja. Agradeço a Carrie Ann Naumoff, Ben e Leslie Lee, Theresa Koford e Kim

Donahey – cujo afeto e cuja bondade tornaram possível para mim perseverar mesmo quando as marés estão agitadas.

E, é claro, agradeço à minha família pelo apoio essencial: mamãe, meus irmãos Irma, Iman e Iwan, e meu tio Pancha, assim como Anne e Bob. Agradeço a Eli Bonner, que sempre esteve presente, sem falhar. Ele é um parceiro em todos os sentidos da palavra. Não apenas é um marido e pai amoroso, mas também um editor habilidoso e um brilhante parceiro de discussão. Foi o primeiro a ler minha dissertação, da qual este livro surgiu. E este livro é dedicado ao nosso filho, nosso camarada de armas, Keagan Arkatedja. O mundo em que ele vive pode continuar marcado pelas consequências destrutivas do imperialismo por muito tempo, mas espero que ele seja capaz de lutar lado a lado com outros de sua geração e além, em solidariedade com trabalhadores e povos oprimidos em todos os lugares.

Por fim, gostaria de prestar o máximo respeito ao meu pai, Sani Suwandi, que faleceu em julho de 2016. Ele era meu melhor amigo, foi a primeira pessoa com quem aprendi sobre Marx, era a ele que eu recorria sempre que precisava conversar – sobre meus estudos, meu trabalho de campo, as coisas novas que aprendia, meus planos e meus pensamentos. Ele estava lá a cada passo do caminho. Ele está presente em cada página e estará presente em cada caminho que eu seguir no futuro. *Hatur nuhun*, Papai. Serei eternamente grata.

O local oculto da produção global

Todos esses grandes países desenvolvidos têm suas próprias medidas de proteção para enfrentar a globalização. Mas um país como o nosso, somos tão ingênuos, tão inocentes, tão jovens. Somos um país em desenvolvimento. Não somos especialistas em fazer esse tipo de regulamentação. Logo, a Indonésia acaba se tornando um mercado-alvo. Temos que abrir [nosso mercado], as pessoas vêm. Alguns investimentos entram porque nossa mão de obra é muito barata. Mas, no fim das contas, o que acontece? Eles estão vendendo seus produtos aqui, na maioria das vezes, e não temos qualquer proteção.

Executivo da Java Film

A citação acima é de uma das entrevistas que conduzi com altos executivos de duas empresas na Indonésia. Curiosamente, a opinião expressa por esse entrevistado, um representante do capital do Sul Global, se baseia na persistência da economia mundial hierárquica, um fenômeno reconhecido por todas as classes no Sul, mas que recentemente tem sido objeto de um debate renovado entre estudiosos ocidentais, incluindo os de esquerda.

O debate em si gira amplamente em torno da questão de saber se o *imperialismo* ainda é relevante na economia mundial atual, caracterizada por uma nova divisão internacional do trabalho ligada às cadeias globais de mercadorias (também conhecidas como cadeias globais de valor ou cadeias globais de suprimentos). Alguns argumentam que a globalização da produção fez maravilhas para diminuir as desigualdades entre as nações, uma vez que a incorporação dos países do Sul Global na economia mundial promoveu seu desenvolvimento. Os recentes casos de sucesso de alguns países asiáticos, especialmente China e Índia, são vistos como prova desse argumento. Numerosas figuras, até mesmo na esquerda, veem as complexidades das cadeias globais de mercadorias – aliadas ao surgimento de "economias emergentes", como China, Rússia, Brasil, Índia, África do Sul e Indonésia, entre outras – como "evidência" de que o que temos agora não é mais uma economia mundial imperialista, mas meramente "hegemonias em mudança".[1] Economistas, sociólogos e geógrafos, tanto convencionais quanto radicais, frequentemente se concentram nas características descentralizadas de tais cadeias.[2]

Em um debate realizado no Center for Public Scholarship da New School, em Nova York, em 1º de maio de 2017, intitulado "Imperialism: is It Still a Relevant Concept?" [Imperialismo: ainda um conceito relevante?], o geógrafo marxista David Harvey – repetindo alguns dos argumentos expressos em seu "Comentário" no livro de Utsa Patnaik e Prabhat Patnaik, *A Theory of Imperialism* [Uma teoria do imperialismo] – enfatizou sua rejeição ao que ele se

---

[1] David Harvey, "Imperialism: is It Still a Relevant Concept?", discurso proferido no Center for Public Scholarship da New School for Social Research, Nova York, 1o de maio de 2017; Harvey, "A Commentary on *A Theory of Imperialism*", em Utsa Patnaik e Prabhat Patnaik (eds). *A Theory of Imperialism* (Nova York: Columbia University Press, 2017), p. 154-72. Harvey indica que o conceito de *imperialismo* deve ser substituído pela noção de *hegemonias em mudança* após a leitura de *The Geometry of Imperialism: The Limits of Hobson's Paradigm*, de Giovanni Arrighi (Londres: Verso, 1983), p. 173.

[2] Gary Gereffi, "The Organization of Buyer-Driven Global Commodity Chains: How U.S. Retailers Shape Overseas Production Networks", em G. Gereffi e M. Korzeniewicz (ed.) *Commodity Chains and Global Capitalism* (Westport: Praeger, 1994), p. 95-122; Gary Gereffi, "Global Production Systems and Third World Development", em B. Stallings (ed), *Global Change, Regional Response* (Nova York: Cambridge University Press, 1995), p. 100-142; Gary Gereffi, "The New Offshoring of Jobs and Global Development", ILO Lecture Series (Genebra: Organização Internacional do Trabalho, 2005); William Milberg e Deborah Winkler, *Outsourcing Economics: Global Value Chains in Capitalist Development* (Nova York: Cambridge University Press, 2013).

referiu como "a camisa de força do imperialismo". Explicitamente seguindo Giovanni Arrighi em *The Geometry of Imperialism* [A geometria do imperialismo], de 1983, Harvey afirmou que não considera a categoria de imperialismo "atraente" ou útil para analisar a economia mundial atual, vendo-a como uma concepção de uma "restrição estrutural fixa" que precisa ser abandonada pelos que estão à esquerda em favor de uma configuração espacialmente dinâmica. Os comentários de Harvey no livro dos Patnaiks e em sua apresentação em Nova York, em maio de 2017, geraram um debate ainda em curso, começando com uma crítica de seus argumentos pelo economista político marxista John Smith, originalmente publicado no *site* da *Monthly Review,* e depois continuado no *blog* da *Review of African Political Economy.* Além de Harvey e Smith, outros se juntaram à discussão: há postagens notáveis de Patrick Bond, Walter Daum, Andy Higginbottom, Adam Mayer e Lee Wengraf.[3]

Essa discordância dentro da esquerda não é de hoje. Há tempos, muitos pensadores socialistas na Europa e nos Estados Unidos rejeitaram qualquer noção de que existe uma "raiz econômica principal" para o imperialismo, para usar a famosa frase de John Hobson, e argumentaram que o imperialismo é ou inexistente ou é um produto do Estado e não da economia – e, portanto, político

---

[3]   Harvey, D. "Imperialism: Is It Still a Relevant Concept?"; John Smith, "A Critique of David Harvey's Analysis of Imperialism", *MR Online,* 26 ago. 2017, e os debates no blog *Review of African Political Economy (Roape*: http://roape. net), que incluem os seguintes artigos: "David Harvey Denies Imperialism", *Roape,* 10 jan. 2018; David Harvey, "Realities on the Ground: David Harvey Replies to John Smith", *Roape,* 5 fev. 2018; John Smith, "Imperialist Realities *vs.* The Myths of David Harvey", 19 mar. 2018; Adam Mayer, "Dissolving Empire: David Harvey, John Smith, and the Migrant", *Roape,* 10 abr. 2018; Patrick Bond, "Towards a Broader Theory of Imperialism", *Roape,* 18 abr. 2018; Walter Daum, "Is Imperialism Still Imperialist? A Response to Patrick Bond", *Roape,* 16 maio 2018; Andy Higginbottom, "A Self-Enriching Path: Imperialism and the Global South", *Roape,* 19 jun. 2018; Lee Wengraf, "U.S.-China Inter-Imperial Rivalry in Africa", *Roape,* 16 nov. 2018.

ou geopolítico (e não econômico) por natureza, não relacionado ao funcionamento do capitalismo como modo de produção.[4] Mas o que gerou o debate mais recente foi a declaração de Harvey de que ele não apenas rejeitava em grande parte a teoria do imperialismo, mas também sugeriu que "a drenagem histórica de riquezas do Oriente para o Ocidente por mais de dois séculos [...] foi em grande parte *revertido* nos últimos 30 anos".[5]

No cerne dessa controvérsia está a questão de se o contexto mutável das relações atuais de poder global – ou o que Harvey se

---

[4] J. A. Hobson, *Imperialism: A Study* (Nova York: James Pott & Company, 1902), p. 76-99. Os socialistas ocidentais apresentaram muitas variações nas críticas ao conceito clássico de imperialismo no sentido amplo, previamente tornado famoso por pensadores como V. I. Lenin, Rosa Luxemburgo, Paul Baran, Harry Magdoff e Samir Amin. Essas variações incluem argumentos de que: 1) o imperialismo é benéfico na promoção do desenvolvimento em países pobres, como em Bill Warren, *Imperialism: Pioneer of Capitalism* (Londres: Verso, 1980); 2) a visão de que as taxas de exploração (mas não os lucros) são mais altas no centro do que na periferia, como em Charles Bettelheim, "Theoretical Comments", em Arghiri Emmanuel, *Unequal Exchange* (Nova York: Monthly Review Press, 1972), p. 302-4; e Claudio Katz, "Revisiting the Theory of Super-Exploitation", *Links*, 5 jul. 2018 (http://links.org.au/revisiting-theory-of-super-exploitation); 3) a noção de que o imperialismo foi substituído por um império amorfo, como em Michael Hardt e Antonio Negri, *Empire* (Cambridge: Harvard University Press, 2000); 4) a ideia de que o imperialismo no sentido clássico foi substituído por um capitalismo transnacional que desloca Estados-nação e economias nacionais, como em William I. Robinson, *Into the Tempest: Essays on the New Global Capitalism* (Chicago: Haymarket, 2019); e a visão de que o imperialismo é hoje em dia principalmente político e geopolítico por natureza, e em grande parte sinônimo de hegemonia dos EUA, como em Leo Panitch e Sam Gindin, *The Making of Global Capitalism* (Londres: Verso, 2012); e 5) a visão de Arrighi e Harvey, na qual o imperialismo pode ser substituído por um conceito de hegemonias em mudança. Por suposto, os pensadores social-democratas e liberais geralmente rejeitaram qualquer conexão entre o capitalismo e o imperialismo econômico, como em Mark Blaug, "Economic Imperialism Revisited", em Kenneth E. Boulding e Tapan Mukerjee (ed.) *Economic Imperialism* (Ann Arbor: University of Michigan Press, 1972), p. 142-55.

[5] Harvey, "A Commentary on *A Theory of Imperialism*", p. 169. Grifo acrescentado.

refere em sua resposta à crítica de Smith como "formas complexas de produção, realização e distribuição que são espaciais, interterritoriais e específicas de cada local" – poderia levar à conclusão de que a drenagem do Sul Global/Oriente para o Norte Global/Ocidente não existe mais, ou foi revertida, e que o conceito de imperialismo se tornou obsoleto. É verdade que a noção de imperialismo é nada mais do que, nas palavras de Bond, um "binarismo antiquado de nações oprimidas e opressoras"? É razoável afirmar, como Wengraf explica, que a ascensão de economias emergentes, que possivelmente leva ao "subimperialismo", significa o fim do imperialismo, destacando casos como o crescente papel da China de "aproveitar a era do assalto neoliberal na África subsaariana" que ajudou a garantir sua posição como o "principal rival global dos Estados Unidos"? Ou, como Higginbottom diz, "o subimperialismo não significa o fim do imperialismo" (uma posição também sustentada por Daum), mas é uma "mutação do capitalismo neocolonial e continua demonstrando muitas de suas características"? Além disso, considerando a abundância de fatos oferecidos por seus defensores, é verdade que, como alega Harvey, aqueles que argumentam que o imperialismo persiste na atualidade simplesmente se envolvem em "idealismo raso"? Ou seria o contrário, como afirma Mayer, e aqueles que "negam o imperialismo" (usando as palavras de Smith) como Harvey são os que estão "pensando de forma idealista" ao "omitir completamente o fator tempo, história e materialismo histórico", particularmente "ao confundir fluxos de dinheiro e fluxos de produção com posição imperial" em sua discussão?[6]

Embora uma grande parte do meu estudo apresentado neste livro tenha sido feita antes desses debates recentes surgirem, ele pode contribuir para a discussão. A análise das cadeias globais de mercadorias levanta algumas questões cruciais em relação

---

[6] Ver os artigos de Smith, Harvey, Mayer, Bond, Daum, Higginbottom e Wengraf no site do Roape, mencionadas na nota 4.

aos pontos mencionados: 1) se as cadeias globais de mercadorias descentralizadas podem ser vistas como constituintes de uma descentralização do poder entre os principais atores dentro dessas cadeias; e 2) se as complexidades dessas cadeias sugerem que as características hierárquicas e imperialistas da economia mundial foram superadas. Eu argumento que a resposta a ambas as perguntas é "não". Apesar das redes aparentemente descentralizadas e das complexidades existentes que caracterizam as cadeias globais de mercadorias, as relações globais entre capital e trabalho inerentes a essas cadeias ainda são imperialistas em suas configurações.

O imperialismo pode ser definido, de forma ampla, como na conceituação de Lenin, como a "complexa mistura de interesses econômicos e políticos, relacionados aos esforços do grande capital para controlar territórios econômicos".[7] O imperialismo possui vários aspectos inter-relacionados: 1) luta *geopolítica* (incluindo militar) pelos Estados-nação por posição dentro da hierarquia internacional do sistema, incluindo o controle de colônias ou neocolônias; 2) despossessão de pequenos produtores da produção capitalista; e 3) *exploração global*, ao lado de *expropriação* – ou apropriação sem equivalente – de trabalho na produção capitalista, particularmente sob controle de empresas multinacionais que emanam principalmente do núcleo do sistema.[8] Este livro se concentra quase inteiramente no terceiro aspecto, sem de forma alguma negar a importância dos outros dois. O ponto em questão

---

[7] Conforme abordado por Jayati Ghosh em "Globalization and the End of the Labor Aristocracy", *Dollars & Sense: Real World Economics*, março/abril de 2017, http://www.dollarsandsense.org.

[8] Para obras que discutem essas formas de imperialismo, ver, por exemplo, John Bellamy Foster, *Naked Imperialism* (Nova York: Monthly Review Press, 2006); Utsa Patnaik e Prabhat Patnaik, *A Theory of Imperialism*; John Smith, *Imperialism in the Twenty-First Century* (Nova York: Monthly Review Press, 2016) [ed. bras.: *Imperialismo no século XXI*. São Paulo: Expressão Popular, 2024). Para uma discussão mais elaborada sobre os conceitos de exploração e expropriação, veja John Bellamy Foster e Brett Clark, "The Expropriation of Nature", *Monthly Review 69/10* (março de 2018), p. 5.

O LOCAL OCULTO DA PRODUÇÃO GLOBAL   **21**

é a extração (ou drenagem) de excedente dos países pobres pelos países ricos e/ou suas corporações. Argumento que uma maneira de entender as características imperialistas persistentes da economia mundial é examinar a exploração que ocorre no que Karl Marx chama de "o local oculto da produção", que, na era das cadeias globais de mercadorias, está localizado no Sul Global. Embora a produção tenha se deslocado para o Sul, as relações imperialistas de troca continuam a prevalecer, precisamente devido ao fato de que a diferença salarial entre o Norte e o Sul é maior do que a diferença na produtividade. Como Tony Norfield argumenta no livro *The City* [A cidade], o imperialismo, tal como existe hoje no "estágio atual do desenvolvimento capitalista", tem sua base principal na realidade inescapável de que "poucas grandes corporações de um pequeno número de países dominam o mercado mundial", as finanças mundiais e a estrutura global de produção.[9]

No modo de produção capitalista, a relação capital-trabalho é a relação central de exploração. Como argumenta Paul Sweezy, enquanto "toda sociedade de classes é caracterizada pela dicotomia trabalho necessário/excedente, portanto, por uma taxa implícita de exploração [...], apenas no capitalismo isso assume a forma de valor, uma vez que a taxa de exploração se expressa como uma taxa de mais-valia".[10] É impossível examinar a economia capitalista, mesmo em um âmbito global, e suas lutas de classe centrais sem focar na questão da exploração, analisada por meio da teoria do valor-trabalho. Por isso, essa se torna uma das principais tarefas deste livro.

Minha análise começa com uma estrutura das cadeias globais de mercadorias que coloca o trabalho no centro de sua formulação. Essa estrutura é chamada de *cadeias de valor-trabalho das merca-*

---

[9]   Tony Norfield, *The City: London and the Global Power of Finance* (Londres: Verso, 2017), p. 5-6.

[10]   Paul Sweezy, "Marxian Value Theory and Crises", em John Bellamy Foster e Henryk Szlajfer (ed). *The Faltering Economy* (Nova York: Monthly Review Press, 1984), p. 238.

dorias, ou, abreviando, cadeias de valor-trabalho. Ao contrário das teorias predominantes sobre esse assunto, essa estrutura leva em consideração as questões de poder, classe e controle – que devem ser abordadas se quisermos expor a exploração/expropriação que ocorre nas cadeias globais de mercadorias. É crucial que a análise teórica e metodológica das cadeias de valor-trabalho desenvolvida aqui incorpore um cálculo de variação transnacional nos custos unitários de trabalho na indústria de transformação. A medição dos custos unitários de trabalho – normalmente apresentada como o custo médio do trabalho por unidade de produção real, ou a razão entre a remuneração total por hora e a produção por hora trabalhada – combina produtividade do trabalho com custos salariais (os preços do trabalho), de maneira intimamente relacionada à teoria de exploração de Marx. Custos unitários de trabalho mais baixos apontam para uma taxa de exploração mais alta na produção, e vice-versa. A falha de alguns teóricos marxistas, como Charles Bettelheim (e, mais recentemente, Claudio Katz), em entender essa relação fundamental causou enormes confusões, levando Bettelheim a concluir, independentemente dessas relações empíricas, que a taxa de exploração é sempre mais alta no país mais desenvolvido simplesmente por ser mais desenvolvido.[11]

Nesse sentido, a estrutura das cadeias de valor-trabalho é um meio de operacionalizar a exploração dentro do arcabouço da teoria do valor-trabalho. A maximização das margens de lucro bruto por meio da redução dos custos unitários é o objetivo dos capitalistas, e isso "inicia uma busca contínua por novos métodos de produção, novas fontes de trabalho, novas formas de organizar o processo de trabalho". A redução dos custos unitários depende principalmente da "porção dos custos unitários totais que deriva do insumo de trabalho, ou seja, o custo unitário do trabalho". Isso,

---

[11] Bettelheim, "Theoretical Comments", p. 302-4; Katz, "Revisiting the Theory of Super-Exploitation." Ver também a resposta de Emmanuel a Bettelheim em Emannuel, *Unequal Exchange*, p. 380-83.

por sua vez, depende de dois fatores: o preço (salário) da força de trabalho e a produtividade do trabalho, que são componentes do conceito de exploração de Marx.[12] O conceito de custos unitários do trabalho, nesse sentido, é uma operacionalização da taxa de exploração que considera não apenas a questão dos salários, mas também a questão da produtividade.

A estrutura das cadeias de valor-trabalho, operacionalizada empiricamente por meio do exame dos custos unitários do trabalho, nos permite ver que, por trás das complexidades das cadeias globais de mercadoria, a exploração persiste. O capital global (ou seja, as corporações multinacionais) se empenha na busca por baixos custos unitários do trabalho ao redor do mundo para acumular margens de lucro e lucros gerais mais elevados. Dados sobre os custos unitários do trabalho mostram que os países com maior participação nas cadeias de valor-trabalho – os três primeiros sendo China, Índia e Indonésia – também têm custos unitários do trabalho muito baixos. Isso significa que não apenas os salários são baixos nesses países, mas também que a produtividade é alta. A organização global das cadeias de valor-trabalho, então, é um meio de extrair mais-valia por meio da exploração dos trabalhadores no Sul Global.

Mas como exatamente ocorre essa extração? É difícil encontrar análises atuais no campo que forneçam uma imagem mais ou menos completa de como funcionam as cadeias globais de mercadorias. Por um lado, existem excelentes trabalhos que utilizam uma estrutura de cadeia global de mercadorias ou cadeia global de valor (CGM/CGV), que examina empresas e o modo como o valor é adicionado (ou seja, capturado) pelos fornecedores no Sul Global. No entanto, a maioria deles não está preocupada com a questão da exploração do trabalho – alguns até representam a visão do capital, sugerindo que as corporações do Norte aproveitam a

---

[12] Richard Edwards, "Social Relations of Production at the Point of Production", *The Insurgent Sociologist* 8/2 e 3 (1978), p. 110.

oportunidade para extrair a mais-valia "oferecida" pelo Sul Global. Mas também existem muitos excelentes trabalhos nas ciências sociais que fornecem análises detalhadas de como os trabalhadores são tratados nas fábricas que montam produtos para empresas multinacionais. Entretanto, esses trabalhos geralmente omitem a conexão entre o controle do processo de trabalho e as intrincadas relações de poder que governam as cadeias de mercadorias de uma maneira que possa destacar os mecanismos específicos por meio dos quais o controle é exercido por diferentes atores dentro das cadeias.

Eu não considero que este livro pode oferecer uma imagem totalizante. No entanto, tento propor uma abordagem que possa tratar de ambos os problemas: o funcionamento macro das cadeias de valor-trabalho e a maneira como esses mecanismos afetam os processos de produção em empresas específicas – em particular como eles afetam, em última instância, os trabalhadores que fabricam as mercadorias. Como as multinacionais exercem controle sobre seus fornecedores dependentes? E, por sua vez, como essas relações desiguais entre empresas afetam o outro lado das relações desiguais de poder, ou seja, aquelas entre os empregadores e os trabalhadores na empresa? Utilizando outro conjunto de teorias – trabalhos sobre racionalização sistêmica e produção flexível –, conecto a estrutura de cadeias de valor-trabalho com os estudos de caso que conduzi em relação a duas empresas indonésias. A partir dos exemplos obtidos nos estudos de caso, eu explico como empresas dominantes (gigantes multinacionais) dentro das cadeias extraem mais-valia por meio de vários mecanismos de controle, tanto em termos de controle dos processos de produção de seus fornecedores dependentes quanto em termos de controle do processo de trabalho dos trabalhadores empregados por esses fornecedores. O objetivo dessas empresas, aqui, é garantir que os custos unitários do trabalho sejam mantidos *baixos de forma estável*, mesmo em casos nos quais os custos salariais estejam aumentando (como o aumento do salário-mínimo fornecido por políticas governamen-

O LOCAL OCULTO DA PRODUÇÃO GLOBAL   25

tais). Mecanismos de controle são instituídos para permitir que o capital global mantenha um baixo custo unitário do trabalho, garantindo que a produtividade possa ser aumentada.

No fim das contas, essas observações sugerem que as cadeias de valor-trabalho, como parte da reestruturação da economia mundial dirigida pelo imperativo da acumulação de capital, são imperialistas em suas características: a própria realidade capturada pelo conceito de *arbitragem global do trabalho* dentro das finanças globais. As cadeias de valor-trabalho envolvem uma forma de troca desigual baseada em uma hierarquia mundial de salários na qual o capital global (empresas sediadas no Norte Global) captura valor do Sul. Isso quer dizer que eles capturam valor da exploração do trabalho dos trabalhadores que fabricam os bens. Em essência, obtém-se mais trabalho por menos. As gigantes multinacionais oligopolísticas se aproveitam de custos diferenciais unitários de trabalho dentro de um sistema imperialista de "valor mundial"; eles controlam grande parte do mercado mundial por meio de suas operações internacionais, e o fato de que o capital pode se mover muito mais livremente do que o trabalho (cujo movimento é restrito por fatores como políticas de imigração e necessidade) permite que as multinacionais aproveitem as imensas diferenças de preço do trabalho em âmbito global e possuam mais liberdade para buscar lucros mais altos por meio da substituição de trabalho mais bem remunerado por trabalho de baixo custo globalmente.

Isso significa que, longe de avançarem em direção à "transnacionalização", os processos que ocorrem nas cadeias de valor-trabalho apontam para o fato de que os processos de acumulação de capital são inseparáveis das relações desiguais entre os Estados-nação. Portanto, refletem as taxas de exploração muito mais altas impostas aos trabalhadores do Sul Global, com o Estado ainda servindo como instrumento e *locus* de acumulação de capital. De fato, as complexidades das cadeias globais de mercadorias frequentemente destacadas na discussão predominante sobre o assunto costumam mascarar a relação estrutural de subdesenvolvimento, pela qual a exportação de capital, como observam Paul Baran e Paul M. Sweezy, "longe de ser uma saída para o excedente gerado internamente, é um dispositivo muito eficiente para transferir o excedente gerado no exterior para o país investidor".[13]

O conceito de cadeias de valor-trabalho, portanto, é um dispositivo teórico e empírico para analisar essa questão a partir de uma perspectiva do Sul Global, ou seja, revelar as relações exploratórias que se escondem por trás do véu da produção globalizada.

Cadeias globais de mercadorias e corporações multinacionais

Independente se a pessoa é um crítico ou um entusiasta do capital, seria difícil discordar da afirmação – aliada a evidências claras que a acompanham – de que os processos de produção global assumiram novas características. Padrões relativamente distintos da atual onda de globalização, que começou no final dos anos 1970 e início dos anos 1980, podem ser observados tanto nas esferas de produção quanto nas de finanças: o aumento dramático no comércio e nos fluxos de Investimento Estrangeiro Direto (IED), ao lado da enorme expansão dos fluxos internacionais de carteiras. Mas o que é especialmente importante é o ritmo acelerado de externalização (*offshoring*), especialmente no setor industrial, seja por meio de contratos de terceirização independente (*offshore outsourcing*) ou dentro dos limites de uma única corporação multinacional, ou o que é conhecido como comércio intrafirma.[14]

Até muito recentemente, o Investimento Estrangeiro Direto, que está ligado ao comércio intrafirma, aumentou "muito mais rápido do que a renda mundial", com uma tendência crescente no estoque de IED – de 7% do Produto Interno Bruto (PIB) mundial

---

[13] Paul A. Baran e Paul M. Sweezy, *Monopoly Capital* (Nova York Monthly Review Press, 1966), p. 107-8.

[14] Milberg and Winkler, *Outsourcing Economics*, p. 33-35.

em 1980 para cerca de 30% em 2009.[15] Uma grande parte do IED global vai para o Sul Global, começando com o "aumento lento e constante" da participação desses países no IED mundial no final dos anos 1980. Em 2010, "pela primeira vez, mais da metade de todo o IED foi para países do Terceiro Mundo e economias em transição".[16] Um relatório do Banco Mundial de 2003 afirma que o IED é a maior fonte de financiamento externo para países em desenvolvimento.[17] Mesmo com a queda do IED global nos últimos anos (de 19% em 2018), esse declínio está concentrado em "economias desenvolvidas onde os fluxos de IED caíram 40%", e não se reflete nas tendências relacionadas às economias em desenvolvimento. Não é de surpreender que "o IED para economias em desenvolvimento permaneceu resiliente, com um aumento de 3% [desde 2017] para 694 bilhões de dólares" em 2018; além disso, "a participação das economias em desenvolvimento no IED global atingiu 58%" no mesmo ano, e cinco das dez principais economias anfitriãs eram economias em desenvolvimento – incluindo China (que ocupa o segundo lugar), Brasil e Índia.[18]

No entanto, os investimentos diretos não nos contam toda a história da externalização. A terceirização independente (às vezes referida como subcontratação ou *modos de produção sem participação acionária* [NEMs]) também é uma parte importante do funcionamento de nossa economia global. Aqui é onde multinacionais se envolvem em relacionamentos contratuais com empresas parceiras sem envolvimento de capital próprio, principalmente

---

[15]   John Bellamy Foster e Robert McChesney, *The Endless Crisis* (Nova York: Monthly Review Press, 2012), p. 105.

[16]   Martin Hart-Landsberg, *Capitalist Globalization: Consequences, Resistance, and Alternatives* (Nova York: Monthly Review Press, 2013), p. 18.

[17]   M. S. Solomon, "Labor Migrations and the Global Political Economy", em Robert Denemark (ed). *The International Studies Encyclopedia*, v. 7 (Oxford: Wiley-Blackwell, 2010), p. 4767-86.

[18]   United Nations Conference on Trade and Development (Unctad), "Global FDI Flows Continue Their Slide in 2018", *World Investment Monitor 31* (jan. 2019): p. 2-3, http://unctad.org.

no Sul Global, gerando cerca de 2 trilhões de dólares em vendas em 2010.[19] Por meio desse processo, as empresas podem capturar margens de lucro muito altas com suas operações globais e ganhar controle sobre suas cadeias de suprimentos. Mesmo multinacionais com altos níveis de IED também são grandes subcontratantes internacionais.[20]

Essas tendências foram posteriormente divulgadas por um relatório de 2015 da Organização Internacional do Trabalho (OIT), que confirma que a economia mundial é agora caracterizada pela "crescente fragmentação da produção em diferentes atividades e tarefas" ao longo das cadeias globais de mercadorias, tanto por meios diretos quanto indiretos, ou seja, por Investimentos Estrangeiros Diretos ou práticas de terceirização por empresas líderes e pela compra de insumos de produção de um fornecedor doméstico.[21] O destaque aqui está no fato de que o aumento do comércio intrafirma e as práticas de contratação significam produção globalizada, associada ao aumento da produção em áreas de baixa remuneração no Sul Global. Esse padrão tem governado a relação entre capital e trabalho em escala global ao longo das últimas três décadas, com algumas características singulares.

Uma dessas características é o *boom* das indústrias voltadas para a exportação no Sul Global, focadas no setor industrial.[22] Essas indústrias voltadas para a exportação geralmente estão localizadas em complexos industriais específicos, nos quais as empresas operam fábricas que produzem bens ou outros materiais para clientes estrangeiros, incluindo multinacionais. Desde meados da década de 1990, estudiosos têm feito importantes afirmações

---

[19] Unctad, *World Investment Report: Non-Equity Modes of International Production and Development* (Geneva: United Nations, 2011), p. 131.

[20] Foster e McChesney, *The Endless Crisis*, p. 111.

[21] International Labour Organization, *World Employment Social Outlook: The Changing Nature of Jobs* (Genebra: ILO, 2015), p. 131.

[22] Ver Teri Caraway, *Assembling Women: The Feminization of Global Manufacturing* (Ithaca: Cornell University Press, 2007).

O LOCAL OCULTO DA PRODUÇÃO GLOBAL **29**

sobre a busca das corporações multinacionais por "mão de obra barata" no Sul. Edna Bonacich e seus coeditores, por exemplo, argumentaram em seu capítulo introdutório do livro *Global Production* [Produção global] que "uma característica importante da nova globalização é que [as corporações multinacionais] estão buscando pelo mundo a mão de obra mais barata disponível e a estão encontrando nos países em desenvolvimento".[23] E se examinarmos o período entre meados da década de 1990 e meados da década de 2010, podemos ver que houve um rápido aumento no número de empregos relacionados às cadeias globais de mercadorias. O relatório da OIT de 2015 mencionado afirma que houve um aumento de 157 milhões desses empregos em 18 anos, de 296 milhões de trabalhadores em 1995 para 453 milhões em 2013, com grande parte desse aumento tendo ocorrido antes da crise econômica de 2007-2009. Além disso, esse crescimento na produção de cadeias de mercadorias está concentrado em "economias emergentes", nas quais esse crescimento de emprego atingiu por volta de 116 milhões – aqui, a indústria voltada para exportação representa o setor predominante, com os países do Norte Global como principal destino de exportação.[24]

Como consequência, vimos a formação de uma força de trabalho global concentrada no Sul Global, onde havia 541 milhões de trabalhadores industriais globais em 2010, em comparação com os 145 milhões que viviam no Norte.[25] Especialmente no Leste e Sudeste Asiático, os fabricantes se tornaram centrais nas exportações e nos processos de produção.[26] A partir da década de 1970, muitos países em desenvolvimento no Sudeste Asiático,

---

[23] Edna Bonacich, L. Cheng, N. Chinchilla, N. Hamilton e P. Ong, "The Garment Industry in the Restructuring Global Economy", em Edna Bonacich *et al.* (ed.) *Global Production: The Apparel Industry in the Pacific Ri*m, (Philadelphia: Temple University, 1994), p. 16.

[24] ILO, *The Changing Nature of Jobs*, p. 132.

[25] Smith, *Imperialism in the Twenty-First Century*, p. 101.

[26] Gereffi, "Global Production Systems and Third World Development", p. 107.

em particular, vivenciaram um aumento na participação da produção industrial.[27] São essas novas características da produção globalizada que fornecem um pano de fundo para a análise do funcionamento atual das cadeias globais de mercadorias oferecidas neste livro.

Essas características especiais têm sido um assunto polêmico nas ciências sociais. Como resultado, muitas teorias e estudos empíricos sobre globalização e produção globalizada em particular foram publicados nas últimas três décadas ou mais. Uma abordagem popular inclui várias estruturas da CGM/CGV e suas derivações. Cunhado por Immanuel Wallerstein e Terence Hopkins na década de 1980, o conceito de "cadeia de mercadorias" fazia parte da perspectiva do sistema-mundo.[28] Essas estruturas, posteriormente desenvolvidas por sociólogos, economistas e geógrafos, foram integradas ao discurso dominante sobre *cadeias de suprimentos globais*, e, nesse contexto, segundo seus críticos, perderam sua perspectiva macro-histórica original e sucumbiram a uma análise organizacional centrada em empresas e indústrias.[29] Isso desviou a atenção dos padrões globais de desenvolvimento desigual.[30]

As diferenças entre as teorias dominantes da CGM/CGV e a análise de cadeia de mercadorias do sistema-mundo têm raízes mais profundas relacionadas a perspectivas históricas. Como explicam Jennifer Bair e Marion Werner, as estruturas dominantes da CGM/CGV "se deslocaram da perspectiva de longo prazo e

---

[27] Jesus Felipe e Gemma Estrada, "Benchmarking Developing Asia's Manufacturing Sector" (Manila: Asian Development Bank, 2007).

[28] Terence Hopkins e Immanuel Wallerstein, "Commodity Chains in the World Economy Prior to 1800", *Review: A Journal of the Fernand Braudel Center*, 10/1 (1986), p. 157-70.

[29] Ver Jennifer Bair and Marion Werner, "Commodity Chains and the Uneven Geographies of Global Capitalism: A Disarticulations Perspective", *Environment and Planning* A 43 (2011). p. 988-97.

[30] Henry Wai-Chung Yeung e Neil Coe, "Toward a Dynamic Theory of Global Production Networks", *Economic Geography* 91/1 (2014), p. 29-58.

macro-histórica da teoria do sistema-mundo para um modelo mais centrado na indústria e na empresa na análise organizacional", com um foco nas empresas como atores de nível médio.[31] Gary Gereffi afirma que as "empresas transnacionais" são "o principal agente organizador econômico no capitalismo global", e que a estrutura da CGM se distingue de teorias anteriores (como a teoria da dependência) precisamente porque essas teorias "não tinham uma boa maneira de conectar as atividades das empresas transnacionais com a estrutura da economia mundial".[32] No entanto, a análise da CGM/CGV cada vez mais sofre do defeito oposto de hipostasiar o nível de análise da empresa e perder de vista a estrutura da economia mundial capitalista como um todo.

Não há dúvida de que os estudiosos da CGM e CGV trouxeram contribuições importantes, especialmente nos estudos detalhados de mercadorias e empresas. Estudos de cadeias globais de mercadorias que lidam diretamente com o valor de troca, como aqueles que examinam a produção de iPod e de iPhone, forneceram críticas institucionalistas sofisticadas das concepções abstratas de valor adicionado na economia neoclássica que falham em ver as novas formas de exploração do trabalho.[33] No

---

[31] Bair e Werner, "Commodity Chains and the Uneven Geographies of Global Capitalism", p. 988.
[32] Gereffi, "Global Production Systems and Third World Development", p. 103.
[33] Greg Linden, K. Kraemer, e J. Dedrick, "Who Captures Value in a Global Innovation System? The Case of Apple's iPod", *Communications of the ACM* 52/3, p. 140-44; Yuqing Xing and Neal Detert, "How the iPhone Widens the U.S. Trade Deficit with the People's Republic of China", *ADBI Working Paper*, n. 257: http://adbi.org. Linden, Kraemer e Dedrick oferecem uma valiosa crítica ao valor adicionado, aliada à sugestão de que o valor na verdade é capturado (não adicionado). Depois de mostrar que empresas dos EUA como a Apple se beneficiam mais (capturam alto valor, mesmo que a produção em si esteja localizada na China), eles acabam concluindo: "Empresas dos EUA precisam trabalhar com parceiros internacionais para lançar novos produtos no mercado. Essas empresas capturarão lucros proporcionais ao valor adicional que agregam. Essa é simplesmente a natureza dos negócios no século XXI, e o fato de muitas empresas dos EUA terem sucesso nesse ambiente traz benefícios

entanto, como veremos adiante, tanto as estruturas da CGM quanto da CGV carecem do aparato radical necessário para analisar as relações de poder e de classe dentro dos processos de produção global. Isso ainda é verdade, apesar de várias reivindicações aparentemente críticas de seus defensores, que argumentam que as "relações de poder" entre os atores econômicos e as instituições envolvidas nas cadeias de valor, são "determinantes da direção e do volume do comércio".[34]

De fato, alguns estudiosos argumentaram que a análise da CGM/CGV tem se afastado diretamente das condições de poder. Parafraseando Peter Dicken e Anders Malmberg, Bair e Werner afirmam que o foco das teorias da CGM/CGV nas empresas, apesar de sua capacidade de fornecer "ideias sobre a dinâmica de governança interna às redes de produção", se traduziu em um "achatamento ideológico das relações de poder".[35] Profissionais da geografia econômica que desenvolveram sua própria análise de cadeias globais de mercadorias – chamada de Rede Global de Produção (RGP) – também afirmaram que a estrutura da CGM/CGV, devido à abordagem "orientada para a indústria ou para a mercadoria" de seus defensores, é incapaz de "fazer justiça à economia global contemporânea, multifacetada e geograficamente complexa" e, portanto, é improvável que explique os padrões

---

significativos para a economia dos EUA" (p. 144). Enquanto Xing e Detert, depois de sugerirem que a Apple ainda terá uma margem de lucro de 50% mesmo se a produção estiver localizada nos Estados Unidos, concluem que "em uma economia de mercado, não há nada de errado com uma empresa buscando maximização de lucro. Os governos não devem restringir esse comportamento de forma alguma". Eles então continuam sugerindo que a Responsabilidade Social Corporativa (RSC) é suficiente como uma "opção política eficaz", com foco na criação de empregos para trabalhadores de baixa qualificação, "como usar trabalhadores dos EUA para montar iPhones" (p. 10).

[34] Milberg e Winkler, *Outsourcing Economics*, p. 17.

[35] Bair e Werner, "Commodity Chains and the Uneven Geographies of Global Capitalism", p. 989.

O LOCAL OCULTO DA PRODUÇÃO GLOBAL **33**

globais de desenvolvimento desigual.[36] Críticos argumentam que a análise da CGM/CGV é repleta de pontos fracos, tanto analíticos quanto políticos, especialmente devido à sua incapacidade de "compreender a natureza da exploração capitalista e do trabalho indecente" e de adotar uma perspectiva "de baixo para cima" sobre o trabalho.[37]

É verdade que as teorias da CGM/CGV nem sempre minimizaram (ou ignoraram) as relações desiguais de poder que são essenciais para a manutenção das cadeias em âmbito global. A abordagem do sistema-mundo para cadeias de mercadorias, apesar de sua relativa falta de desenvolvimento empírico, não sofre desse problema, uma vez que trata de questões de centro-periferia, troca desigual e desigualdade de trabalho. Os defensores das RGP – que frequentemente criticam a abordagem sistema-mundo devido à sua "concepção altamente problemática de lugares e regiões como conjuntos territorializados relativamente estáveis e duradouros" – têm que admitir que essa teoria "oferece um poderoso lembrete dos imperativos capitalistas fundamentais em ação [...] levando a resultados de desenvolvimento extremamente desiguais".[38]

Embora as estruturas dominantes da CGM/CGV e suas abordagens mais críticas da Economia Política levem em consideração, até certo ponto, a divisão internacional do trabalho que caracteriza a produção capitalista, as abordagens críticas da Economia Política veem as cadeias de mercadorias de maneira diferente da abordagem dominante da CGM/CGV. Pode-se argumentar que o discurso das cadeias de mercadorias teve um início radical antes

---

[36] Ver Yeung e Coe, "Toward a Dynamic Theory of Global Production Networks", p. 32.

[37] Benjamin Selwyn, "Social Upgrading and Labour in Global Production Networks: A Critique and an Alternative Conception", *Competition and Change* 17/1 (2013), p. 76

[38] Neil M. Coe, Peter Dicken, Martin Hess e Henry Wai-Cheung Yeung, "Making Connections: Global Production Networks and World City Networks", *Global Networks* 10/1 (2010), p. 140-42.

de se tornar "impotente" em desenvolvimentos posteriores, nos quais abordagens tradicionais tomaram conta.

Em primeiro lugar, ao contrário do que dizem os defensores da CGM/CGV, os teóricos da Economia Política críticos, incluindo os analistas do sistema-mundo, lidam com uma abordagem holística e macro das cadeias de mercadorias, e isso os faz considerar "como as cadeias de mercadorias estruturam e reproduzem um sistema mundial estratificado e hierárquico".[39] Para Wallerstein, a "mercantilização de tudo" é fundamental para o desenvolvimento histórico do capitalismo, incluindo a maneira pela qual os processos de produção estão "ligados uns aos outros em cadeias complexas de mercadorias".[40] Em seus trabalhos subsequentes, os teóricos do sistema-mundo continuam a examinar como as distribuições desiguais de recompensas e a persistente "hierarquia de riqueza da economia mundial capitalista" estão relacionadas à divisão internacional do trabalho.[41] Em contraste, a natureza imperialista do sistema de cadeias de mercadorias, relacionada à exploração internacional, é em grande parte esquecida ou desconsiderada nas análises dominantes.

Giovanni Arrighi e Jessica Drangel argumentam em seu estudo sobre a semiperiferia que para entender essa hierarquia de riqueza precisamos examinar as atividades econômicas (ou nós) da cadeia de mercadorias.[42] Adotando essa abordagem, eles concluem que a industrialização, que parece ser considerada como um sinal de sucesso nacional por muitos defensores da CGM e da CGV, não reflete necessariamente histórias de desenvolvimento genera-

---

[39] Jennifer Bair, "Global Capitalism and Commodity Chains: Looking Back, Going Forward", *Competition and Change* 9 (2005), p. 156.

[40] Immanuel Wallerstein, *Historical Capitalism* (Londres: Verso, 1983), p. 16.

[41] Giovanni Arrighi, "The Developmentalist Illusion: A Reconceptualization of the Semiperiphery", em William G. Martin (ed.) *Semiperipheral States in the World Economy*, (Nova York: Greenwood Press, 1990), p. 22.

[42] Giovanni Arrighi e Jessica Drangel, "The Stratification of the World Economy", *Review* 10/1 (1986), p. 16.

O LOCAL OCULTO DA PRODUÇÃO GLOBAL **35**

lizado e de "recuperação". Como Arrighi explica em outro lugar: "Na verdade, o foco na industrialização é outra fonte de ilusões desenvolvimentistas [...]. Nessa perspectiva, a difusão da industrialização não aparece como desenvolvimento da semiperiferia, mas como periferização das atividades industriais".[43]

Em segundo lugar, argumentava-se que o trabalho era considerado parte integrante do discurso do sistema-mundo sobre as cadeias de mercadorias. Baseando-se em formulações iniciais dessas cadeias feitas por Hopkins e Wallerstein, Bair escreve sobre como a tradição do sistema-mundo enfatiza que "a força de trabalho é um fator crítico em cada cadeia de mercadorias e, portanto, busca identificar os diversos modos de controle e reprodução do trabalho que se pode encontrar ao longo de uma cadeia, ou até mesmo dentro de um único elo".[44] Tais economistas políticos críticos veem as cadeias de mercadorias "como redes que conectam [a transformação de matérias-primas em bens de consumo] à reprodução social da força de trabalho humano, como um fator crítico nesse processo".[45]

Outros críticos, no entanto, consideram que até mesmo a forma original da teoria das cadeias de mercadorias precisa ser mais bem trabalhada, sendo o mais importante a incorporação na teoria do trabalho e uma análise do capitalismo, aliada a suas relações de classe globais.[46] Benjamin Selwyn argumenta que a teoria do sistema-mundo ainda não consegue incorporar "de maneira satisfatória o estudo e a conceitualização do trabalho

---

[43] Arrighi, "The Developmentalist Illusion", p. 24.

[44] Jennifer Bair, "Global Commodity Chains: Genealogy and Review", em J. Bair (ed). *Frontiers of Commodity Chain Research*, (Stanford: Stanford University Press, 2009), p. 15.

[45] Bair, "Global Capitalism and Commodity Chains", p. 155-56.

[46] Benjamin Selwyn, "Beyond Firm-centrism: Re-integrating Labour and Capitalism into Global Commodity Chain Analysis", *Journal of Economic Geography 12* (2012), p. 205-26; Benjamin Selwyn, "Commodity Chains, Creative Destruction and Global Inequality: A Class Analysis", *Journal of Economic Geography* 15/2 (2015), 253-74.

36 INTAN SUWANDI

em sua análise do desenvolvimento diferenciado", aparentemente como resultado de seu "entendimento limitado do capitalismo".[47] Assim, considerando as debilidades das estruturas da CGM/CGV e da abordagem do sistema-mundo, os estudiosos argumentaram que a tarefa para a próxima geração de pesquisadores de cadeias de valor ou de mercadorias é reiniciar a abordagem de cadeias de mercadorias do sistema-mundo para levar em consideração condições e estruturas de análise mais contemporâneas. Bair sugere que, para fazer isso, precisamos "expandir o escopo da análise para abranger os mecanismos regulatórios, as instituições de mercado e as propriedades estruturais do capitalismo contemporâneo que afetam a configuração e a operação dessas cadeias, bem como os resultados de desenvolvimento associados a elas" – e prestar atenção em como os trabalhadores podem se beneficiar de sua participação nas cadeias.[48] Além disso, Bair e Werner afirmam que precisamos de "maior atenção analítica à relação entre inclusão e exclusão como processos contínuos que são constitutivos das cadeias de mercadorias".[49] Mas a sugestão mais sucinta é dada por Selwyn, que argumenta que a tarefa crucial é reintegrar o trabalho e uma análise sólida do capitalismo, com suas relações de classe globais, nos estudos de cadeias de mercadorias ou de valor globais.[50]

Assim, a questão crucial do ponto de vista marxista é como integrar uma análise do valor-trabalho das cadeias de mercadorias com uma análise mais ampla do desenvolvimento capitalista no século XXI, de modo a dar conta dos novos desenvolvimentos em relação à externalização e à arbitragem global do trabalho. A atenção das estruturas da CGM/CGV às empresas é considerada uma contribuição valiosa por seus defensores, mas uma fraqueza

---

[47]   Selwyn, "Beyond Firm-centrism", p. 213-15.
[48]   Bair, "Global Capitalism and Commodity Chains", p. 171.
[49]   Bair and Werner, "Commodity Chains and the Uneven Geographies of Global Capitalism", p. 992.
[50]   Selwyn, "Beyond Firm-centrism"; Selwyn, "Commodity Chains, Creative Destruction and Global Inequality".

O LOCAL OCULTO DA PRODUÇÃO GLOBAL **37**

por seus críticos. Por um lado, a análise no âmbito da empresa é vista como importante por essas estruturas, especialmente quando comparada à incapacidade da abordagem do sistema-mundo em fazê-lo. O exame das redes inter-empresariais é visto como um "*avanço metodológico*", um meio de fornecer "uma maneira fundamentada de estudar e operacionalizar a conexão global--local".[51] Mas outros veem isso como uma abordagem estreita e reducionista, um sinal da falta de reconhecimento das relações de poder distorcidas que caracterizam as cadeias de mercadorias.[52]

Uma dificuldade é a distinção histórica entre corporações transnacionais e multinacionais. Tradicionalmente, as corporações multinacionais eram vistas como aquelas com sede em um país e operando em muitos. Isso se diferenciou da ideia de corporações transnacionais, que eram vistas como verdadeiramente transnacionais ou globais, portanto, não mais ligadas a um Estado específico.[53] Recentemente, teóricos tradicionais e radicais, particularmente na Europa, adotaram a concepção de corporações transnacionais e evocaram um processo generalizado de transnacionalização, no qual corporações com alcance global não são mais vistas necessariamente como sediadas no centro da economia mundial ou conectadas a estados centrais específicos. Isso então encorajou uma mudança em direção a uma análise extrema da transnacionalização no âmbito da empresa, na qual os Estados-nações são vistos cada vez mais como não atores (ou atores deslocados) dentro de uma economia globalizada.[54] No entanto,

---

[51] Bair, "Global Capitalism and Commodity Chains", p. 158-59.

[52] Selwyn, "Social Upgrading and Labour in Global Production Networks", p. 76; Bair e Werner, "Commodity Chains and the Uneven Geographies of Global Capitalism", p. 988-89.

[53] Peter F. Drucker, "Multinationals and Developing Countries: Myths and Realities", *Foreign Affairs* 531 (1974), p. 121-34; Peter F. Drucker, "The Global Economy and the Nation State", *Foreign Affairs* 765 (1997), p. 159-71.

[54] William Robinson, *A Theory of Global Capital* (Baltimore: John Hopkins University Press, 2004); William Robinson, *Global Capitalism and the Crisis*

outros pensadores mais realistas rejeitaram tais noções, insistindo no papel do Estado e na continuação das relações imperialistas entre o centro e a periferia, trazendo assim o Estado de volta à economia política global.

Assim, o economista Ernesto Screpanti desmente o mito da *trans*nacionalização das grandes empresas na globalização da produção, lembrando-nos que as corporações multinacionais ainda são, em grande parte, nacionais em sua estrutura de governança, especialmente se considerarmos que o centro de gestão e pesquisa tecnológica avançada das multinacionais ainda está concentrado no Norte Global desenvolvido. Para Screpanti, as inovações são transferidas para o Sul Global por meio de processos como investimentos diretos, "onde elas produziram uma forma derivada de pesquisa tecnológica".[55]

Mas por que as multinacionais conseguem manter e até mesmo aumentar sua capacidade de controlar o mundo mesmo enquanto a produção se desloca para a periferia? A resposta, sugiro, está na história e no desenvolvimento das gigantes corporações, que então se tornaram globais em suas operações. Há mais de meio século, Baran e Sweezy sustentavam que o capitalismo não poderia mais ser examinado usando um modelo de relações de mercado de livre concorrência, mas deveria ser visto em termos monopolistas. Uma das principais razões é a posição dominante mantida pelas gigantes corporações multinacionais, cujo poder definidor é a capacidade de proteger suas margens de lucro da concorrência ruinosa. Sob o capital monopolista (atualmente conhecido como capital financeiro monopolista), as corporações "podem e escolhem quais preços cobrar por seus produtos", já que o sistema proíbe a prática de "corte de preços", partindo do princípio de que isso

---

of Humanity (Cambridge: Cambridge University Press, 2014); Leslie Sklair, *The Transnational Capitalist Class* (Oxford: Blackwell, 2001).

[55] Ernesto Screpanti, *Global Imperialism and the Great Crisis* (Nova York: Monthly Review Press, 2014), p. 18-19.

O LOCAL OCULTO DA PRODUÇÃO GLOBAL **39**

levaria a uma "guerra econômica" entre os oligopólios.[56] Essa capacidade era inexistente no sistema tradicional de livre concorrência. Como resultado, embora o corte de preços – quando isso poderia seriamente prejudicar as margens de lucro – raramente aconteça, "aumentos de preços pelas empresas geralmente ocorrem em conjunto, mais comumente sob a liderança de preços da maior corporação do setor".[57]

Graças a sua capacidade de exercer considerável controle sobre a produção e os preços e de proteger suas margens de lucro enquanto dominam todos os setores de produção, as multinacionais (na maioria sediadas em economias capitalistas maduras) conseguem exercer poder monopolístico em uma escala global cada vez maior, e um pequeno número delas desempenha um papel predominante na produção mundial. À medida que o tamanho e o alcance global das multinacionais cresceram, sua força e capacidade de acumular capital também foram ampliadas. Isso exigiu uma nova estrutura de gestão intrínseca à sua evolução. Essa nova estrutura de gestão, como apontado pelo economista Stephen Hymer, que baseou seu argumento na teoria da organização industrial, permite que as corporações racionalizem a produção e incorporem os avanços da ciência na atividade econômica "de forma sistemática". Em consonância com isso, as multinacionais são capazes de implementar um sistema vertical de controle em suas capacidades de tomada de decisão, com a sede localizada em países do Norte Global no topo da hierarquia. Segundo Hymer, isso permite que a organização se torne consciente de si mesma e obtenha "um certo controle sobre sua própria evolução e seu desenvolvimento".[58]

Tais padrões de poder e autoridade podem ser evidentemente observados em um dos principais processos envolvidos na exter-

---

[56] Baran e Sweezy, *Monopoly Capital*, p. 57-58.

[57] John Bellamy Foster, Robert McChesney e R. Jamil Jonna, "The Internationalization of Monopoly Capital", *Monthly Review* 63/2 (jun. 2011), p. 11.

[58] Stephen Hymer, *The Multinational Corporation: A Radical Approach* (Cambridge: Cambridge University Press, 1979), p. 59.

nalização: Investimentos Estrangeiros Diretos. Substituindo os investimentos em carteira, os Investimentos Estrangeiros Diretos tornaram-se primários após a Segunda Guerra Mundial, especialmente no campo da indústria de transformação.[59] Como argumenta Harry Magdoff: "A aceleração dos investimentos em empresas estrangeiras de transformação acrescentou uma nova dimensão à internacionalização do capital".[60] Investimentos estrangeiros (especialmente os diretos) são uma forma de penetrar nos mercados estrangeiros. Eles permitem que empresas do Norte Global concorram diretamente nos mercados estrangeiros, em vez de o fazerem apenas por meio de exportações. Além disso, também permitem que essas empresas "entrem nos canais de comércio exterior das potências concorrentes".[61] A explicação de Magdoff sobre os investimentos estrangeiros é compatível com a de Hymer, que enfatiza que os investimentos estrangeiros (diretos) são uma ferramenta para manter e expandir o poder monopolístico das multinacionais: "O investimento direto tende a estar associado a indústrias onde a participação de mercado é amplamente detida por um pequeno número de empresas".[62]

Mas a externalização nem sempre – especialmente hoje – se trata de investimentos diretos no exterior. Em vez disso, como mencionado anteriormente, muitas vezes inclui contratos de terceirização independente. Em 2012, as cadeias globais de mercadorias coordenadas por corporações multinacionais respondiam por aproximadamente 80% do comércio global, e os contratos de terceirização independente tornaram-se cada vez mais uma parte importante dessas cadeias – o crescimento ocorria principalmente em economias em desenvolvimento. Entre 2005 e 2010, o crescimento nos con-

---

[59] Robert Gilpin, *U.S. Power and the Multinational Corporation* (Nova York: Basic Books, 1975).

[60] Harry Magdoff, *The Age of Imperialism* (Nova York: Monthly Review Press, 1969), p. 54.

[61] *Ibid.*, p. 58.

[62] Hymer, *The Multinational Corporation*, p. 174.

O LOCAL OCULTO DA PRODUÇÃO GLOBAL **41**

tratos de terceirização independente em vários setores da indústria de transformação, incluindo eletrônicos, farmacêuticos e calçados, superou em muito a taxa de crescimento da indústria global.[63] Além disso, as empresas líderes gerenciam tais redes interempresariais dentro de estruturas de governança variadas. Longe de representar a descentralização do controle sobre a produção (e valorização) como às vezes se assume, as redes "dispersas" associadas aos novos modos de produção sem participação acionária são, em última análise, governadas pelas sedes financeiras centralizadas das gigantes corporações que atendem, as quais retêm monopólios sobre tecnologia da informação e mercados e se apropriam da maior parte do valor adicionado.

A primeira tarefa é, então, criar um arcabouço crítico que forneça uma análise das cadeias globais de mercadorias que possa incorporar a questão do poder, detido pelas multinacionais, e do trabalho, que, na produção global atual, é representado pelos trabalhadores do Sul Global. Começamos com esta tarefa.

A estrutura deste livro

Preparando o terreno para a estrutura de cadeias de valor-trabalho das mercadorias

No próximo capítulo, tento estabelecer uma base teórica e metodológica para a formulação de uma perspectiva sobre as cadeias globais de mercadorias que coloca o trabalho e as relações de classe no centro — nomeadamente, cadeias de valor-trabalho das mercadorias. Esta análise se baseia num artigo que escrevi com R. Jamil Jonna e John Bellamy Foster, "Global Commodity Chains and the New Imperialism" [Cadeias globais de mercadorias e o novo imperialismo], publicado na edição de março de 2019

---

[63] Unctad, *World Investment Report: Non-Equity Modes of International Production and Development* (Genebra: United Nations, 2011); Unctad, *World Investment Report: Global Value Chains* (Genebra: United Nations, 2013).

da *Monthly Review*.[64] A estrutura de cadeias de valor-trabalho das mercadorias é uma análise de cadeias globais de mercadorias que incorpora o principal ponto que foi negligenciado por seus predecessores: um exame da extração de excedente do Sul Global dentro de uma perspectiva marxista. Argumento que este é o meio mais útil para analisar os processos de produção globalizada, pois essa abordagem nos permite ver as relações de poder entre capital e trabalho que subjazem à nossa economia mundial atual.

Para desenvolver essa estrutura, é necessário examinar e incluir na formulação da teoria: 1) o desenvolvimento do capitalismo monopolista dominado atualmente por oligopólios multinacionais com considerável alcance global e exercendo significativo poder monopolista, como discutido anteriormente; e 2) o processo de lucrar com diferenças salariais internacionais por meio da *arbitragem global do trabalho*, aproveitando os custos unitários de trabalho muito mais baixos em economias emergentes (que serão elaborados no capítulo "Cadeias de valor-trabalho das mercadorias: relações de poder e classe na economia mundial"). Enquanto o primeiro fator é especialmente poderoso para nos ajudar a examinar o estágio atual do capitalismo com posições estratégicas ainda mantidas por corporações multinacionais, o último é uma lente útil porque olha diretamente sob a perspectiva do capital. A arbitragem global do trabalho é uma criação do capital. O próprio termo é amplamente utilizado em análises corporativo-financeiras, embora outros termos mais nebulosos, como Estratégia de País de Baixo Custo, abreviado como EPBC [ou LCCS, na sigla em inglês], sejam às vezes adotados para racionalizar (no sentido weberiano) as desigualdades que caracterizam a globalização da produção, tratando-as como meros fenômenos de mercado. Por exemplo, a arbitragem global do trabalho é frequentemente apresentada como "novos imperativos de controle de custos" das corporações, que são

---

[64] Intan Suwandi, R. Jamil Jonna e John Bellamy Foster, "Global Commodity Chains and the New Imperialism", *Monthly Review* 70/10 (2019), p. 1-24.

necessários para lidar com fatores macroeconômicos desfavoráveis, como excesso de oferta e falta de alavancagem de preços.[65]

No entanto, o conceito de arbitragem global do trabalho é significativo, pois "arbitragem" em termos financeiros significa precisamente aproveitar preços diferentes para o mesmo fator produtivo ou ativo. Além disso, embora a arbitragem na teoria econômica neoclássica seja supostamente capaz de gerar igualdade nos preços de mercado (a chamada lei do preço único), é amplamente compreendido por todos os atores econômicos que isso não se aplica ao trabalho em âmbito internacional, e que a arbitragem global do trabalho está enraizada em fatores estruturais na economia mundial capitalista que geram preços muito diferentes para o trabalho no Sul Global e no Norte Global, e portanto taxas muito diferentes de exploração do trabalho.

Assim, quando analisada com um pequeno toque marxista, a análise dominante da arbitragem global do trabalho revela as dimensões de poder dos processos de produção globalizada, como recentemente demonstrado por Smith em seu livro *Imperialismo no século XXI*, de 2016, bem como em um estudo de 2012 por Foster e Robert McChesney, *The Endless Crisis* [A crise infinita]. Nessa perspectiva, é necessário dar atenção especial à teoria do valor-trabalho para nos permitir ver quem realmente se beneficia e captura valor em uma cadeia global de mercadorias ou de valor, e como eles obtêm esses benefícios por meio de práticas como os contratos de terceirização independente que caracterizam a arbitragem global do trabalho.[66]

Além disso, uma breve apresentação de dados empíricos é fornecida na discussão das cadeias de valor-trabalho para dar uma

---

[65]   Stephen Roach, "How Global Labor Arbitrage Will Shape the World Economy", *Global Agenda,* 2005.

[66]   Para a teoria marxista do valor-trabalho, ver Karl Marx, *Capital*, v. 1 (Londres: Penguin Books, 1976 [1867]. Ed. bras.: *O capital*, v. 1. São Paulo: Boitempo, 2013) e Samir Amin, *The Law of Value and Historical Materialism* (Nova York: Monthly Review Press, 1978).

imagem geral sobre o que essa estrutura deve destacar quando se trata das relações globais desiguais entre capital e trabalho. Uma análise dos custos unitários do trabalho (como mencionado, uma medida que pode combinar adequadamente produtividade com custos salariais de forma que se relaciona com a teoria de exploração de Marx) revela que a participação nas cadeias globais de valor-trabalho não beneficia o trabalho do Sul Global. Em vez disso, os benefícios vão para as corporações do Norte Global, que são capazes de manter o baixo custo de sua produção, mesmo em meio à Grande Crise Financeira de 2009. Há uma grande discrepância nos salários e nos custos unitários do trabalho entre países do Norte e do Sul, e esse fato nos permite desmascarar a exploração, em termos absolutos e relativos, dos trabalhadores do Sul.

Controle nas cadeias de mercadorias de valor-trabalho: da tecnologia ao processo de trabalho

Após a formulação das cadeias de valor-trabalho das mercadorias, a próxima tarefa, abordada no capítulo "Flexibilidade e racionalização sistêmica: controle nas cadeias de valor-trabalho das mercadorias", é conectar essa estrutura aos processos concretos que ocorrem no domínio da produção, incluindo como as multinacionais, com seu poder monopolista, conseguem controlar o conhecimento tecnológico dentro das cadeias de valor-trabalho, bem como a maneira pela qual processo de trabalho é controlado no chão de fábrica. Para preencher a lacuna entre a estrutura abstrata e os processos concretos, utilizo os conceitos de racionalização sistêmica e de produção flexível. O primeiro é um conceito originado da sociologia industrial alemã, e o segundo foi popularizado por obras como *Lean and Mean* [Enxuto e eficiente], de Bennett Harrison, publicada em 1994.[67]

---

[67] Ver Norbert Altmann, Christoph Köhler e Pamela Meil, "No End in Sight – Current Debates on the Future of Industrial Work", em Altmann, Köhler e Meil (ed). *Technology and Work in German Industry* (Londres: Routledge, 1992), p. 1-11; Bennett Harrison, *Lean and Mean: The Changing Landscape of Corporate Power in the Age of Flexibility* (Nova York: Basic Books, 1994).

Essas duas abordagens oferecem uma análise crítica das cadeias globais de mercadorias (ou redes de produção) – uma muito mais crítica em comparação com a estrutura das CGM/ CGV –, destacando a noção de que redes descentralizadas não necessariamente levam a uma dispersão de poder. Ambas as abordagens enfatizam que grandes empresas, como as multinacionais sediadas no Norte Global, são capazes de manter, e até mesmo aprimorar, sua posição de poder nos processos de produção e distribuição dentro dessas redes, principalmente exercendo controle sobre suas empresas a montante e/ou a jusante. Isso permite que as multinacionais se envolvam em uma produção "enxuta" e flexível – na qual são capazes de se adaptar às demandas flutuantes de mercado em sua busca por maior lucro –, transferindo o trabalho de produção e responsabilidades para as empresas dependentes.

Possibilitadas por um rápido desenvolvimento em tecnologia da informação, novas estratégias de racionalização que "abordam a reorganização da cadeia de criação de valor de um produto final para além do alcance das empresas individuais" são adotadas por corporações poderosas para viabilizar práticas de produção flexível. Exemplos incluem estratégias de gestão como sistemas de entrega sob demanda (também conhecidos como *just-in-time* ou Sistema de Produção Toyota); uma miríade de certificações internacionais emitidas por terceiros, como a Organização Internacional de Normalização (ISO), que se tornam requisitos para fornecer às multinacionais; e um sistema de custeio aberto no qual os fornecedores precisam revelar suas estruturas de custo para seus potenciais clientes multinacionais. Por essas vias, as empresas dominantes conseguem manter seu acesso exclusivo a inovações e outros conhecimentos tecnológicos, ao mesmo tempo que pressionam seus fornecedores dependentes a ofertar flexibilidade na produção. Quando falamos de cadeias globais de valor-trabalho, os nós críticos (em termos de valor-trabalho) são encontrados em países emergentes no Sul Global, como a

Indonésia, onde as corporações multinacionais de terceirização cada vez mais estabelecem sua produção.

No final, são os trabalhadores, os produtores diretos, que suportam o ônus resultante de todas as estratégias mencionadas. Essa nova racionalização e organização da produção, ao contrário do argumento predominante, não proporciona uma forma mais humanizada de trabalho; formas de controle taylorista do processo de trabalho ainda permanecem em muitos segmentos de produção dentro das cadeias de valor-trabalho.[68] Abordagens marxistas para formas de controle sobre o processo de trabalho ainda são relevantes para examinar a exploração dos trabalhadores e a extração de mais-valia em nossas atuais cadeias de valor-trabalho. E é aqui que a fecunda obra de Harry Braverman de 1974, *Trabalho e capital monopolista* (que examina o controle do processo de trabalho sob o capitalismo monopolista), ao lado de outros trabalhos sobre o assunto, se torna especialmente útil. Com a aplicação do controle taylorista e o desenvolvimento da tecnologia, a desqualificação da força de trabalho e a degradação do trabalho são ampliadas sob o capitalismo monopolista. A teoria de Braverman e outras abordagens marxistas destacam meios particulares pelos quais o controle é administrado no chão de fábrica no capitalismo monopolista, mas o objetivo permanece o mesmo: exploração dos trabalhadores impulsionada pelo imperativo da acumulação de capital.[69]

Sob nossas atuais cadeias de valor-trabalho, veremos que esses mecanismos de controle do processo de trabalho ainda estão presentes, mas o funcionamento é ainda mais complicado pelas

---

[68] Norbert Altmann e Manfred Deiß, "Productivity by Systemic Rationalization: Good Work-Bad Work-No Work?", *Economic and Industrial Democracy* 19 (1998), p. 137-59.

[69] Ver, por exemplo, Edwards, "Social Relations of Production at the Point of Production"; David Gartman, "Marx and the Labor Process: An Interpretation", *The Insurgent Sociologist* 8/2 e 3 (1978), p. 97-108; Stephen A. Marglin, "What Do Bosses Do? The Origins and Functions of Hierarchy in Capitalist Production", *Review of Radical Economics* 6 (1974), p. 60-112.

camadas de relações de poder dentro das cadeias. Para fornecer um quadro concreto desses processos, apresento estudos de caso no capítulo "'Somos apenas costureiras': estudos de caso de duas empresas indonésias".

Estudos de caso de duas empresas indonésias

Embora haja algum reconhecimento do alcance global da racionalização sistêmica e da produção flexível, a maioria dos estudos sobre cadeias globais de mercadorias foca mais os âmbitos nacional ou regional no Norte Global – incluindo indústrias e redes europeias (especialmente alemãs), os Estados Unidos e eventualmente alguns outros países, como a Austrália.[70] E embora haja muitos estudos sobre a nova divisão internacional do trabalho, que se concentram principalmente nas trabalhadoras do Sul Global, publicados desde os anos 1980, a conexão entre a questão do controle do processo de trabalho (que muitas vezes se torna o foco desses estudos) e as complexidades das redes de produção raramente é mencionada.[71]

Para preencher essa lacuna, os estudos de caso de duas empresas indonésias – referidas sob os pseudônimos de Java Film e Star Inc. – apresentados no capítulo "'Somos apenas costureiras': estudos

---

[70] Altmann e Deiß, "Productivity by Systemic Rationalization: Good Work-Bad Work-No Work?"; Christopher Wright and John Lund, "Supply Chain Rationalization: Retailer Dominance and Labour Flexibility in the Australian Food and Grocery Industry", *Work, Employment, and Society* 17/1 (2003), p. 137-57.

[71] Para trabalhos focados nas trabalhadoras, ver, por exemplo, Caraway, *Assembling Women;* Cynthia Enloe, *The Curious Feminist: Searching for Women in a New Age of Empire* (Berkeley: University of California Press, 2004); Annette Fuentes e Barbara Ehrenreich, *Women in the Global Factory* (South End Press, 1983); Mary Beth Mills, "Gender and Inequality in the Global Labor Force", *Annual Review of Anthropology* 32 (2003), p. 41-62; Aihwa Ong, "The Gender and Labor Politics of Post-modernity", *Annual Review of Anthropology* 20 (1991), p. 279-309; Pun Ngai, *Made in China: Women Factory Workers in a Global Workplace* (Durham: Duke University Press, 2005); Leslie Salzinger, *Genders in Production: Making Workers in Mexico's Global Factories* (Berkeley: University of California Press, 2003).

48 INTAN SUWANDI

de caso de duas empresas indonésias" têm como objetivo fornecer exemplos de como multinacionais dominantes exercem controle sobre fornecedores indonésios dependentes, os quais, por sua vez, transferem as pressões de flexibilidade na produção, por um lado, e as demandas de alta produtividade e eficiência, por outro, para seus trabalhadores no chão de fábrica. Esses estudos de caso têm como objetivo ir além da mera generalização e análise em nível macro para ilustrar casos concretos particulares de "produção flexível" impostos externamente por multinacionais. Além disso, essas duas empresas indonésias não se parecem com o estereótipo da fábrica clássica caracterizada por linhas de montagem e condições de trabalho horríveis, como a Foxconn ou fábricas que montam calçados.[72] No entanto, o fato de não serem *sweatshops*[73] não elimina as relações exploratórias que se manifestam em seus chãos de fábrica, como veremos nos exemplos discutidos. Por meio de várias formas de controle do processo de trabalho, que vão desde ações disciplinares até sistemas de incentivo e aqueles realizados por meios tecnológicos, os trabalhadores são explorados – na compreensão de Marx sobre a exploração – e a mais-valia é extraída. De fato, as relações sistêmicas são reveladas de muitas maneiras ao olhar para os ambientes de produção mais avançados em economias emergentes vinculadas às cadeias de valor-trabalho das mercadorias.

Conduzi entrevistas semiestruturadas com executivos de alto escalão nessas duas empresas. São esses executivos, afinal de contas, que gerenciam tanto seus relacionamentos com clientes quanto com trabalhadores em suas fábricas. Como argumenta Peter Evans: "Para entender a tomada de decisões que ocorre dentro das empre-

---

[72] Ver Fair Labor Association, *Independent Investigation of Apple Supplier*, Foxconn (FLA, 2012), www.fairlabor.org; National Labor Committee and China Labor Watch, *Puma's Workers in China: Facing an Olympian Struggle to Survive* (Nova York: NLC e CLW, 2004).

[73] *Sweatshops* são fábricas cujos trabalhadores são submetidos a longas jornadas de trabalho com salários baixíssimos e condições insalubres, o que poderíamos chamar atualmente de trabalho análogo à escravidão. (N. T.)

sas, é necessário conversar com as pessoas que as administram".[74]
Além disso, com o acesso limitado que tive durante minhas visitas,
observei suas fábricas e seus escritórios e analisei os documentos
de suas empresas, que variavam de relatórios anuais a folhetos
e vídeos, até *slides* de apresentação preparados pela administração.[75] As entrevistas aqui servem como uma importante adição
à discussão das cadeias de valor-trabalho. Nesse contexto, meus
participantes servem como "informantes-chave" que explicam as
"regras" da administração corporativa, ou como eles gerenciam
seus trabalhadores de um lado e as relações comerciais com
clientes multinacionais do outro.[76] Essas entrevistas nos fornecem ideias valiosas sobre como o capital global e local afetam os
trabalhadores indonésios que, no chão da fábrica, produzem as
mercadorias. Os executivos são os responsáveis por tomar decisões
sobre vários aspectos de seus negócios, desde receber pedidos até
planejar a produção e gerenciar sua execução, garantindo que suas
empresas estejam em ordem para que os conflitos sejam resolvidos
rapidamente. Eles são os que lidam diretamente com seus clientes,
especialmente os principais, engajam-se em negociações com eles,
além de controlar a gestão do trabalho na fábrica. Eles possuem
o conhecimento e a experiência de que precisamos para entender
melhor as cadeias de valor-trabalho, especialmente porque ocupam
uma posição importante que conecta o capital do Norte Global e
o trabalho do Sul Global.

---

[74] Peter Evans, *Dependent Development: The Alliance of Multinational, State, and Local Capital in Brazil* (Princeton: Princeton University Press, 1979).

[75] Para métodos semelhantes, ver Evans, *Dependent Development*; Peter Evans, *Embedded Autonomy: States and Industrial Transformation* (Princeton: Princeton University Press, 1995); Wright e Lund, "Supply Chain Rationalization".

[76] Ver Evans, *Embedded Autonomy*; N. Kumar, L. W. Stern e J. C. Anderson, "Conducting Interorganizational Research Using Key Informants", *Academy of Management Journal* 36/6 (1993), p. 1633-51; Marc-Adelard Tremblay, "The Key Informant Technique: A Nonethnographic Application", *American Anthropologist* 59/ 4 (1957), p. 688-701.

Mas por que estudar empresas na Indonésia? Além do óbvio (é o meu país de origem), há outros aspectos que a tornam um caso interessante para se examinar quando se trata de sua posição dentro das cadeias de valor-trabalho. A Indonésia – cuja incorporação na economia global aumentou desde a criação da Lei de Investimentos Estrangeiros em 1967 sob o governo de Suharto, logo após os assassinatos e as prisões em massa de comunistas indonésios e daqueles considerados como tal – serve como um dos polos de "mão de obra barata" para corporações do Norte Global.[77] De fato, a Indonésia ocupa o terceiro lugar, atrás apenas da China e da Índia, na participação de empregos nas cadeias globais de mercadorias. Apesar de um aumento considerável nos custos unitários do trabalho na Indonésia entre 2009 e 2014, eles permanecem baixos, representando cerca de 62% dos custos nos Estados Unidos em 2014. No geral, a Indonésia é um exemplo clássico de um local onde o trabalho é altamente explorado nas cadeias de valor-trabalho. O país possui a maior parte das características frequentemente associadas ao que Evans chama de "desenvolvimento dependente".[78]

Os IEDs na Indonésia começaram a crescer de forma constante no início da década de 1970. As entradas líquidas de IED aumentaram de cerca de 83 milhões de dólares em 1970 para 4,7 bilhões até 1997. Apesar de algumas retrações persistentes nos IED após a crise asiática de 1997-1998 – durante a qual a Indonésia, assim como outras economias emergentes na Ásia fora da China, viu suas moedas sob ataque à medida que especuladores estrangeiros retiravam massivamente capital, demonstrando a contínua vulnerabilidade dessas economias –, logo os investimentos aumentaram novamente e atingiram cerca de 19,6 bilhões

---

[77] Dan La Botz, *Made in Indonesia* (Cambridge: South End Press, 2001), p. 29-55. Ver também Intan Suwandi, "No Reconciliation without Truth: An Interview with Tan Swie Ling on the 1965 Mass Killings in Indonesia", *Monthly Review* 67/7 (dez. 2015), p 14-30.

[78] Evans, *Dependent Development*, p. 32-34.

de dólares em 2012. Durante as flutuações nos últimos anos, as entradas de IED do país atingiram 30,54 bilhões de dólares em 2017, e apesar de terem passado por uma queda em 2018 para 27,86 bilhões, o presidente do Conselho Coordenador de Investimentos da Indonésia afirmou, em janeiro de 2019, que estava otimista "com a aceleração dos investimentos" naquele ano. Além disso, como meio de "atrair mais investimentos estrangeiros", o governo "planeja relaxar as restrições sobre a propriedade estrangeira em 49 setores de atividades".[79]

Isso mostra que a tendência dos investimentos estrangeiros do país (que nem sequer contabiliza outras formas de investimentos, incluindo os em carteira e subcontratação) continuou sendo alta, mesmo após a queda de Suharto e o suposto fim da Nova Ordem em 1998. Curiosamente, essa tendência ascendente é acompanhada por um aumento no emprego no setor industrial, passando de cerca de 13% do emprego total em 1980 para um pouco menos de 22% em 2012. Além disso, o valor adicionado pela indústria de transformação (participação no PIB) na Indonésia também cresceu ao longo de algumas décadas – de 9,2% em 1960 para cerca de 24% em 2012 – com um aumento dramático na metade da década de 1960.[80]

Essas tendências destacam o fato de que a Indonésia passou por uma série de períodos de industrialização e crescimento, embora relatórios recentes tenham mostrado que o crescimento vem desacelerando nos últimos anos – apenas 5% em 2014; 4,8%

---

[79] Fundo Monetário Internacional (FMI), International Financial Statistics (Washington: FMI, 2007); Banco Mundial, *World Development Indicators* (Banco Mundial, 1999); "Indonesia's FDI Touches Nearly 28 bln USD in 2018", Xinhua News,30 jan. 2019.

[80] Organização para a Cooperação e Desenvolvimento Econômico (OCDE), *OECD Factbook 2014: Economic, Environmental and Social Statistics* (OECD Publishing, 2014).

em 2015; 5% em 2016; e 5,12% no primeiro semestre de 2018.[81] Surgiram debates sobre se é hora de categorizar a Indonésia como uma economia emergente (ao lado do Brasil, da Rússia, da Índia e da China), mudando assim a sigla BRICs para BRIICs.[82] Segundo a Bloomberg, o Morgan Stanley é um dos apoiadores dessa ideia, citando a economia de 433 bilhões de dólares como a economia de crescimento mais rápido no Sudeste Asiático, e uma reivindicação otimista do então ministro das finanças indonésio de um crescimento de 7% "alcançável" a partir de 2011 (e, posteriormente, uma meta de 8% para 2019) – previsão que se mostrou errada nos anos seguintes.[83]

Mas deixando isso de lado, o otimismo estava grande. Jim O'Neill, um antigo economista do Goldman Sachs que cunhou o termo BRIC, escreveu em sua última visita à Indonésia em 2013 que ele "encontrou uma preocupação saudável com as perspectivas econômicas do país".[84] Seu texto sugere que a Indonésia pode em breve estar pronta para ser incluída no clube dos "grandes", embora O'Neill tenha incluído a Indonésia no grupo de "mercados fronteiriços" (economias relativamente menores referidas como Mint, ao lado do México, da Nigéria e da Turquia).[85] De qualquer forma, essas discussões sugerem que a Indonésia é vista por analistas financeiros e economistas do Norte Global como

---

[81] Ver Tri Artining Putri, "Ekonomi Melambat, Pertumbuhan Ekonomi Tak Tercapai?" *Tempo.Co*, 5 mai., 2015; Muhammad Hendartyo, "4 Tahun Jokowi, Rapor Merah Berdasarkan Tolak Ukur RPJMN", *Tempo. Co*, 22 out., 2018; FMI, Indonésia, 2016, Article IV Consultation (Washington: FMI, fev. 2017), p. 39; FMI, Indonésia, 2017, Article IV Consultation (Washington: FMI, fev. 2018), p. 34.

[82] Peter Day, "Can Indonesia Join the BRIC Countries?", *BBC News*, 17 fev. 2011; OCDE, *OECD Economic Surveys*: Indonesia (OECD Publishing, 2015).

[83] Arijit Ghosh, "BRIC Should Include Indonesia, Morgan Stanley Says", *Bloomberg*, 17 jun. 2009; Hendartyo, "4 Tahun Jokowi, Rapor Merah Berdasarkan Tolak Ukur RPJMN".

[84] Jim O'Neill, "Who You Calling a BRIC?", *Bloomberg Business*, 13 nov. 2013.

[85] M. Boesler, "The Economist Who Invented the BRICs Just Invented a Whole New Group of Countries: The MINTs", *Business Insider*, 14 nov. 2013.

um destino promissor para investimentos e deslocalização da produção ou, em outras palavras, um grande ator nas cadeias de valor-trabalho. De acordo com esses analistas, os problemas urgentes que podem impedir o crescimento econômico e o fluxo de investimentos estrangeiros são a corrupção na política ou a falta de capital humano e infraestrutura.[86] Vale ressaltar que os estudos de caso não têm como objetivo focar detalhes da economia indonésia e seu crescimento, ou em especificidades relacionadas ao desenvolvimento da política indonésia nas últimas décadas. O mais relevante aqui, e que muitas vezes é negligenciado, é o seguinte: por trás da euforia do crescimento na economia, e na produtividade do trabalho em particular, estão os mecanismos exploratórios das cadeias de valor-trabalho, os aspectos que nos revelam as características imperialistas de nossa economia mundial. E é precisamente isso que os estudos de caso tentam fazer: destacar tais aspectos e examiná-los no contexto do funcionamento atual da produção globalizada para que possamos ter um exemplo de como funcionam os processos exploratórios nas cadeias de valor-trabalho.

Cadeias de valor-trabalho e o novo imperialismo econômico

Smith argumenta que precisamos aplicar a teoria do valor em nossa análise da economia mundial imperialista para encontrar uma teoria sistemática do imperialismo que não negligencie as questões da "exploração do trabalho pelo capital e a exploração de nações pobres por nações ricas".[87] Como ele escreve, as análises do imperialismo contemporâneo devem partir e tentar explicar "a divergência internacional sistemática na taxa de exploração entre as nações", especialmente entre as nações imperialistas no Norte Global e as nações periféricas no Sul Global. Ele argumenta que

---

[86] Day, "Can Indonesia Join the BRIC Countries?"; Ghosh, "BRIC Should Include Indonesia, Morgan Stanley Says".

[87] Smith, *Imperialism in the Twenty-First Century*, p. 199.

não há nada de novo sobre as diferenças internacionais no valor da força de trabalho, ou sobre o que ele se refere como "super-exploração". O que é *novo*, escreve Smith, é a *"centralidade* que esses fenômenos alcançaram durante as últimas três décadas de 'globalização neoliberal'".[88]

A estrutura das cadeias de valor-trabalho é uma tentativa de fornecer mais uma perspectiva por meio da qual se pode observar a centralidade do fenômeno da produção globalizada como uma nova forma de imperialismo econômico, especialmente representada pela prática da arbitragem global do trabalho. Não se destina a ser em si mesma uma teoria completa do imperialismo, mas ajuda a examinar as características imperialistas das cadeias de valor-trabalho com base em abordagens que incorporam a teoria do valor de Marx.

Na conclusão deste livro, o caráter imperialista das cadeias de valor-trabalho, que envolve a captura global de valor e o contínuo escoamento de excedente do Sul para o Norte, é brevemente delineado, conectando os principais pontos dos capítulos anteriores. Não apenas o capital global se envolve na arbitragem global do trabalho (uma forma de troca desigual) para buscar baixos custos unitários do trabalho, mas também o faz com o apoio de outras instituições, incluindo organizações internacionais e o Estado. Por diversos meios, como a imposição de tratados e acordos multilaterais, os estados poderosos também mantêm sua hegemonia conforme os interesses do capital originário desses países. Como mencionado anteriormente, existe uma noção circulando entre a esquerda de que o imperialismo está em declínio, ou até mesmo desaparecendo completamente. Mas, ao lado de outras obras sobre o assunto, este estudo também constata que, contrariamente a essa afirmação, o imperialismo está vivo e bem. É mais correto dizer

---

[88] John Smith, "Imperialism and the Law of Value", *Global Discourse* 2/1 (2011), p. 10, https://globaldiscourse.files.wordpress.com/2011/05/john-smith.pdf.

que as formas e a maneira como ele opera mudaram ao longo da história.

Isso não significa que os trabalhadores do Sul Global sejam impotentes. Como Michael Yates escreve no final de seu livro *Can the Working Class Change the World?* [A classe trabalhadora pode mudar o mundo?]: "Lembre-se de que aqueles que mais sofreram – trabalhadores e camponeses do Sul Global, minorias no Norte Global, mulheres trabalhadoras em todos os lugares – vão liderar lutas ou têm mais chances de falhar."[89] De fato, a classe trabalhadora no Sul Global, ao lado de seus aliados, tem se engajado, e continuará a fazê-lo, em greves e protestos, na luta contra a exploração. Essas são as lutas que representam uma ameaça real e constante ao capital, não importa quão grande seja a distância que separa os proprietários corporativos ausentes dos trabalhadores envolvidos na produção nos nós críticos das cadeias de valor-trabalho, e não importa quão complexas essas cadeias possam parecer.

---

[89] Michael D. Yates, *Can the Working Class Change the World?* (Nova York: Monthly Review Press, 2018), p. 184.

Cadeias de valor-trabalho das mercadorias: relações de poder e classe na economia mundial[1]

> As multinacionais estão sempre em busca do fornecedor mais competitivo, onde quer que possam encontrá-lo. Elas podem fazer comparações. Há um índice de competitividade que mostra como cada país está se saindo, como é sua mão de obra, quão confiáveis são. Elas podem avaliar isso facilmente. E isso pode representar uma ameaça para nossa empresa. Portanto, precisamos continuar agradando nossos clientes.
>
> Executivo da Star Inc.

A produção capitalista do século XXI não pode mais ser entendida como uma mera agregação das economias nacionais a ser analisada simplesmente em termos dos PIBs das economias separadas e das trocas comerciais e de capital ocorrendo entre elas. Em vez disso, está cada vez mais organizada em cadeias globais de mercadorias, governadas por corporações multinacionais esparramadas pelo planeta, nas quais a produção é fragmentada em numerosos elos, cada um representando a transferência de valor econômico. Com mais de 80% do comércio mundial controlado por multinacionais, cujas vendas anuais agora equivalem a cerca de metade do PIB global, essas cadeias de mercadorias podem ser vistas como firmemente ancoradas no centro da economia mundial,

---

[1] Este capítulo foi escrito com R. Jamil Jonna e John Bellamy Foster. Uma versão ligeiramente diferente foi publicada na *Monthly Review* 70/10 (mar. 2019), p. 1-25, entitulada "Global Commodity Chains and the New Imperialism".

conectando a produção, localizada principalmente no Sul Global, ao consumo final e aos cofres financeiros de empresas multinacionais monopolistas, localizadas principalmente no Norte Global.[2]

A cadeia de mercadorias da General Motors inclui 20 mil empresas em todo o mundo, principalmente fornecedores de peças. Nenhum fabricante de automóveis dos EUA importa menos do que cerca de 20% de suas peças do exterior para qualquer um de seus veículos, cujas peças importadas às vezes representam cerca de 50% ou mais do veículo montado.[3] Da mesma forma, a Boeing compra do exterior cerca de um terço das peças que utiliza em suas aeronaves.[4] Outras empresas dos EUA, como Nike e Apple, externalizam sua produção para subcontratados, principalmente na periferia, e a produção é realizada de acordo com suas especificações digitais exatas – um fenômeno conhecido como *terceirização independente*, ou o que às vezes é chamado de *modos de produção sem participação acionária*. Essa externalização da produção pelas multinacionais atuais no centro da economia mundial levou a uma vasta mudança na localização predominante do emprego industrial, do Norte Global até a década de 1970 para o Sul Global neste século.[5]

O ritmo acelerado da externalização está intimamente relacionado aos Investimentos Estrangeiros Diretos em áreas de

---

[2] World Bank, "Arm's Length Trade", *Global Economic Prospects* (2017), p. 62: http://pubdocs.worldbank.org; Claude Serfati and Catherine Sauviat (coords.), "The Impact of Global Supply Chains on Employment and Production System: A Summary. A Franco-Brazilian Comparison of the Aeronautic and Automotive Industries", *Report n. 1, 2018* (Paris: Institut de Recherches Économiques et Sociales, 2018), p. 8: http://ilo.org.

[3] *American Automobile Labeling Act 2018* (Washington: National Highway Traffic Safety Association, 2018), http://nhtsa.gov.

[4] Nick Vyas, "Four Compass Points for Global Supply Chain Management", *Supply Chain Management Review* 22/5 (2018), p. 5.

[5] John Bellamy Foster, Robert W. McChesney e R. Jamil Jonna, "The Global Reserve Army of Labor and the New Imperialism", *Monthly Review* 63/6 (nov. 2011), p. 4.

baixa remuneração na periferia, associados ao comércio intraempresa. Em 2013, os fluxos globais de IED para "economias em desenvolvimento" atingiram 52% do total de IED, "ultrapassando os fluxos para economias desenvolvidas pela primeira vez na história, em 142 bilhões de dólares". E em 2018, os fluxos de IED para essas economias atingiram 58% do total de IED.[6] Mas de igual importância atualmente é a terceirização independente. O Banco Mundial, usando dados do censo dos EUA, indica que 57% de todo o comércio dos EUA é de terceirização independente, enquanto uma parte rapidamente crescente disso está assumindo a forma de terceirização monopolista independente, envolvendo rendas monopolistas significativas apropriadas por produtores do Sul Global. Isso assume a forma de produção específica realizada por empresas subcontratadas, como a Foxconn de Taiwan, que opera em Shenzhen, China, produzindo mercadorias (como iPhones) para corporações multinacionais que muitas vezes não são elas próprias fabricantes, mas apenas negociantes (como a Apple).

Em geral, quanto menor for a renda *per capita* de um parceiro comercial dos EUA, maior será a parcela de terceirização independente dos EUA, indicando que tudo se resume a salários baixos.[7] Mesmo as multinacionais com altos níveis de IED estão fortemente envolvidas na terceirização independente, movendo-se dessa forma entre a exploração direta e indireta. Contratos de terceirização independente geraram cerca de 2 trilhões de dólares em vendas em 2010, grande parte disso em países em desenvolvimento.[8] De 2010 a 2014, a economia mundial cresceu a uma taxa

---

[6] United Nations Conference on Trade and Development (UNCTAD), World Investment Report, 2013 (Genebra: Nações Unidas, 2013), p. xii; UNCTAD, "Global FDI Flows Continue Their Slide in 2018", *World Investment Monitor* 31 (jan. 2019), p. 2-3: http://unctad.org.

[7] World Bank, "Arm's Length Trade", p. 63-64.

[8] UNCTAD, *World Investment Report*, 2011 (Genebra: Nações Unidas, 2011), p. 132.

de 4,4%, enquanto a terceirização independente cresceu a uma taxa de 6,6%, superando em muito a primeira.[9] Embora esses fenômenos não sejam inteiramente novos, no sentido de que todos os tipos de precedentes históricos podem ser encontrados nas operações das corporações internacionais, a escala e sofisticação das cadeias de mercadorias atualmente representam mudanças qualitativas que estão transformando o caráter de toda a economia política global. Isso gerou uma enorme confusão nas análises político-econômicas, tanto da direita quanto da esquerda. Assim, a mudança no emprego industrial e o rápido crescimento de alguns países da periferia, especialmente na Ásia Oriental, levaram até mesmo um teórico marxista tão importante quanto David Harvey a concluir que a direção do imperialismo de alguma forma se reverteu, colocando o Ocidente, ou o Norte Global, em desvantagem. Como ele diz:

> A drenagem histórica da riqueza do Oriente para o Ocidente por mais de dois séculos [...] foi em grande parte revertida nos últimos 30 anos [...]. Acho útil adotar a preferência de Giovanni Arrighi de abandonar a ideia de imperialismo (ao lado da rigidez do modelo de centro-periferia da teoria do sistema-mundo) em favor de uma compreensão mais fluida das hegemonias concorrentes e em mudança dentro do sistema estatal global.[10]

No entanto, tais avaliações são baseadas na ilusão de que o imperialismo do século XXI pode ser abordado, como em períodos anteriores, principalmente no âmbito do Estado-nação, sem uma investigação sistemática do alcance global crescente das corporações multinacionais ou do papel da arbitragem global de trabalho, às vezes referida nos círculos empresariais como *aprovisionamento em países de baixo custo*. Está em questão a maneira como os monopólios globais atuais no centro da economia mundial capturaram

---

[9]   World Bank, "Arm's Length Trade", p. 62.
[10] David Harvey, "A Commentary on *A Theory of Imperialism*", em Utsa Patnaik e Prabhat Patnaik, *A Theory of Imperialism* (Nova York: Columbia University Press, 2017), p. 169-71.

valor gerado pelo trabalho na periferia dentro de um processo de troca desigual, obtendo, assim, "mais trabalho por menos".[11] O resultado foi mudar a estrutura global da produção industrial, enquanto mantém e muitas vezes intensifica a estrutura global de exploração e transferência de valor.

A complexidade da situação de emprego mundial gerada pelas cadeias globais de mercadorias ou de suprimentos é indicada na Tabela 1, que inclui os países com as maiores parcelas de emprego em cadeias globais de mercadorias em 2008 e/ou 2013.

Como mostra a Tabela 1, China e Índia fornecem de longe a maior parcela do emprego total envolvido em cadeias globais de mercadorias, enquanto, para ambos os países, os Estados Unidos são o principal destino das exportações. Isso cria uma situação em que a produção e o consumo na economia mundial estão cada vez mais dissociados entre si. Além disso, o valor adicionado associado a tais cadeias de mercadorias, como veremos, é atribuído de forma desproporcional às atividades econômicas nos países mais ricos no centro do sistema, embora a maior parte do trabalho ocorra nas nações mais pobres da periferia ou do Sul Global.

Pesquisadores econômicos do Institut de Recherches Économiques et Sociales na França indicam que as cadeias globais de mercadorias têm três elementos diferentes: 1) um elemento de produção que conecta peças e mercadorias em cadeias de produção complexas; 2) um elemento de valor, que se concentra em seu papel como "cadeias de valor", transferindo valor entre e dentro das empresas globalmente; e 3) um elemento de monopólio, refletindo que tais cadeias de mercadorias são controladas pelas sedes financeiras centralizadas de corporações multinacionais monopolistas e

---

[11] Karl Marx, *Capital*, v. 3 (Londres: Penguin, 1981), p. 345. [Ed. bras.: *O capital*, v. 3. São Paulo: Boitempo, 2017].

obtêm enormes rendas de monopólio, como teorizado por Stephen Hymer na década de 1970.[12]

Tabela 1 – Países com a maior proporção de empregos em cadeias globais de suprimentos (CGS) e seu destino primário de exportação

País	2008		2013	
	Parcela de todos os empregos em CGS	Destino primário de exportação	Parcela de todos os empregos em CGS	Destino primário de exportação
China	43,4%	Estados Unidos	39,2%	Estados Unidos
Índia	15,8%	Estados Unidos	16,8%	Estados Unidos
Indonésia	4,6%	Japão	4,6%	China
Russia	4,1%	Alemanha	4,1%	China
Brasil	3,5%	Estados Unidos	4,1%	China
Alemanha	3,4%	França	3,6%	China
Estados Unidos	3,3%	Canadá	3,6%	China
Japão	2,3%	Estados Unidos	1,9%	China
México	1,8%	Estados Unidos	2,2%	Estados Unidos
Coreia do Sul	1,7%	Estados Unidos	2,1%	China
Reino Unido	1,7%	Estados Unidos	1,9%	Estados Unidos
Total	85,6%		84,1%	

Fonte: Esta é uma versão modificada dos dados retirados da Tabela 2 de Takaaki Kizu, Stefan Kühn e Christian Viegelahn, 2016, *"Linking Jobs in Global Supply Chains to Demand"* [Vinculando empregos em cadeias globais de suprimentos à demanda]. Artigo de Pesquisa da Organização Internacional do Trabalho, Genebra, p. 15.
Nota: A "Parcela de todos os empregos em CGS" é relativa aos 40 países na série do Banco Mundial de Dados de Insumos e Produtos (WIOD, na sigla em inglês). O "Destino primário de exportação" é definido como o país para o qual a maioria da produção dos empregos em CGS de um determinado país é exportada. As tabelas de entrada e saída do WIOD também contabilizam a atividade econômica de países fora do conjunto de dados (classificados como "restante do mundo"). No entanto, deve-se observar que esses 40 países (43 na versão de 2016) representam a maior parte tanto da renda mundial quanto dos empregos em CGS.

A distinção entre cadeias globais de suprimentos e cadeias globais de valor está principalmente entre o que Karl Marx chamou

---

[12] Serfati e Sauviat, "The Impact of Global Supply Chains on Employment and Production Systems"; Stephen Hymer, *The Multinational Corporation* (Cambridge: Cambridge University Press, 1979).

CADEIAS DE VALOR-TRABALHO DAS MERCADORIAS: **63**
RELAÇÕES DE PODER E CLASSE NA ECONOMIA MUNDIAL

de forma material ou "natural" da mercadoria, seu *valor de uso*, em oposição à sua "forma de valor", ou *valor de troca*. Para construir uma teoria geral da produção global de mercadorias, aqui os aspectos de valor de uso e valor de troca são reunidos por meio do reconhecimento tanto dos aspectos materiais (suprimento) quanto de valor.[13] Como em toda produção capitalista, o componente de valor é dominante em tais cadeias de mercadorias e está enraizado na exploração do trabalho. O estudo, portanto, está focado na análise teórica e empírica do que é referido como *cadeias de valor-trabalho das mercadorias*, enfatizando o elemento de valor de troca (forma de valor), sem ignorar o elemento material ou de valor de uso (forma natural). Dessa maneira, o objetivo é entender como o novo imperialismo da arbitragem global do trabalho funciona e como o valor, derivado do trabalho de baixa remuneração na periferia, está sendo capturado globalmente.

Utilizando uma base de dados sobre a atividade econômica mundial que está disponível ao público, constrói-se uma série sobre os custos unitários do trabalho, incorporando a produtividade do trabalho e os níveis salariais.[14] O objetivo é desenvolver uma metodologia teoricamente consistente, enraizada nas relações de

---

[13] Karl Marx, "The Value-Form", *Capital and Class* 2/1 (1978), p. 134. O termo *cadeia global de suprimentos* é utilizado por multinacionais para se referir aos aspectos materiais e logísticos da organização da produção que envolve numerosos componentes reunidos em plataformas de produção globais espacialmente dispersas. O aspecto logístico está relacionado à antiga noção militar de *linhas de suprimento*. Do ponto de vista do valor financeiro, espera-se que cada elo na cadeia seja lucrativo e transfira valor em direção ao núcleo do sistema – ou seja, a própria multinacional ou sua sede corporativa. Em vez de utilizar os termos *cadeia de suprimentos* e *cadeia de valor* alternadamente, meus coautores e eu preferimos, portanto, construir sobre a teoria marxista e nos referir às *cadeias de mercadorias*, ou *cadeias de valor-trabalho de mercadorias* (referindo-se a cadeias de valor-trabalho quando o componente de valor está em destaque e cadeias de mercadorias de forma mais geral).

[14] Sobre os custos unitários do trabalho e a economia política capitalista global, ver John Bellamy Foster, "Monopoly Capital at the Turn of the Millennium", *Monthly Review* 51/11 (abr. 2000), p. 1-17.

valor-trabalho, para fazer comparações transnacionais da exploração do trabalho, construindo assim uma base teórica e empírica para a análise das cadeias de mercadorias. Cada elo ou nó em uma cadeia de mercadorias é concebido em termos de custos unitários do trabalho, que em grande parte determinam as margens de lucro, sendo os *nós críticos* de produção aqueles nos quais os custos do trabalho estão mais concentrados e, portanto, envolvem a maior quantidade de trabalho socialmente necessário – como no ponto de montagem do produto.

A análise dos custos unitários do trabalho dos principais países tanto no centro quanto na periferia da economia mundial demonstra que, no imperialismo do século XXI, as multinacionais são capazes de realizar um processo de troca desigual no qual obtêm, na prática, mais trabalho por menos, enquanto o excedente obtido é frequentemente atribuído de forma enganosa a atividades econômicas "inovadoras", financeiras e extratoras de valor ocorrendo no centro do sistema. De fato, grande parte da imensa captura de valor associada à arbitragem global do trabalho contorna a produção nas economias do centro, em detrimento dos trabalhadores que viram seus empregos externalizados. Isso contribuiu para a acumulação de vastas pirâmides de riqueza desconectadas do crescimento econômico nas próprias economias do centro.[15] Grande parte dessa

---

[15] Sobre a captura de valor, consultar John Smith, *Imperialism in the Twenty-First Century*, p. 266-72. Um estudo sobre a captura de valor escrito para a Associação de Fabricantes de Computadores observa que, no comércio entre multinacionais, o valor é na verdade capturado (não adicionado). Depois de mostrarem que empresas dos EUA, como a Apple, se beneficiam mais, mesmo que a produção esteja localizada na China, os analistas acabam concluindo: "Empresas dos EUA precisam trabalhar com parceiros internacionais para lançar novos produtos no mercado. Essas empresas capturarão lucros proporcionais ao valor adicional que agregam. Essa é simplesmente a natureza dos negócios no século XXI, e o fato de muitas empresas dos EUA terem sucesso nesse ambiente traz benefícios significativos para a economia dos EUA." Greg Linden, K. Kraemer e J. Dedrick, "Who Captures Value in a Global Innovation System", *Communications of the ACM* 52/3 (2009), p. 144.

drenagem de valor da periferia assume a forma de fluxos ilícitos não registrados. Segundo um estudo recente pioneiro sobre fluxos financeiros globais realizado pelo Centro de Economia Aplicada da Escola Norueguesa de Economia e pela Global Financial Integrity dos Estados Unidos, apenas em 2012, as transferências líquidas de recursos dos países em desenvolvimento e emergentes para os países ricos foram estimadas em 2 trilhões de dólares (3 trilhões, se incluirmos estimativas de falsificação de faturas).[16]

Grandes quantidades desse saque capturado das economias periféricas do Sul Global acabam nos "paraísos fiscais" do Caribe, onde trilhões de dólares de capital monetário estão agora depositados fora dos aparatos fiscais e contábeis até mesmo dos Estados-nação mais poderosos.[17] Essa expropriação financeira caracteriza toda a era do capital monopolista-financeiro, na qual o papel crescente do que Marx, seguindo James Steuart, chamou de *lucro por expropriação* (ou *lucro por alienação*) agora é evidente.[18] Isso fica claro no crescente papel da captura e da extração de valor, em oposição à geração direta de valor, na determinação dos lucros das empresas multinacionais.[19]

O que fica claro é que a globalização da produção é construída em torno de um vasto abismo nos custos unitários do trabalho entre as economias do centro e da periferia, refletindo taxas de exploração muito mais altas na periferia. Isso, por sua vez, mostra que a diferença nos salários é maior do que a diferen-

---

[16] *Financial Flows and Tax Havens* (Bergen, Noruega: Centre for Applied Research, Norwegian School of Economics and Global Financial Integrity, 2015), p. 15: https://www.gfintegrity.org; Jason Hickel, *The Divide* (Nova York: W. W. Norton, 2017), p. 24-26, 210-13, 289.

[17] Nicholas Shaxson, *Treasure Islands* (Nova York: Palgrave Macmillan, 2011).

[18] Costas Lapavitsas, *Profiting Without Producing* (Londres: Verso, 2013), p. 141-47; John Bellamy Foster e Brett Clark, "The Expropriation of Nature", *Monthly Review* 69/10 (March 2018), p. 1-27.

[19] Sobre extração de valor, ver Mariana Mazzucato, *The Value of Everything* (Nova York: Public Affairs, 2018).

ça na produtividade entre o Norte Global e o Sul Global.[20] Os dados mostram que a lacuna nos custos unitários do trabalho na indústria entre os principais Estados do centro (Estados Unidos, Reino Unido, Alemanha e Japão) e os principais emergentes da periferia (China, Índia, Indonésia e México) tem sido da ordem de 40% a 60% durante a maior parte das últimas três décadas. Esse enorme fosso entre o Norte Global e o Sul Global surge de um sistema que permite a livre mobilidade internacional de capital (embora dentro do regime hierárquico do capital monopolista, que impõe um desenvolvimento desigual), ao mesmo tempo que restringe rigidamente a mobilidade internacional de trabalho.[21] O resultado é manter os salários baixos na periferia e possibilitar

---

[20] Samir Amin, "Self-Reliance and the New International Economic Order", *Monthly Review* 29/3 (jul.-ago. 1977), p. 1-21; John Bellamy Foster, *The Theory of Monopoly Capitalism* (Nova York: Monthly Review Press, 2014), p. 181.

[21] Arghiri Emmanuel, *Unequal Exchange*, p. 167. Prabhat Patnaik escreve criticamente sobre Emmanuel: "A suposição de que a livre mobilidade de capital só pode igualar a taxa de lucro enquanto a livre mobilidade de trabalho é necessária para igualar os salários é errônea. A livre mobilidade de capital sozinha pode igualar tanto a taxa de lucro quanto a de salário. Enquanto houver uma genuína livre mobilidade de capital, se houver quaisquer diferenças salariais, então o capital se moverá do país de salário alto para o país de salário baixo para produzir as mesmas mercadorias e com as mesmas técnicas de produção que estava utilizando no país de salário alto." Prabhat Patnaik, *Whatever Happened to Imperialism and Other Essays* (Nova Delhi: Tulika, 1995), p. 99. A lógica de Patnaik é indubitavelmente correta no abstrato. Mas, embora o capital no centro esteja com certeza terceirizando a produção atualmente, da maneira projetada aqui, a realidade é que permanecem restrições à livre mobilidade de capital impostas aos países em desenvolvimento pela estrutura do capital multinacional--monopolista e pelo próprio sistema mundial imperialista, bloqueando a "mobilidade genuína de capital" em um sentido de livre concorrência, perpetuando o desenvolvimento desigual e inibindo aumentos salariais em países pobres (impondo uma corrida para o fundo). A terceirização, portanto, apenas aumentou lentamente os salários em países subdesenvolvidos com grandes exércitos industriais de reserva em comparação com os níveis salariais nos países desenvolvidos, muitas vezes reforçando em vez de negar a arbitragem global do trabalho.

a enorme drenagem do excedente econômico dos países do Sul. Como argumentaram Utsa Patnaik e Prabhat Patnaik, a drenagem do excedente da periferia "se refere não apenas à direção dos fluxos de capital, mas ao fenômeno de sugar o excedente de uma economia sem nenhum *quid pro quo*".[22]

Cadeias globais de mercadoria e captura de valor imperialista

O termo *cadeia de suprimentos* é frequentemente usado para se referir a

> uma sequência de operações de produção, que começa na concepção e no desenvolvimento do produto ou sistema, passa pelo processo de produção incluindo a aquisição de insumos (matérias-primas, ferramentas, equipamentos) e termina com a distribuição, manutenção e o fim da vida do produto [ou seu consumo]. As partes e módulos produzidos em cada etapa do processo são montados para criar um produto final.[23]

As cadeias globais de mercadorias podem então ser vistas como

> espaços globais integrados criados por grupos financeiros com atividades industriais. Tais espaços são globais no sentido de que abrem um horizonte estratégico de valorização do capital que ultrapassa fronteiras nacionais e mina regulamentações nacionais. Esses espaços são integrados no sentido de que são compostos por centenas, até milhares, de subsidiárias (produção, P&D [pesquisa e desenvolvimento], finanças etc.) cujas atividades são coordenadas e controladas por um órgão central (a empresa-mãe ou uma *holding*) que gerencia recursos para garantir que o processo de valorização do capital seja lucrativo tanto financeira quanto economicamente.[24]

---

[22] Utsa Patnaik e Prabhat Patnaik, *A Theory of Imperialism* (Nova York: Columbia University Press, 2017), p. 196.

[23] Serfati e Sauviat, "The Impact of Global Supply Chains on Employment and Production Systems", p. 11.

[24] *Ibid.*, p. 8.

A participação dos países em tais cadeias globais de mercadorias tem um impacto profundo no trabalho. Isso pode ser visto pelo rápido aumento no número de empregos relacionados às cadeias globais de mercadorias, de 296 milhões de trabalhadores, em 1995, para 453 milhões, em 2013. Esse crescimento na produção de cadeias de mercadorias está concentrado em "economias emergentes", nas quais o crescimento do emprego atingiu aproximadamente 116 milhões entre 1995 e 2013, tendo a indústria como setor predominante e voltado para a exportação para o Norte Global.[25] Em 2010, 79% dos trabalhadores industriais do mundo viviam no Sul Global, em comparação com 34% em 1950 e 53% em 1980.[26] A indústria se tornou "a principal fonte de dinamismo do Terceiro Mundo" nas exportações e na produção, especialmente no Leste e Sudeste Asiático, onde, até 1990, a participação da indústria de transformação no PIB era maior do que em outras regiões.[27] Um relatório do Banco Asiático de Desenvolvimento mostra que a maioria dos países do Sudeste Asiático, especialmente aqueles considerados em desenvolvimento, vivenciou um aumento na participação da produção da indústria de transformação das décadas de 1970 aos anos 2000.[28]

Explorar essa realidade complexa tem apresentado desafios para os cientistas sociais. Marx havia escrito n'*O capital*, com relação tanto ao valor de uso quanto ao valor de troca, sobre "a cadeia geral de metamorfoses que ocorre no mundo das mercadorias". Mais tarde, seguindo Marx, Rudolf Hilferding, em *O capital financeiro,* se referiu a "elos na cadeia de trocas de

---

[25] ILO, *World Employment and Social Outlook: The Changing Nature of Jobs* (Genebra: ILO, 2015), p. 132.

[26] Smith, *Imperialism in the Twenty-First Century*, p. 101.

[27] Gary Gereffi, "Global Production Systems and Third World Development", em B. Stallings (ed). *Global Change, Regional Response* (Cambridge: Cambridge University Press, 1995), p. 107.

[28] Jesus Felipe e Gemma Estrada, "Benchmarking Developing Asia's Manufacturing Sector" (Manila: Asian Development Bank, 2007).

mercadorias".[29] Inspirados por essas noções marxistas anteriores de cadeias de trocas de mercadorias que caracterizam a economia capitalista mundial, Terence Hopkins e Immanuel Wallerstein avançaram com o conceito de *cadeia de mercadorias* na década de 1980 como parte da perspectiva do sistema-mundo, com ênfase na "reconstrução histórica das indústrias durante o longo século XVI".[30] A estrutura da cadeia de mercadorias globais (GCM) foi posteriormente popularizada em meados da década de 1990, marcado pela publicação do livro *Commodity Chains and Global Capitalism* [Cadeias de mercadorias e capitalismo global], organizado por Gary Gereffi e Miguel Korzeniewicz.[31] Mais tarde, Gereffi também se tornou uma figura proeminente na formação da rede de pesquisa da cadeia global de valor (CGV), ou cadeia de suprimentos global, em 2000. Essa rede de pesquisa foi criada na esperança de unir várias abordagens diferentes, mas com algo em comum, dos estudos de cadeias globais.[32] Embora a estrutura da CGV tenha sido inspirada nas primeiras pesquisas sobre cadeias globais de mercadorias, ele frequentemente se integraria à economia dos custos de transação, uma abordagem que vê as corporações multinacionais principalmente como minimizadoras de seus custos de transação por meio da internalização dos custos anteriormente ocorridos entre empresas.[33]

---

[29] Karl Marx e Frederick Engels, *Collected Works*, v. 36 (Nova York: International Publishers, 1975), p. 63; Rudolf Hilferding, *Finance Capital* (Nova York: Routledge, 1981), p. 60.

[30] Jennifer Bair, "Global Capitalism and Commodity Chains", *Competition and Change* 9 (2005), p. 153-80; Terence Hopkins e Immanuel Wallerstein, "Commodity Chains in the World Economy Prior to 1800", *Review: A Journal of the Fernand Braudel Center* 10/1 (1986), p. 157-70.

[31] Gary Gereffi e Miguel Korzeniewicz (eds.), *Commodity Chains and Global Capitalism* (Nova York: Praeger, 1994).

[32] Ver Bair, "Global Capitalism and Commodity Chains", p. 162.

[33] Jennifer Bair, "Global Commodity Chains", em Bair (ed). *Frontiers of Commodity Chain Research*, (Stanford: Stanford University Press, 2009), p. 1-34; William Milberg e Deborah Winkler, *Outsourcing Economics: Global Value Chains in Capitalist Development* (Cambridge: Cambridge

Ao introduzirem o conceito de cadeia de mercadorias, Hopkins e Wallerstein a definiram como "uma rede de processos de trabalho e produção cujo resultado final é uma mercadoria acabada".[34] Essas cadeias geralmente são "geograficamente extensas e contêm muitos tipos de unidades de produção dentro delas, com múltiplos modos de remunerar o trabalho".[35] Acadêmicos da cadeia global de mercadorias (CGM) usam o termo "nós" para se referir a processos separáveis que constituem uma cadeia de mercadorias. Nesse contexto, um nó significa um processo de produção particular ou específico, e cada nó dentro de uma cadeia de mercadorias envolve "a aquisição e/ou organização de insumos (por exemplo, matérias-primas ou produtos semiacabados), força de trabalho (e seu fornecimento), transporte, distribuição (via mercados ou transferências) e consumo".[36] Atualmente, a produção internacional de mercadorias assume cada vez mais a forma de cadeias de valor-trabalho das mercadorias cada vez mais sofisticadas e organizadas. Portanto, as economias centrais dependem cada vez mais de bens e serviços (incluindo montagem) importados de países de baixa renda.[37] Como agora é universalmente reconhecido,

---

University Press, 2013), p. 143. Mesmo essa distinção não é clara, pois alguns acadêmicos, como William Millberg e Deborah Winkler, utilizam o quadro das CGV de uma forma que é crítica da economia dos custos de transação, enquanto são mais receptivos à dimensão de poder associada à análise das cadeias de mercadorias. Diferentemente da economia dos custos de transação, Millberg e Winkler afirmam que a empresa tem "uma estratégia de crescimento – em tamanho, participação de mercado ou lucros – além da minimização dos custos de transação sob restrições dadas" (p. 142). Portanto, essa abordagem está mais próxima da análise mais abrangente oferecida por Stephen Hymer.

[34] Hopkins e Wallerstein, "Commodity Chains in the World Economy Prior to 1800", p. 159.

[35] Immanuel Wallerstein, "Commodity Chains in the World Economy, 1590–1790", *Review 23/1* (2000), p. 2.

[36] Gary Gereffi, Miguel Korzeniewicz, e R. P. Korzeniewicz, "Introduction", em *Commodity Chains and Global Capitalism*, p. 2.

[37] Milberg e Winkler, *Outsourcing Economics*.

uma das características marcantes relacionadas a tais mercadorias é uma "proporção muito grande e crescente da força de trabalho [...] localizada em economias em desenvolvimento".[38]

William Milberg e Deborah Winkler argumentam que *uma mudança na estratégia corporativa* é um dos principais impulsionadores dessa "nova onda" de globalização. A estratégia envolve a busca por custos mais baixos e maior flexibilidade, bem como o desejo de "alocar mais recursos para atividades financeiras e valor de curto prazo para os acionistas, enquanto reduz os compromissos com os contratos de trabalho de longa duração e a segurança do trabalho".[39] Além disso, Gereffi enfatiza o surgimento de grandes corporações multinacionais que não fabricam seus próprios produtos, o que ele afirma ser central para as "novas tendências" de externalização. Tais corporações, que geralmente são grandes varejistas e comerciantes de marca, podem ser entendidas como os *novos impulsionadores* nas cadeias globais que se tornaram mais proeminentes ao longo das últimas décadas.[40] A produção de terceirização independente pelas corporações multinacionais – das quais Nike e Apple sejam talvez os exemplos mais conhecidos – está associada a estruturas de governança "comandadas pelo comprador" [*buyer-driven*] (em oposição às estruturas "comandadas pelo produtor" [*producer-driven*] caracterizadas por altos fluxos de IED), nas quais as corporações, geralmente situadas no centro da economia mundial, desempenham um papel crucial na organização de redes de produção dispersas em países exportadores, tipicamente no Sul Global.[41] De fato, elas não são verdadeiras fabricantes, mas apenas comerciantes, ou seja, empresas que

---

[38] Gary Gereffi, "The New Offshoring of Jobs and Global Development", *ILO Lecture Series*, 2005, p. 5.
[39] Millberg e Winkler, *Outsourcing Economics*, p. 12.
[40] Gereffi, "The New Offshoring of Jobs and Global Production", p. 4.
[41] Gereffi, "Global Production Systems and Third World Development", p. 116.

"concebem e/ou comercializam, mas não fabricam, os produtos de marca que vendem".[42]

As discussões populares sobre os contratos corporativos de terceirização independente destacam a "característica descentralizada" dessas cadeias no sentido da dispersão geográfica da produção. No entanto, longe de representar uma descentralização real do controle sobre a produção (e valorização), como às vezes se supõe, as cadeias de mercadorias "dispersas" associadas a uma multinacional específica sem participação nos vários segmentos de produção que ela subcontratou são crucialmente governadas por sua sede financeira centralizada. A sede financeira de uma multinacional retém monopólios sobre tecnologia da informação e mercados, e apropria-se da maior parte do valor agregado em cada elo na cadeia. Apesar da reputação da China como o maior exportador de bens de alta tecnologia, o economista Martin Hart-Landsberg aponta que 85% das exportações de alta tecnologia do país são meros elos ou nós nas cadeias globais de mercadorias de multinacionais.[43] Como Hymer disse há algumas décadas, as sedes das multinacionais "governam do topo dos arranha-céus; em um dia claro, elas quase conseguem ver o mundo todo".[44]

Conforme argumentam John Bellamy Foster, Robert W. McChesney e R. Jamil Jonna, os contratos de terceirização independente na verdade permitem que as empresas capturem "margens de lucro extremamente altas por meio de suas operações internacionais e [exerçam] controle estratégico sobre suas linhas de abastecimento – independentemente de sua relativa falta de IED

---

[42]   Gary Gereffi, "The Organization of Buyer-Driven Global Commodity Chains", em *Commodity Chains and Global Capitalism*, p. 99.

[43]   Martin Hart-Landsberg, *Capitalist Globalization* (Nova York: Monthly Review Press, 2013), p. 45.

[44]   Stephen Hymer, *The Multinational Corporation* (Cambridge: Cambridge University Press, 1979), p. 43.

real".[45] No entanto, isso frequentemente é difícil de examinar, pois, nessa prática, as corporações multinacionais muitas vezes têm apenas uma conexão indireta com os trabalhadores/agricultores que produzem seus bens. Não há fluxos visíveis de lucros desses subcontratados estrangeiros para seus clientes do Norte Global – as multinacionais. Como observa John Smith em relação aos contratos de terceirização independente:

Nem um único centavo dos lucros da H&M, da Apple ou da General Motors pode [na contabilidade habitual do valor adicionado] ser atribuído aos trabalhadores superexplorados de Bangladesh, da China e do México, que trabalham arduamente para os fornecedores independentes dessas empresas transnacionais. É essa relação 'de terceirização independente' que cada vez mais prevalece nas cadeias globais de valor que conectam as transnacionais e cidadãos em países imperialistas aos trabalhadores de baixa remuneração que produzem cada vez mais seus insumos intermediários e bens de consumo.[46]

A análise empírica que considera o impacto completo da arbitragem global do trabalho se torna duplamente difícil.

No entanto, uma análise mais detalhada da lógica por trás dessas formas de externalização nos permitirá ver as cadeias de valor-trabalho das mercadorias e as relações de poder nelas embutidas. A questão não é apenas sobre como as multinacionais governam as cadeias de mercadorias, mas também como elas facilitam a extração de excedente do Sul Global. Isso é abarcado no conceito de *arbitragem global do trabalho*, notoriamente definido por Stephen Roach, o ex-economista-chefe do Morgan Stanley, como a substituição de trabalhadores com salários altos, nos Estados Unidos e em outras economias ricas, "por trabalhadores

---

[45] John Bellamy Foster, Robert McChesney e R. Jamil Jonna, "The Internationalization of Monopoly Capital", *Monthly Review* 63/2 (2011), p. 9.

[46] John Smith, "Imperialist Realities vs. the Myths of David Harvey", *Review of African Political Economy blog*, 19 mar. 2018: http://roape.net. Ver também Smith, *Twenty-First Century Imperialism*.

de qualidade semelhante, mas com salários baixos, no exterior".[47] Aqui, a arbitragem global do trabalho é racionalizada como "uma tática de sobrevivência urgente" para empresas no Norte Global, pressionadas pela necessidade de reduzir custos e "buscar novas eficiências".[48]

Ao ser examinado criticamente, esse imperativo de controle de custos não é nada mais do que uma forma de arbitragem que se aproveita das diferenças de preço, nesse caso, em relação aos salários, dentro do mercado global imperfeito – baseado na liberdade desigual de circulação de capital e trabalho.[49] Embora o trabalho ainda esteja em grande parte limitado dentro das fronteiras nacionais devido às políticas de imigração, o capital global e as mercadorias têm muito mais liberdade para circular, o que foi ainda mais intensificado nos últimos anos pela liberalização comercial. Assim, a arbitragem global do trabalho serve como um meio para as multinacionais se beneficiarem das "enormes diferenças internacionais no preço do trabalho".[50]

Vista por meio de uma perspectiva crítica de Economia Política, então, a arbitragem global do trabalho é a superexploração do trabalho no Sul Global pelo capital internacional. Constitui uma troca desigual, entendida como a troca de mais trabalho por menos, na qual o capital monopolista-financeiro no centro do sistema se beneficia de altas margens sobre a mão de obra barata no Sul Global. Ao mesmo tempo, o processo de troca desigual marca a incorporação adicional dos países do Sul Global na economia global.[51]

No contexto da teoria marxista do valor-trabalho, a arbitragem global do trabalho é uma *busca pela valorização*. É uma estraté-

---

[47] Stephen Roach, "More Jobs, Worse Work", *New York Times*, 22 jul. 2004.
[48] Stephen Roach, "How Global Labor Arbitrage Will Shape the World Economy", *Global Agenda Magazine* (2004).
[49] Smith, *Imperialism in the Twenty-First Century*, p. 198-206.
[50] *Ibid.*, p. 16.
[51] Samir Amin, *Unequal Development* (Nova York: Monthly Review Press, 1976).

gia para reduzir os custos do trabalho socialmente necessário e para maximizar a apropriação de mais-valia. Ela extrai mais dos trabalhadores por vários meios, incluindo ambientes de trabalho repressivos em fábricas da economia periférica, proibições de sindicalização impostas pelo Estado e sistemas de cotas ou trabalho por peça.

A arbitragem global do trabalho é possibilitada em parte pelo que Marx se refere como o *exército industrial de reserva* de desempregados, que, nesse caso, se dá em escala global e, portanto, constitui um *exército global de reserva de trabalho*.[52] A criação ao longo das últimas décadas de um exército de reserva global muito maior está parcialmente ligada ao fenômeno da "grande duplicação", que se refere à integração da força de trabalho dos antigos países socialistas (incluindo a China) e dos países fortemente protecionistas em outras épocas (como a Índia) na economia global – resultando na expansão do tamanho tanto da força de trabalho global quanto de seu exército de reserva.[53] Também central para a criação desse exército de reserva é a *descampesinização* de uma grande parte da periferia global por meio da disseminação do agronegócio.[54] Esse movimento forçado de camponeses da terra resultou no crescimento das populações de favelas.[55] Marx conectou a "libertação" dos camponeses (a parte "latente" do exército de reserva) da terra ao processo da "assim chamada acumulação primitiva".[56]

Reproduzir o exército de reserva global de trabalho não apenas serve para aumentar os lucros a curto prazo; ele atua

---

[52]   Karl Marx, *Capital*, v. 1 (Londres: Penguin, 1976), p. 781-94. [Ed bras.: *O capital*, v. 1. São Paulo: Boitempo, 2013].

[53]   Ver Milberg e Winkler, *Outsourcing Economics*, p. 51.

[54]   Farshad Araghi, "The Great Global Enclosure of Our Times", em Fred Magdoff, John Bellamy Foster e Frederick M. Buttel (ed), *Hungry for Profit*, (Nova York: Monthly Review Press, 2000), p. 145-60.

[55]   Mike Davis, *The Planet of Slums* (Londres: Verso, 2006). [Ed. bras.: *Planeta favela*. São Paulo: Boitempo, 2006.]

[56]   Marx, *Capital*, v. 1, p. 795-96, 871.

como uma abordagem de dividir para conquistar a mão de obra em escala global no interesse da acumulação de longo prazo por multinacionais e pelas estruturas estatais alinhadas a elas.[57] Embora a concorrência entre as corporações seja limitada à rivalidade dos oligopólios, a concorrência entre os trabalhadores do mundo (especialmente aqueles no Sul Global) é intensificada pela crescente população relativa excedente. Essa estratégia de dividir para governar serve para integrar "excedentes de trabalho díspares, garantindo um suprimento constante e crescente de recrutas para o exército global de reserva", que são "tornados menos recalcitrantes pelo emprego inseguro e pela ameaça contínua de desemprego".[58]

Segue-se da discussão anterior que o modelo de livre concorrência se tornou obsoleto. No entanto, a regra "tradicional" de lutar pela produção de baixo custo ainda está viva e bem presente. Na verdade, pode-se argumentar que ela se intensifica na era do capital monopolista-financeiro. O objetivo das multinacionais é sempre a criação e a perpetuação do poder de monopólio e rendas monopolistas, ou seja, "o poder de gerar lucros econômicos persistentes e elevados por meio de uma margem sobre os custos primários de produção".[59] À medida que a produção se torna globalizada, como escreve Zak Cope, "os principais oligopólios competem para reduzir os custos do trabalho e de matérias-primas. Elas exportam capital para os países subdesenvolvidos para garantir um lucro alto na exploração do trabalho barato abundante e no controle de recursos naturais economicamente cruciais".[60] Seja por meio do comércio intra-empresa ou de contratos de terceirização

---

[57] James Peoples e Roger Sugden, "Divide and Rule by Transnational Corporations", em Charles N. Pitelis e Roger Sugden (ed). *The Nature of the Transnational Firm* (Nova York: Routledge, 2000), p. 177-95.
[58] Foster, McChesney e Jonna, "The Internationalization of Monopoly Capital", p. 12-13.
[59] Foster, "Monopoly Capital at the Turn of the Millennium", p. 7.
[60] Zak Cope, *Divided World, Divided Class* (Montreal: Kersplebedeb, 2012), p. 202.

independente, a tendência crescente de externalização nas últimas décadas constitui uma continuação dos projetos imperialistas das multinacionais, com os quais os Estados da tríade Estados Unidos e Canadá, Europa e Japão estão totalmente alinhados.

Essa compreensão geral da produção globalizada como um processo de troca desigual e hierarquias imperiais pode ser concretizada por meio de análises empíricas que ajudam a demonstrar como a participação dos países nas cadeias globais de mercadorias se relaciona com mudanças nos custos unitários do trabalho. Como veremos na próxima seção, dados de custos unitários do trabalho podem auxiliar na formulação de uma análise da cadeia de mercadorias que coloca o trabalho em seu centro, com o objetivo de entender as taxas diferenciais de exploração do trabalho e sua relação com a globalização da produção.

Ancorando a abordagem das cadeias de valor-trabalho das mercadorias: um modelo empírico

Um capítulo no relatório de 2015 da OIT sobre emprego ao redor do mundo é dedicado a como as mudanças nos padrões de produção global influenciaram as empresas e o emprego. Ele observa que o número de postos de trabalho relacionados às cadeias globais de mercadorias aumentou significativamente entre 1995 e 2013 – estima-se que cerca de um em cada cinco empregos no mundo é vinculado às cadeias globais de mercadorias; também se nota aumentos mais notáveis no setor da indústria de transformação das chamadas economias emergentes. Curiosamente, o relatório também constatou que, embora a participação nas cadeias globais de mercadorias influencie positivamente a produtividade e a lucratividade das empresas, isso não tem um efeito positivo proporcional nos salários. Esse aumento na produtividade e a ausência de aumento nos salários significam que a participação nas cadeias globais de mercadorias leva a uma redução "na parte do valor agregado que vai para os trabalhadores". De fato, conclui o relatório, "este é o resultado ao relacionar diretamente a participação nas cadeias globais de suprimentos (CGS) com a participação dos salários tanto em economias emergentes *quanto* desenvolvidas".[61]

Uma comparação das diferenças nacionais no custo unitário do trabalho – uma medida do custo do trabalho para produzir uma unidade de um produto – aborda as mesmas questões subjacentes levantadas pela OIT, embora em termos que visam descobrir as margens de lucro bruto ou a taxa de mais-valia. Os custos unitários do trabalho combinam produtividade com custos salariais de uma maneira intimamente relacionada ao tratamento dos custos do trabalho na teoria da exploração de Marx.[62] O custo unitário do trabalho é uma medida composta, combinando dados sobre produtividade do trabalho e remuneração para avaliar a competitividade de preço de um determinado conjunto de países. Geralmente é apresentado como o custo médio do trabalho por unidade de produção real ou como a relação entre a remuneração total por hora e a produção por hora trabalhada (produtividade do trabalho). Embora os dados de custo unitário do trabalho possam ser compilados para a economia como um todo, a maioria dos analistas limita-se ao setor da indústria de transformação para melhorar a comparabilidade.

Os custos unitários do trabalho podem ser vistos como um indicador mais abrangente – em comparação com as taxas de crescimento da produtividade do trabalho – da competitividade internacional.[63] Em uma economia capitalista, nem as medidas de produtividade relativa nem os salários relativos são adequados por si só para analisar as posições respectivas das várias economias

---

[61] ILO, *World Employment and Social Outlook*, p. 143. Grifo nosso.

[62] Ver Myron Gordon, "Monopoly Power in the United States Manufacturing Sector, 1899 to 1994", *Journal of Post Keynesian Economics* 20/3 (1998), p. 323-35; Foster, "Monopoly Capital at the Turn of the Millennium", p. 13-14.

[63] Ver Foster, "Monopoly Capital at the Turn of the Millennium", p. 13-15; OECD, *OECD Factbook 2014: Economic, Environmental and Social Statistics* (Paris: OECD Publishing, 2014).

capitalistas: os custos unitários do trabalho combinam ambos os conjuntos de dados. Por exemplo, um país com uma taxa mais alta de crescimento da produtividade pode perder na corrida competitiva para um país que tenha uma taxa um pouco mais baixa de crescimento da produtividade, mas também custos salariais mais baixos. Em contrapartida, um país com custos salariais mais baixos pode perder na corrida competitiva para um país com maior crescimento da produtividade. Ao combinar ambos os conjuntos de dados, os custos unitários do trabalho também revelam onde as margens de lucro bruto – que, nos termos de Michał Kalecki, representam o *markup* (um indicativo do grau de monopólio) sobre os custos diretos de produção – serão mais amplas.[64]

Em um artigo sobre concorrência intercapitalista, surgido de um debate com Robert Brenner, Foster utilizou a taxa média anual de variação nos custos unitários do trabalho (na indústria de transformação) para comparar os países do G7 em dois períodos, de 1985 a 1998.[65] Os dados mostraram um crescimento mais lento dos custos unitários do trabalho nos Estados Unidos do que em outros países do G7 durante o período, um fato que deu aos Estados Unidos, como concluíram os analistas do Bureau of Labor Statistics, uma "*vantagem decisiva*" na "*posição competitiva geral*" sobre seus principais concorrentes no período após 1985", apesar de seus níveis um pouco mais baixos de crescimento real da produtividade. Isso, argumentou Foster, refletiu a "eficácia da luta de classes contra o trabalho nos Estados Unidos".[66]

---

[64] Michał Kalecki, *Selected Essays on the Dynamics of the Capitalist Economy* (Cambridge: Cambridge University Press, 1971), p. 156-64.

[65] Os sete países do G7 são Canadá, França, Alemanha, Itália, Japão, Reino Unido e Estados Unidos. Robert Brenner, "Competition and Class", *Monthly Review* 51/7 (1999), p. 24-44; Robert Brenner, "The Economics of Global Turbulence", *New Left Review* 229 (1998), p. 1-264; Foster, "Monopoly Capital at the Turn of the Millennium", p. 14.

[66] Foster, "Monopoly Capital at the Turn of the Millennium", p. 14.

Essa descoberta sugere que seria útil se debruçar sobre o que as mudanças nos custos unitários do trabalho podem nos dizer sobre "capturar valor" do trabalho no Sul Global por meio de práticas de externalização. O principal interesse aqui reside em determinar como as mudanças nos custos unitários do trabalho ao longo do tempo se relacionam com a participação dos países nas cadeias globais de mercadorias e como esse relacionamento pode ajudar a explicar a extração de excedente do Sul.

Para investigar a conexão entre custo unitário do trabalho e cadeias globais de mercadorias, eu e os outros autores deste capítulo – Jonna e Foster – construímos um conjunto de dados original usando o World Input-Output Database [Banco Mundial de Dados de Insumos e Produtos] (WIOD), que foi disponibilizado recentemente ao público.[67] O poder desse conjunto de dados foi demonstrado na edição de 2015 do *World Employment and Social Outlook* [Perspectiva Mundial do Emprego e Social] da OIT, que se concentrou na medição da extensão das cadeias globais de mercadorias. O conjunto de dados do WIOD contém informações sobre mais de 40 países de 1995 a 2016, cobrindo 85% do PIB mundial e, crucialmente, inclui países-chave do Sul Global, como China, Índia, Indonésia e México.[68] Combinando-o com dados das Contas Socioeconômicas (SEA, na sigla em inglês; um subconjunto do banco de dados do WIOD), torna-se possível construir medidas transnacionais abrangentes de salários por custo unitário do trabalho.[69] Concentramos nossa atenção em oito países com

---

[67] World Input-Output Database: http://wiod.org.

[68] Marcel P. Timmer, Erik Dietzenbacher, Bart Los, Robert Stehrer e Gaaitzen J. de Vries, "An Illustrated User Guide to the World Input-Output Data Base: The Case of Global Automotive Production", *Review of International Economics* 23/3 (2015), p. 575-605

[69] Robert C. Feenstra, Robert Inklaar e Marcel P. Timmer, "The Next Generation of the Penn World Table", *American Economic Review* 105/10 (2015), p. 3150-82.

altos níveis de participação em cadeias globais de mercadorias – Estados Unidos, Reino Unido, Alemanha, Japão, China, Índia, Indonésia e México.

Para compreender a importância dos dados sobre custos unitários do trabalho, é útil primeiro analisar uma comparação da remuneração por hora em termos de dólares, o que aponta para as vastas discrepâncias nos níveis salariais internacionalmente entre o Norte Global e o Sul Global. Embora seja comum analisar a remuneração por hora em termos de paridade de poder de compra (PPC, capacidade equivalente de adquirir bens e serviços), o que é útil para questões de equidade, estamos interessados em questões de extração de excedente e captura de valor do ponto de vista das corporações multinacionais sediadas no centro do sistema. Nessa perspectiva, os dólares estadunidenses como moeda hegemônica são centrais para o "valor do dinheiro" geral e para a acumulação de riqueza monetária em escala mundial.[70] São os custos do trabalho, medidos em dólares de mercado, que determinam em grande parte as margens de lucro globais das multinacionais.

O Gráfico 1, que relata a média de remuneração por hora de trabalho nas indústrias de transformação em dólares estadunidenses de 2017, ilustra uma discrepância massiva nos níveis salariais que existe entre as economias do Norte Global e do Sul Global. Aqui, a remuneração por hora é convertida em dólares reais – representando a moeda estrangeira/hegemônica que determina o preço de compra do trabalho, as margens de lucro e os fluxos financeiros internacionais – em vez de aplicar uma conversão de paridade de poder de compra (ver Apêndice 1).

As taxas muito mais altas de exploração dos trabalhadores no Sul Global têm a ver não apenas com salários baixos, mas também com o fato de que a diferença salarial entre o Norte e o Sul é maior

---

[70] Prabhat Patnaik, *The Value of Money* (Nova York: Columbia University Press, 2009).

do que a diferença na produtividade. O Gráfico 2 apresenta um índice de custos unitários do trabalho em diversos países-chave do centro e da periferia, que representam parcelas significativas dos empregos nas CGSs na economia global entre 1995 e 2014 – um período que se estende desde o desenvolvimento da Bolha PontoCom dos anos 1990 até a Grande Crise Financeira de 2007-2009 e os primeiros anos de recuperação da crise.[71]

O gráfico mostra a enorme diferença que existe entre os custos unitários do trabalho na indústria nas economias industriais de transformação avançadas do Norte Global e nas economias emergentes do Sul Global. As quatro economias industriais avançadas (Estados Unidos, Reino Unido, Alemanha e Japão) estão agrupadas, embora todas elas tenham custos unitários do trabalho muito mais altos do que as quatro economias emergentes (China, Índia, Indonésia e México).

---

[71] Uma limitação final dos dados existentes é a disponibilidade de dados históricos. A série do BLS é de longe a mais extensa, remontando a 1950 para os Estados Unidos e aos anos 1970 para alguns poucos outros países, enquanto os dados da OCDE são inconsistentes antes dos anos 2000. No entanto, alguns pesquisadores desenvolveram recentemente uma metodologia para calcular dados de custo unitário do trabalho a partir do Banco de Dados de Estatísticas Industriais da Organização das Nações Unidas para o Desenvolvimento Industrial (Indstat). Além da disponibilidade de dados históricos, o banco de dados Indstat contém um subconjunto muito maior de países e os números se referem especificamente ao setor manufatureiro. Devido às razões acima, utilizamos esse conjunto de dados para nossa pesquisa. Os dados do Indstat são ideais em relação à nossa concepção de cadeias de valor-trabalho de mercadorias, pois nos permitem construir uma série temporal estatisticamente comparável (pelo menos até 1990) para as principais economias desenvolvidas e em desenvolvimento. A maior cobertura nos permite utilizar dados da OIT sobre participação na cadeia de suprimentos global para seguir um grupo teoricamente consistente de países. Ver Janet Ceglowski e Stephen Golub, "Just How Low Are China's Labour Costs?", *World Economy* 30/4 (2007), p. 597-617; Janet Ceglowski e Stephen Golub, "Does China Still Have a Labor Cost Advantage?", *Global Economy Journal* 12/3 (2011), p. 1-28.

Gráfico 1 – Média de remuneração, em dólares, por hora na indústria de transformação (2017)

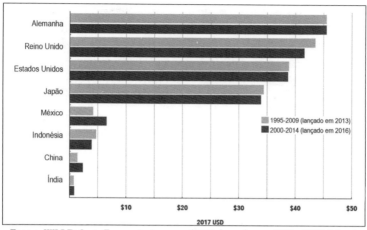

Fontes: WIOD-Socio Economic Accounts (SEA), lançados em 2013 e 2016; Marcel P. Timmer, Erik Dietzenbacher, Bart Los, Robert Stehrer, Gaaitzen J. de Vries (2015), "an Illustrated User Guide to the World Input-Output Database: The Case of Global Automotive Production", *Review of International Economics* 23/3 (2015): 575-605; *Exchange Rates*: Robert C. Feenstra, Robert Inklaar, Marcel P. Timmer, "The Next Generation of the Penn World Table", *American Economic Review*, 2015; *USD Conversion Factors*: Robert Sahr, "Individual Year Conversion Factor Tables", Oregon State University, 2019.
Nota: Os números excluem os "produtos de coque e petróleo refinado" da indústria do Reino Unido.

O Gráfico 3 foca nas mudanças nos custos unitários do trabalho nas economias emergentes do Sul Global em relação aos Estados Unidos. Durante todo o período, os custos unitários do trabalho no México diminuíram em 12% em relação aos Estados Unidos, refletindo duas décadas de flexibilização do trabalho, um processo de reestruturação impiedosa do emprego, práticas de trabalho e utilização da mão de obra, eliminando toda segurança do trabalho, com o objetivo de aumentar as margens de lucro.[72] Em contraste, os custos unitários do trabalho na China

---

[72] Irma Rosa Martínez Arellano, "Two Decades of Labour Flexibilisation in Mexico Has Left Workers Facing 'Drastic' Precarity", *Equal Times*, 30 jan. 2019: https://www.equaltimes.org/two-decades-of-labour?lang=en.

e na Indonésia aumentaram em 9% e 12%, respectivamente, refletindo alguns ganhos por parte dos trabalhadores. Os custos unitários do trabalho na Índia permaneceram relativamente estáveis ao longo do período de 1995 a 2014, diminuindo 2%. A Índia consistentemente ocupava uma posição de baixo custo – seus custos unitários do trabalho em 2014 representavam 37% do nível dos Estados Unidos, enquanto a China e o México estavam em 46% e 43%, respectivamente. Os custos unitários do trabalho na indústria de transformação na Indonésia, apesar de o país ter a terceira maior participação de empregos nas cadeias globais de mercadorias, atualmente estão em 62% dos custos nos Estados Unidos.

Gráfico 2 – Índice de custos unitários médios do trabalho na indústria de transformação, países selecionados, 1995-2014 (EUA 1995 = 100)

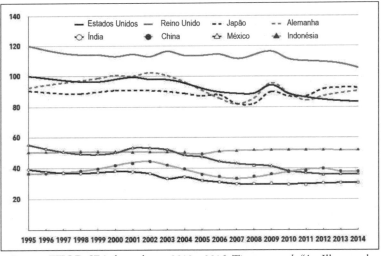

Fontes: WIOD-SEA, lançado em 2013 e 2016; Timmer *et al.*, "An Illustrated User Guide to the World Input-Output Database: the Case of Global Automotive Production", *Review of International Economics* 23/3 (2015): 575-605.
Nota: O custo unitário do trabalho é dado pela razão entre a remuneração total do trabalho por hora e a produção bruta por hora.

Gráfico 3 – Custo unitário médio do trabalho na indústria de transformação em relação aos EUA, países selecionados do Sul Global, 1995-2014

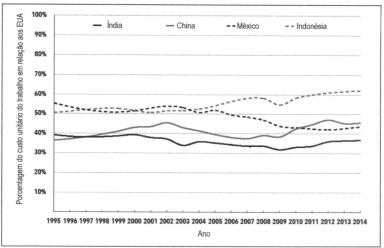

Fonte: Ver Gráfico 2.

É óbvio que outros fatores além dos custos unitários do trabalho, como infraestrutura, impostos, país exportador primário, custos de transporte e financiamento, afetam a localização de nós críticos nas cadeias de mercadorias. No entanto, com o aumento dos custos unitários do trabalho da China em relação aos Estados Unidos e a estabilização dos custos da Índia, não surpreende que a Apple, por meio de seu subcontratado Foxconn, tenha recentemente decidido montar seus melhores iPhones, bem como modelos mais baratos, na Índia a partir de 2019.[73] Enquanto em 2009 as margens de lucro bruto da Apple em seus iPhones montados na China eram de 64%, o aumento dos custos unitários do trabalho claramente reduziu essas margens.[74]

---

[73] Reuters, "Foxconn to Begin Assembling Top-End Apple iPhones in India in 2019", 27 dez. 2018.

[74] Foster, McChesney e Jonna, "The Global Reserve Army of Labor and the New Imperialism", p. 15; Yuqing Xing e Neal Detert, "How the iPhone Widens

A conclusão de que margens de lucro muito maiores podem ser obtidas ao terceirizar a produção para economias mais pobres e emergentes – em comparação com as margens de lucro a serem obtidas por meio do trabalho nas economias ricas do centro – é inevitável.[75] Todos os quatro países do Sul Global retratados neste estudo (China, Índia, Indonésia e México) têm observado custos unitários do trabalho geralmente estáveis ou em declínio em relação aos Estados Unidos.

Em conjunto, os dados do WIOD-SEA mostram claramente por que tem sido tão benéfico – de fato, necessário, do ponto de vista da lucratividade – para as economias do Norte Global manterem partes substanciais de suas cadeias de valor-trabalho das mercadorias em economias emergentes pobres. Por meio dessas cadeias de mercadorias, com seus pontos nodais críticos (em termos de custos do trabalho) em países de baixa remuneração, as corporações no Norte são capazes de garantir posições de baixo custo essenciais para sua competitividade global, baseadas em taxas muito mais altas de exploração do trabalho. Aqui é importante destacar que um determinado produto, como um iPod ou um iPhone, muitas vezes tem suas peças fabricadas em diversos países diferentes, por exemplo, Alemanha, Coreia do Sul e Taiwan, mas a montagem ocorre na China – um país que tem um dos custos unitários do trabalho mais baixos e oferece infraestrutura desenvolvida, efeitos de escala etc. –, por isso, é marcado como "Made in China".[76] Em outras palavras, enquanto a cadeia de mercadorias é complexa e estendida, o país com os custos unitários do trabalho mais baixos

---

the United States Trade Deficit with the Peoples' Republic of China", *ADBI Working Paper*, Asian Development Bank Institute (dez. 2010; revisado em maio 2011).

[75] Essa mudança relativa recente nos custos unitários do trabalho na China e no México é conhecida nos círculos financeiros. Ver Marc Chandler, "Mexico and China Unit Labor Costs", *Seeking Alpha*, 25 jan. 2017: https://seekingalpha.com/article/4039413-mexico-china-unit-labor-costs

[76] Hart-Landsberg, *Capitalist Globalization*, p. 38-39.

tende a ser o local de produção/montagem final e se torna o nó mais crítico para o aumento das margens de lucro bruto.[77]

Essas descobertas refletem a grande discrepância nos salários e nos custos unitários do trabalho entre países do Norte Global e do Sul Global, mesmo em 2014. Como afirmou Lowell Bryan, diretor do escritório de Nova York da revista de investidores de alto nível, a *McKinsey Quarterly*, em 2010:

Qualquer empresa que obtenha suas operações de produção ou serviços em um país emergente de baixa remuneração [...] pode economizar enormemente nos custos trabalhistas [...]. Mesmo hoje, o custo do trabalho na China ou na Índia ainda é apenas uma fração (muitas vezes menos de um terço) do equivalente ao trabalho nos países desenvolvidos. No entanto, a produtividade do trabalho chinês e indiano está aumentando rapidamente e, em áreas especializadas (como montagem de alta tecnologia na China ou desenvolvimento de *software* na Índia), pode igualar ou até superar a produtividade dos trabalhadores em nações mais ricas.[78]

A maneira como as cadeias de valor-trabalho das mercadorias funcionam no nível prático é melhor ilustrada ao observar um exemplo específico, como o iPhone da Apple, até agora fabricado na China, que se tornou o centro global de montagem para grande parte da indústria moderna. A maior parte da produção para exportação via corporações multinacionais na China é trabalho de montagem, com fábricas chinesas dependendo muito da mão

---

[77] Os custos unitários do trabalho não são, é claro, o único fator levado em consideração para determinar onde o trabalho é empregado nas cadeias globais de suprimentos. Outros fatores incluem aspectos de custo relacionados à infraestrutura e a transporte, bem como a quantidade absoluta de mão de obra disponível (afetada pelo tamanho do exército reserva de trabalho em qualquer localidade específica), idioma, regulamentações cambiais, aspectos tecnológicos, segurança etc.

[78] Lowell Bryan, "Globalization's Critical Imbalances", *McKinsey Quarterly* (2010).

de obra barata de migrantes do campo (a "população flutuante") para montar produtos. Os principais componentes tecnológicos dessa montagem final são fabricados em outros lugares e depois importados para a China. A Apple subcontrata a produção das partes componentes de seus iPhones para vários países, sendo que a Foxconn é a subcontratada para a montagem final na China. Devido em grande parte aos salários baixos pagos pelas operações de montagem intensivas em mão de obra, a margem de lucro bruto da Apple em seu iPhone 4 em 2010 era 59% do preço final de venda. Para cada iPhone 4 importado para os Estados Unidos da China em 2010, vendido nas lojas a 549 dólares, apenas cerca de 10 dólares, ou 1,8% do preço final de venda, foi para custos trabalhistas de produção de componentes e montagem na China.[79]

Condições similares de exploração globalizada, amplamente ocultas nessas cadeias de valor-trabalho das mercadorias, se aplicam a outros países, especialmente onde as corporações multinacionais dependem de subcontratados (ou de produção de terceirização independente). Na indústria internacional de vestuário, onde a produção agora ocorre quase exclusivamente no Sul Global, o custo direto da mão de obra por peça de vestuário geralmente fica em torno de 1% a 3% do preço final de varejo, de acordo com o economista sênior do Banco Mundial, Zahid Hussain.[80]

Em 1996, um ano do qual há dados sobre o componente de valor-trabalho na cadeia de mercadorias da Nike para seus calçados, um único tênis da Nike, composto por 52 componentes, foi fabricado em cinco países diferentes. O custo direto total do trabalho para a produção de um par de tênis de basquete da Nike no Vietnã, no final da década de 1990, vendido por 149,50

---

[79] Este parágrafo e o próximo se baseiam em John Bellamy Foster, "The New Imperialism of Globalized Monopoly-Finance Capital", *Monthly Review* 67/3 (jul.-ago. 2015), p. 13-14.

[80] Zahid Hussain, "Financing Living Wage in Bangladesh's Garment Industry", *End Poverty in South Asia*, World Bank, 8 mar. 2010: http://blogs.worldbank.org.

dólares nos Estados Unidos, era de 1,50 dólares – ou 1%.[81] Os custos unitários do trabalho para a produção de um par de tênis para a Puma – uma multinacional alemã, na China no início dos anos 2000 – eram tão baixos que o lucro por hora em cada par de tênis era mais de 28 vezes maior do que os salários por hora recebidos pelos trabalhadores na China para fabricar os tênis.[82]

Um estudo de 2019 publicado pelo Blum Center for Developing Economies na Universidade da Califórnia, que entrevistou 1.452 mulheres e meninas indianas, incluindo adolescentes de 17 anos ou menos – 85% das quais realizavam o trabalho de suas próprias casas, "destinado à exportação para grandes marcas nos Estados Unidos e na União Europeia" – mostrou que essas trabalhadoras ganhavam somente 15 centavos por hora. Elas "são quase todas" trabalhadoras do sexo feminino de "comunidades étnicas historicamente oprimidas" na Índia, e seu trabalho geralmente envolve "toques finais" como bordado e trabalho com miçangas.[83]

Essas relações econômicas extremamente exploradoras nos ajudam a entender a realidade das cadeias de valor-trabalho das mercadorias e como elas se relacionam com a arbitragem global do trabalho. Em essência, cada nó ou elo dentro de uma cadeia de valor-trabalho representa um ponto de lucratividade. Cada nó central, e de fato cada elo na cadeia, constitui uma transferência de valor (ou valores de trabalho). Isso é parcialmente disfarçado por convenções em relação à contabilidade do PIB e, portanto, formas de calcular o valor adicionado. Na prática, como diversos analistas demonstraram, os valores do trabalho gerados pela pro-

---

[81] Jeff Ballinger, "Nike Does It to Vietnam", *Multinational Monitor* 18/3 (1997), p. 21.

[82] John Bellamy Foster e Robert McChesney, *The Endless Crisis* (Nova York: Monthly Review, 2012), p. 165-74.

[83] Siddharth Kara, *Tainted Garments: The Exploitation of Women and Girls in India's Home-Based Garment Sector* (Blum Center for Developing Economies at University of California Berkeley, 2019), p. 5-9.

dução são "capturados" e não registrados como originários dos países periféricos devido às assimetrias nas relações de poder, nas quais as corporações multinacionais são os principais veículos.[84]

Oculto nos processos de precificação e de câmbio internacional da economia capitalista global – uma realidade raramente capturada em análises convencionais das CGM ou até mesmo nas análises de CGV – está um enorme *markup* bruto nos custos do trabalho (taxa de mais-valia), resultando em superexploração, tanto no sentido *relativo* de taxas de exploração acima da média quanto, frequentemente, no sentido *absoluto* de trabalhadores sendo pagos menos do que o custo de reprodução de sua força de trabalho. As condições de poder político-econômico em relação à periferia da economia mundial alimentam a ampliação das margens brutas de lucro, levando à superacumulação global atual. Tão extrema é essa superacumulação que as 26 pessoas mais ricas do mundo, a maioria das quais são estadunidenses, agora possuem a mesma riqueza que a metade da população mundial mais pobre, 3,8 bilhões de pessoas.[85] Estruturalmente, esse nível de desigualdade se tornou possível como resultado de um sistema globalizado de exploração de cadeia de mercadorias, uma nova divisão imperialista do trabalho associada ao capital monopolista-financeiro global.

A visão, mesmo entre alguns pensadores de esquerda, de que o caráter histórico do imperialismo econômico agora se inverteu – com as relações imperialistas na economia mundial "largamente revertidas" em benefício do Sul (Oriente) e em detrimento do Norte (Ocidente) – é baseada em uma análise muito superficial do crescimento das economias emergentes, especialmente China e Índia.[86] A verdade é que a economia capitalista mundial, avaliada em termos do acúmulo de riqueza financeira e concentração de

---

[84] John Smith, "The GDP Illusion", *Monthly Review* 64/3 (July-August 2012): 86-102; Smith, *Imperialism in the Twenty-First Century*, p. 252-78.

[85] Larry Elliott, "World's Richest 26 People Own as Much as Poorest 50%, Says Oxfam", *Guardian*, 20 jan. 2019.

[86] Ver Harvey, "A Commentary on a Theory of Imperialism", p. 169-71.

ativos, está se tornando de muitas maneiras mais centralizada e hierárquica do que nunca.[87] O que estamos vendo é o surgimento de uma pirâmide de riqueza global na qual a lendária hierarquia de riqueza faraônica se torna insignificante ao se fazer uma comparação. A desigualdade está aumentando em quase todas as nações, assim como entre os países mais ricos e mais pobres.[88] Como indica a Oxfam, a questão diante de nós é a questão de "uma economia para os 99%".[89] Enquanto isso, o imperialismo continua a lançar sua longa sombra sobre a economia global.

Uma análise das cadeias de valor-trabalho das mercadorias revela, portanto, a exploração oculta nas transações internacionais atuais. A abordagem das cadeias de valor-trabalho das mercadorias reconhece vários componentes em grande parte ausentes nas outras estruturas de cadeias globais, ou que não foram previamente trazidos para uma relação sistemática, a saber: 1) relações globais de capital-trabalho; 2) as profundas desigualdades salariais entre o Norte Global e o Sul Global; 3) taxas diferenciais de exploração sobre as quais se baseia a arbitragem global de trabalho; e 4) o fenômeno da captura de valor. Mais importante ainda, essa abordagem incorpora a teoria do valor-trabalho como uma ferramenta analítica para fornecer uma crítica mais eficaz da Economia Política global contemporânea.[90] Tudo isso nos ajuda a entender como as cadeias globais de mercadorias do capital monopolista-financeiro -- a estrutura de poder por trás da globalização neoli-

---

[87] Thomas Piketty, *Capitalism in the Twenty-First Century* (Cambridge: Cambridge University Press, 2014). Ver também Michael D. Yates, "The Great Inequality", *Monthly Review* 63/10 (mar. 2012), p. 1-18.

[88] Jason Hickel, "Is Global Inequality Getting Better or Worse? A Critique of the World Bank's Convergence Narrative", *Third World Quarterly* 38/10 (2017), p. 2208-22.

[89] Deborah Hardoon, *An Economy for the 99%* (Oxford: Oxfam International, 2017).

[90] Samir Amin, *Modern Imperialism, Monopoly Finance Capital and Marx's Law of Value* (Nova York: Monthly Review Press, 2018); Smith, *Imperialism in the Twenty-First Century*, p. 224-251.

beral atual – estão mudando rapidamente as relações de classe e as lutas em todo o mundo.

Existem outros fatores além dos custos unitários do trabalho que afetam a rentabilidade das cadeias de mercadorias e, portanto, a localização da produção.[91] No entanto, os custos unitários do trabalho são a chave para desvendar os segredos da arbitragem global do trabalho e as diferenças na taxa de exploração entre o Norte Global e o Sul Global.

Por meio das cadeias globais de mercadorias, o imperialismo entra na própria estruturação da produção em todo o mundo, em uma base de mercadoria por mercadoria. A produção flexível e globalizada significa que os elos mais intensivos em trabalho nas cadeias globais de mercadorias estão localizados no Sul Global, onde o exército industrial de reserva é maior, os custos unitários do trabalho são mais baixos e as taxas de exploração são consequentemente mais altas. O resultado são margens de lucro muito maiores para as corporações multinacionais, com o valor adicional gerado frequentemente creditado à produção no próprio centro e com o processo geral, levando ao acúmulo de riqueza no centro, por meio de um tipo de *lucro por expropriação – troca desigual que envolve a captura de valor.*

À medida que se tornou mais difundida, essa exploração e expropriação imperialista tornaram-se mais disfarçadas e invisíveis. Para entender a natureza do imperialismo econômico atual, é necessário deixar o campo da troca, onde o chamado livre comércio é dominante, e entrar no "local oculto da produção", onde a existência de taxas extremamente altas de exploração, reveladas pela análise dos custos unitários do trabalho, expõe a própria essência do capital monopolista-financeiro globalizado.[92]

---

[91] Jack Nicas, "A Tiny Screw Shows Why iPhones Won't Be 'Assembled in the U.S.A.'", *New York Times*, 28 jan. 2019.

[92] Marx, *Capital*, v. 1, p. 279.

Flexibilidade e racionalização sistêmica: controle nas cadeias de valor-trabalho das mercadorias

> Do meu ponto de vista, [nossos clientes multinacionais] observam, controlam como você trabalha. Isso é um desafio para nós, especialmente se buscamos aumentar nossos pedidos de exportação para essas multinacionais [...]. [Esses clientes] controlam o que você faz. Podemos até dizer que têm poder sobre você: 'Você tem que fazer isso e aquilo'. É com isso que precisamos ter cuidado: até onde eles tentam te levar.
>
> Executivo da Star Inc.

> Bem, nós já temos os procedimentos para tudo [na produção], e todo mundo deve segui-los. Mas para garantir que sejam feitos corretamente, alguém tem que controlar [esses trabalhadores], certo? Você não sabe como são os indonésios. Se não forem controlados, eles ficam... Entende?
>
> Executivo da Java Film

Como discutido no capítulo anterior, o conceito de cadeias de valor-trabalho das mercadorias revela a extração de excedente do Sul Global pelo capital do Norte Global, e como a medição dos custos unitários do trabalho pode ilustrar esse processo de extração. Aqui, examinarei o impacto das cadeias de valor-trabalho no que acontece no chão de fábrica, em particular, como as multinacionais podem controlar processos concretos que ocorrem no âmbito da produção. Isso servirá como uma ponte teórica entre a noção abstrata de cadeias de valor-trabalho e questões concretas, como controle sobre tecnologia e, especialmente, o processo de trabalho, que ocorrem dentro das cadeias.

Esta discussão está dividida em vários segmentos. Começo introduzindo as teorias de racionalização sistêmica e produção flexível que podem ser úteis para conectar o que acontece no nível macro (ou seja, cadeias globais de mercadorias) com o que acontece no nível médio (ou seja, relações entre trabalho e gestão nas empresas) e podem nos ajudar a entender o impacto da produção globalizada sobre os trabalhadores que fabricam as mercadorias. No entanto, para destacar com sucesso a lógica da acumulação de capital que caracteriza as cadeias de valor-trabalho, ambas as abordagens precisam ser usadas de acordo com uma perspectiva marxista que explique como a persistência do taylorismo – uma organização do trabalho nomeada em homenagem ao seu fundador, F. W. Taylor – ajuda a perpetuar e até mesmo aprimorar a exploração do trabalho na era da produção globalizada. Essa abordagem também pode nos ajudar a ver como o controle do processo de trabalho é central para o desenvolvimento do capitalismo monopolista.

Por último, tento fortalecer algumas das principais premissas usadas nas teorias de racionalização sistêmica e da produção flexível. Argumento que não podemos obter uma compreensão abrangente do desenvolvimento das cadeias de mercadorias se não entendermos o processo de acumulação de capital que subjaz a esse fenômeno. E no capitalismo monopolista, com a crescente lucratividade das gigantes empresas detentoras de poder monopolista, esse processo tem levado à estagnação, cujo ônus deve ser suportado pela classe trabalhadora, tanto no país quanto no exterior. Essa compreensão do contexto mais amplo em que a racionalização sistêmica e a produção flexível ocorrem nos ajuda a reavaliar as premissas comuns que são frequentemente usadas em estudos sobre cadeias globais de mercadorias ou redes de produção. Ver o surgimento das redes de produção de hoje *apenas* como uma resposta gerencial ao trauma causado por crises econômicas e à necessidade de aumentar a produtividade, ou como uma consequência inevitável da intensificação da concorrência e do rápido desenvolvimento da tecnologia da informação, não é suficiente. Por trás dos intricados mecanismos embutidos nas cadeias de mercadorias está a exploração dos trabalhadores impulsionada pelo imperativo da acumulação de capital.

Racionalização sistêmica e produção flexível: controle e as cadeias de mercadorias

Embora a estrutura de CGM ou CGV seja popular nos Estados Unidos, os sociólogos industriais alemães usam o conceito de *racionalização sistêmica* para se referir às mudanças tecnológicas e organizacionais realizadas por corporações que começaram nos anos 1970 (alguns situam o processo em meados dos anos 1980). Essas mudanças são possibilitadas e continuamente mantidas por novas tecnologias de informação e são uma forma de novas estratégias corporativas destinadas a estabelecer processos de produção, administração e distribuição que são "mais flexíveis e econômicos".[1] De muitas maneiras, essa teoria é semelhante à abordagem CGM/CGV, especialmente em seu foco no surgimento da produção descentralizada em todo o mundo, que inclui, como escrevem dois dos principais proponentes da teoria, Norbert Altmann e Manfred Deiß, a "descentralização de toda a cadeia de produção por meio da segmentação dos processos individuais".[2]

Se os representantes do capital, como Stephen Roach, veem a implementação da arbitragem global do trabalho como uma "tática de sobrevivência urgente" para reduzir custos e buscar novas eficiências, a discussão sobre a racionalização sistêmica enfatiza que a "flexibilização e economização da indústria", assim como pesquisa e desenvolvimento (P&D), logística e outros aspectos, são os principais impulsionadores que forçam as corporações a

---

[1] Dieter Sauer, Manfred Deiß, Volker Döhl, Daniel Bieber e Norbert Altmann, "Systemic Rationalization and Inter-Company Divisions of Labour", em N. Altmann, C. Köhler e P. Meil (ed.) *Technology and Work in German Industry* (London: Routledge, 1992), p. 47.

[2] Norbert Altmann e Manfred Deiß, "Productivity by Systemic Rationalization: Good Work – Bad Work – No Work?", *Economic and Industrial Democracy* 19 (1998), p. 139-40.

buscar novas estratégias.[3] A economização da indústria pode não ser muito diferente da busca por novas eficiências, mas a produção flexível é uma adição importante às características dos processos de produção globais.

Também popularizado na década de 1990 por estudiosos como o economista radical Bennett Harrison, "a era da flexibilidade" reestruturou os processos de produção e as práticas de gestão das corporações, especialmente por meio da criação de redes entre os produtores. Como Harrison escreve em seu conhecido livro *Lean and Mean* [Enxuto e "eficiente"], a produção flexível inclui "produção enxuta, redução de pessoal, terceirização e a crescente importância de redes de produção espacialmente extensivas governadas por empresas centrais poderosas e seus aliados estratégicos".[4] Empresas de todos os lugares, grandes e pequenas, buscam uma maior flexibilidade "por meio da reorganização e mudança tecnológica, nas relações entre trabalhadores e gestores e na reconfiguração das relações transacionais e de longo prazo de cada empresa (e estabelecimento) com outras empresas e unidades operacionais". Este último ponto significa que elas se tornam "mais integradas nas órbitas umas das outras". Isso é o que o geógrafo britânico Philip Cooke identifica como "integração flexível".[5]

Especificamente nas práticas de gestão dentro das empresas, a flexibilidade pode incluir *flexibilidade funcional*, nas quais os gestores "redefinem tarefas de trabalho, realocam recursos e reconfiguram relacionamentos com fornecedores". Isso pode incluir a estratégia de adotar novas tecnologias que possibilitam "design rápido de produtos ou mudanças de ferramentas" e que permitem "uma maior descentralização da tomada de decisões e responsabilidades", tornan-

---

[3] Stephen Roach, "How Global Labor Arbitrage Will Shape the World Economy", *Global Agenda 2005*; Altmann e Deiß, "Productivity by Systemic Rationalization", p. 139.

[4] Bennett Harrison, Lean and Mean: The Changing Landscape of Corporate Power in the Age of Flexibility (Nova York: Basic Books, 1994), p. 190.

[5] *Ibid.*, p. 127.

do possível mudar de um design para outro no meio das operações de produção. Outro tipo de flexibilidade é a *flexibilidade salarial*, tentativas dos gestores de "reintroduzir uma maior concorrência entre trabalhadores individuais", incluindo meios como pagamento por bônus baseados no desempenho individual e evasão sistemática de sindicatos. Também existe a *flexibilidade numérica*, que consiste em duas formas: primeiro, a reestruturação de empregos passando de tempo integral com cobertura de benefícios (por exemplo, seguro de saúde e pensões) para vários tipos de "trabalhadores de meio período, contratados e outros 'contingentes' que [...] recebem poucos ou nenhum benefício"; e segundo, a prática de gestão de "terceirização de produção, manutenção, serviços de alimentação, serviços administrativos e outras atividades que, pode-se argumentar, antes eram [...] realizadas internamente".[6]

Duas consequências significativas da flexibilidade são a persistência de mercados de trabalho segmentados e o aumento da desigualdade de rendimentos entre grupos de trabalhadores. Harrison explica:

> De acordo com um princípio central da produção flexível de melhores práticas, os gestores primeiro dividem os empregos permanentes ('núcleo') dos empregos contingentes ('periféricos'). O tamanho do núcleo é então reduzido ao mínimo – o que, aliado à minimização do estoque, explica por que as empresas 'flexíveis' muitas vezes são descritas como praticantes de produção 'enxuta'. Essas atividades e os funcionários que as realizam são então localizados o máximo possível em diferentes partes da empresa ou rede, até mesmo em diferentes locais geográficos.[7]

E a maioria desses empregos periféricos é realizada por trabalhadores mal remunerados em áreas de baixa remuneração – globalmente, isso significa principalmente trabalhadores do Sul Global.

Embora a discussão sobre produção flexível e racionalização sistêmica possa ser vista, superficialmente, como algo semelhante à

---

[6] *Ibid.*, p. 129-30.
[7] *Ibid.*, p. 11.

discussão sobre cadeias globais de mercadorias na estrutura CGM/CGV, a primeira tem algo que a última não tem: uma atenção à questão do *controle*. Vindo de uma perspectiva radical, Harrison enfatiza fortemente o ponto que Gary Gereffi e seus colegas não poderiam enfatizar, ou seja, a ideia de que "a descentralização da produção não implica o fim do *poder* econômico desigual entre empresas – muito menos entre as diferentes classes de trabalhadores que são empregados nos diferentes segmentos dessas redes".[8] Ecoando um pouco Stephen Hymer, Harrison afirma que a flexibilidade tem sido amplamente utilizada pelos centros financeiros globais – as megacidades onde as multinacionais têm sede – em vez de servir como um meio de descentralizar o poder. De fato, a produção flexível é impulsionada pelo que Harrison chama de "concentração sem centralização" – ou seja, "empresas poderosas e concentradas" que cada vez mais dirigem o mundo "sem uma organização centralizada da produção de produtos (ou seja, grandes fábricas ou hierarquias formais) como no passado".[9] A persistência do poder concentrado detido por multinacionais é claramente destacada por Harrison: "Vestidas com novos trajes e armadas com novas técnicas para combinar o controle sobre a alocação de capital, tecnologia, relações governamentais e o uso de mão de obra com uma descentralização dramática da localização da produção real, as maiores empresas do mundo, seus aliados e seus fornecedores encontraram uma maneira de permanecer no centro das atenções mundiais".[10]

A discussão sobre racionalização sistêmica também envolve atenção ao controle. Sociólogos industriais alemães, embora provavelmente não considerados radicais, orientam suas teorias e seus estudos para a esfera política e adotam uma perspectiva mais crítica. Sua abordagem também se cruza, de certa forma, com abordagens

---

[8]   *Ibid.*, p. 9.
[9]   *Ibid.*, p. 12; James Devine, "Lean and Mean", *Monthly Review* 47/9 (1996), p. 49-52.
[10] Harrison, *Lean and Mean*, p. 12.

marxistas sobre trabalho e produção.[11] Em geral, a racionalização sistêmica é frequentemente vista como uma estratégia das grandes corporações para exercer controle sobre as empresas dependentes (como fornecedores) dentro da cadeia de criação de valor, e tudo isso leva ao principal objetivo do capital, "aumentar a produtividade geral de toda a cadeia de produção".[12] Em alguns casos, no entanto, os teóricos da racionalização sistêmica parecem enfatizar a questão do "controle" sem enfatizar diretamente o objetivo de aumentar a produtividade, ao destacar as estratégias corporativas para garantir "que o controle não seja ameaçado por complicações geradas por recorrer grandemente a recursos externos".[13] Em outras palavras, as empresas centrais nas cadeias de mercadorias precisam garantir que o acesso exclusivo ao conhecimento, à tecnologia e ao desenvolvimento permaneça apenas dentro de seus círculos internos, um ponto que também é explicado por outros economistas radicais, como Ernesto Screpanti e Martin Hart-Landsberg, como mencionado nos capítulos anteriores.[14]

Tecnologia e trabalho

Os conceitos de racionalização sistêmica e produção flexível podem conectar a discussão em nível macro das cadeias globais de mercadorias à análise em nível médio das empresas, que por sua vez possibilita examinar como as práticas de gestão influenciam

---

[11] Norbert Altmann, Christoph Köhler e Pamela Meil, "No End in Sight – Current Debates on the Future of Industrial Work", em Altmann *et al.*, *Technology and Work in German Industry*, p. 1-11; Pamela Meil, "Stranger in Paradise – An American's Perspective on German Industrial Sociology", em *Ibid.*, p. 12-25.

[12] Altmann e Deiß, "Productivity by Systemic Rationalization", p. 139.

[13] Sauer *et al.,* "Systemic Rationalization and Inter-Company Divisions of Labour", p. 49.

[14] Ernesto Screpanti, *Global Imperialism and the Great Crisis* (Nova York: Monthly Review Press, 2014); Martin Hart-Landsberg, *Capitalist Globalization: Consequences, Resistance, and Alternatives* (Nova York: Monthly Review Press, 2013).

os trabalhadores, especialmente aqueles que atuam no chão de fábrica. Também pode destacar a intricada relação entre empresas dominantes e dependentes, e como suas relações desiguais afetam os trabalhadores em última instância. Isso pode ser um ponto de partida em nossa tentativa de examinar concretamente as relações globais entre capital e trabalho.

Argumento que a ênfase no controle discutida anteriormente nos permite examinar dois componentes importantes na produção globalizada que podem nos ajudar a examinar suas relações em um contexto mais específico: 1) a questão da tecnologia, e 2) o impacto da produção globalizada sobre os trabalhadores. Esses fatores serão desenvolvidos mais adiante no capítulo dentro do contexto do capitalismo monopolista, mas aqui vou explicar como o controle se manifesta tanto nas questões tecnológicas quanto nas questões trabalhistas, conforme vistas sob a ótica das duas abordagens.

A tecnologia é entendida como um componente central na racionalização sistêmica, e a rede de tecnologia da informação serve como um meio de integrar "processos de produção dentro e entre empresas", enquanto a tecnologia em geral serve como um instrumento para "garantir flexibilidade".[15] Por meio da racionalização sistêmica, as multinacionais, que servem como empresas nucleares nas cadeias globais de mercadorias, garantem que podem manter acesso exclusivo ao seu *know-how* de fabricação, força de investimento, bem como ao "cerne da tecnologia específica da empresa para garantir inovação e (assim também) posições de mercado".[16] Frequentemente, tais empresas centrais têm que equilibrar seu controle com ocasionais "liberdades" e permitir que as empresas dependentes tenham alguma autonomia. Para fazer isso, nem intervenções relacionadas ao mercado nem a redução dos custos de transação são suficientes. Em vez disso, como explicam Altmann

---

[15] Sauer *et al.*, "Systemic Rationalization and Inter-Company Divisions of Labour", p. 46.
[16] *Ibid.*, p. 49.

e Deiß, a racionalização sistêmica permite que empresas centrais governem (controlem) suas cadeias de mercadorias ou redes de produção "por meio da regulação supraempresarial de funções como P&D conjunto, logística e gerenciamento de qualidade".[17] O ponto aqui é claro: a racionalização sistêmica serve como uma "nova forma" de controle que muitas vezes pode estar oculta por uma série de "sistemas racionais" e regulamentações que podem parecer justos e benignos.

A questão da tecnologia também ocupa um lugar central na discussão de Harrison sobre produção flexível. Uma grande parte de sua análise é uma refutação à visão liberal predominante da possibilidade do igualitarismo das pequenas empresas. Harrison aponta como o Vale do Silício da Califórnia – frequentemente aclamado como um exemplo principal dessa ideia – na verdade está "emaranhado em redes formadas por grandes empresas, grandes governos e grandes instituições de ensino (especialmente a Universidade de Stanford), que dependem de mão de obra barata e de baixa qualificação sempre que possível".[18] Além disso, as empresas no Vale do Silício têm sido "ferozmente antissindicais [...] desde o início".[19]

Harrison também refuta a ideia de que pequenas empresas servem como centro de criação de empregos e mudança técnica, uma visão associada a David Birch e George Gilder.[20] Ao contrário da sugestão de que pequenas empresas bem-informadas podem derrotar grandes empresas devido à sua flexibilidade "em identificar novas necessidades e em levar novos produtos ao mercado", bem como aproveitar várias novas tecnologias, pequenas empresas "acabam sendo sistematicamente *atrasadas* quando se trata de tecnologia", especialmente devido à sua incapacidade de investir em tecnologia inovadora em grande escala, como automação de

---

[17] Altmann e Deiß, "Productivity by Systemic Rationalization", p. 139.
[18] Devine, "Lean and Mean", p. 50.
[19] Harrison, *Lean and Mean*, p. 109.
[20] Ver Devine, "Lean and Mean".

fábricas controladas por computador. Outra suposta habilidade das pequenas empresas que Harrison desmente é sua capacidade de atender a mercados de nicho, por meio da qual produzem produtos especializados para determinados mercados. Harrison refuta isso argumentando que a alegação ignora o fato de que as grandes empresas, em parte devido à sua capacidade de acessar tecnologia inovadora, "podem produzir *tanto* para mercados de massa *quanto* para nichos – uma jogada inteligente que as pequenas empresas não conseguem realizar". Portanto, continua ele, "a Toyota pode oferecer tanto o seu Corolla de baixo custo, que vende muito, *quanto* o Lexus de classe mundial e alto preço".[21] Ao refutar o argumento pelo igualitarismo das pequenas empresas, Harrison mais uma vez mostra que as grandes empresas continuam a ocupar o centro do palco no âmbito das cadeias globais de mercadorias.

Outro componente da produção globalizada que pode ser examinado por meio da questão do controle levantada pela racionalização sistêmica e produção flexível é talvez o mais importante: o trabalho. Enquanto a estrutura CGM/CGV falha em fornecer uma análise suficiente do trabalho, a racionalização sistêmica e a produção flexível podem ajudar a examinar essas questões. Como explica Pamela Meil, uma socióloga dos Estados Unidos que trabalhava com sociólogos industriais alemães sobre o tema da racionalização sistêmica, a ferramenta metodológica que os estudos dos acadêmicos de racionalização sistêmica usam, o estudo de caso industrial, "leva os pesquisadores para a área de produção onde eles examinam os efeitos das estruturas tecnológicas e organizacionais sobre os trabalhadores em detalhes".[22] E uma maneira de examinar essa questão é por meio do estudo da gestão do trabalho dentro de certas indústrias.[23]

---

[21] Harrison, *Lean and Mean*, p. 7.

[22] Meil, "Stranger in Paradise", p. 15.

[23] Ver Christopher Wright e John Lund, "Supply Chain Rationalization: Retailer Dominance and Labour Flexibility in the Australian Food and Grocery Industry", *Work, Employment, and Society* 17/1 (2003), p. 137-57.

Mas além dessa questão metodológica, a teoria da racionalização sistêmica, assim como o trabalho de Harrison sobre produção flexível, é uma resposta crítica a outras teorias do trabalho publicadas nas décadas de 1980 e início de 1990 – como as de Michael Piore e Charles Sabel – que apresentavam a ideia de que a tendência era "para um padrão de trabalho 'profissional' no qual todos os trabalhadores têm maior autonomia e responsabilidade em uma organização de trabalho e empresa mais aberta como um componente importante de uma nova fase de desenvolvimento industrial pós-taylorista".[24] Esses padrões, de acordo com tais teorias pós-tayloristas ou pós-fordistas, levam a "redes relativamente igualitárias incorporadas em comunidades de trabalhadores qualificados".[25] Enquanto os estudiosos de racionalização sistêmica afirmam que algumas formas de trabalho "rompem com as estratégias de racionalização tayloristas" devido às pressões dos mercados de vendas para produzir de maneira mais flexível e integrada, o que eles enfatizam é o fato de que "ao mesmo tempo, forças poderosas permanecem e empurram para a continuação de formas de organização do trabalho tayloristas mesmo em circunstâncias alteradas".[26] As características clássicas das formas de trabalho tayloristas ainda são como as conhecemos:

> Separação entre concepção e execução no trabalho; extensão da divisão do trabalho de acordo com funções, níveis hierárquicos e tarefas de trabalho; tendência de planejar totalmente todos os processos de produção e padronizar o processo de trabalho; controle cuidadoso do desempenho, baseado em incentivos salariais; finalmente, e mais fortemente ligado aos pontos mencionados anteriormente, simplificação generalizada das tarefas e, portanto, a desqualificação e polarização da força de trabalho.[27]

---

[24] Altmann *et al.*, "No End in Sight", p. 4-5.
[25] Devine, "Lean and Mean", p. 50.
[26] Altmann *et al.*, "No End in Sight", p. 5.
[27] *Ibid.*, p. 4.

104 INTAN SUWANDI

Na verdade, a racionalização sistêmica implica em "estruturas heterogêneas" ao longo da cadeia de valor que permitem a persistência de formas dominantes de produção e trabalho, como

> formas de trabalho tayloristas, nas quais economias de escala ainda são alcançadas para partes do produto final; condições de trabalho desfavoráveis nas quais tais condições ainda são aceitas enquanto também incorrem em baixos custos, mesmo com baixa produtividade, contanto que seja funcional para a produtividade total da rede de produção etc.

Isso leva à conclusão de que, nas palavras de Altmann e Deiß, "com a racionalização sistêmica não há 'bom trabalho' sem 'trabalho ruim'!". Tais redes de produção heterogêneas ainda têm uma "parcela extensiva de áreas operando em baixos níveis tecnológicos com formas tradicionais de organização do trabalho taylorista". O suposto fim do taylorismo está longe da realidade e "uma vasta quantidade de formas de trabalho com uma alta divisão do trabalho permanece em vigor em redes globais".[28] Acompanhando a alegação de Harrison de que a produção enxuta e flexível perpetua e talvez até intensifique os aspectos negativos da produção – desigualdade entre as classes de trabalhadores e segmentação do mercado de trabalho (o "mercado de trabalho primário", no qual existem sindicatos bem-sucedidos, salários relativamente altos e segurança no emprego *versus* o "mercado de trabalho secundário", no qual os trabalhadores recebem baixa remuneração e ocupam uma posição precária) – os estudiosos da área de racionalização sistêmica argumentam que os trabalhadores estão polarizados. Apenas em posições limitadas poderíamos encontrar trabalhadores do chão de fábrica com maior autonomia e poder de decisão, assim como habilidades mais elevadas. Além disso, os trabalhadores "na posição mais fraca ou mais dependente

---

[28] Altmann e Deiß, "Productivity by Systemic Rationalization", p. 141-2, 145.

na hierarquia de toda a cadeia de produção" podem descobrir que suas posições se tornam ainda mais vulneráveis.[29]

Enquanto a piora na posição dos trabalhadores muitas vezes é apenas implicitamente sugerida (se é que é) na estrutura CGM/CGV, os estudos de racionalização sistêmica nos permitem lidar com os detalhes concretos de como as mudanças no nível macro – ou seja, as configurações das cadeias globais de mercadorias – afetam os trabalhadores por meio de um exame das relações entre trabalho e gestão. Como enfatizado nos capítulos anteriores, as supostas redes "descentralizadas" de produção não necessariamente levam à dispersão do poder. Em linha com o problema no controle da tecnologia e do conhecimento, práticas como a terceirização não garantem uma maior autonomia, não apenas para os trabalhadores que fabricam os produtos, mas também para as empresas dependentes ao longo da cadeia que empregam esses trabalhadores. A racionalização sistêmica, supraempresarial, em vez disso, criou estruturas hierárquicas na cadeia de produção, consistindo em segmentos dominantes (ou centrais) e dependentes. As empresas dominantes podem controlar indiretamente as dependentes por meio de

> mecanismos de controle embutidos, especialmente em engenharia simultânea, sistemas de entrega sob demanda (just in time [JIT, na sigla em inglês]), classificação de fornecedores por avaliação ABC, e assim por diante, sem mencionar a contínua pressão sobre os concorrentes por pedidos (de suprimentos) para que divulguem seus custos, para manterem os preços-alvo, para se orientarem por referências, e assim por diante. Essa forma de exercer influência é tão rigorosa para as empresas que participam da cadeia de criação de valor quanto para os preços e para a pressão concorrencial. As tecnologias de informação são a condição prévia e o meio da integração dos processos de produção dentro da cadeia.[30]

---

[29] Altmann *et al.*, "No End in Sight", p. 7; ver Wright e Lund, "Supply Chain Rationalization."

[30] Altmann and Deiß, "Productivity by Systemic Rationalization", p. 139.

O impacto de tais mecanismos para trabalhadores e sindicatos é fundamental e tende a ser devastador. Em seu estudo sobre indústrias alemãs, Altmann e Deiß argumentam que a racionalização sistêmica "tende a resultar em uma descentralização e enfraquecimento da representação dominante dos interesses dos funcionários", frequentemente por meio de decisões influenciadas por especificações e regulamentações que são "feitas fora e além dos limites de suas empresas e empreendimentos" – muito provavelmente moldadas pelas demandas das empresas dominantes dentro da cadeia.[31] Harrison apresenta um argumento semelhante: o ressurgimento da segmentação do mercado de trabalho devido à produção flexível "enfraquece ainda mais o poder de barganha dos sindicatos de trabalhadores, tornando mais difícil para eles organizar novos trabalhadores e pressionar as empresas a inovar continuamente para gerar a produtividade adicional necessária para atender a uma crescente folha de pagamento".[32] Especialmente quando falamos sobre empresas dependentes, elas não têm os recursos e o poder necessários para controlar a tecnologia inovadora para começar.

O ponto aqui é que as pressões exercidas por empresas dominantes sobre dependentes (ou seja, fornecedores ao longo da cadeia de mercadorias) acabarão afetando o processo de trabalho e o poder de barganha dos trabalhadores que fazem os produtos. Infelizmente, embora os estudos de racionalização sistêmica e produção flexível prestem atenção ao impacto dessas novas formas de organização do trabalho sobre os trabalhadores e os sindicatos, muitas vezes eles contornam – em vez de abordar – alguns aspectos que são centrais para esse assunto: como o processo de trabalho é controlado por meio das relações entre trabalho e gestão dentro do contexto do capitalismo monopolista. Para elaborar esses aspectos, é necessário trazer a análise do controle do processo de trabalho como oferecido pelos marxistas na década de 1970, cujo surgimento

---

[31] *Ibid.*, p. 151.
[32] Harrison, *Lean and Mean*, p. 211.

foi amplamente influenciado pela publicação de *Trabalho e capital monopolista* de Harry Braverman em 1974. Em sua análise de *Lean and Mean* [Enxuta e "eficiente"] de Harrison, James Devine menciona que, embora "a teoria de Harrison não se baseie em uma análise marxista das leis de circulação do capitalismo", ele viu uma "tendência à desqualificação que Harry Braverman enfatizou em seu *Trabalho e capital monopolista* (um trabalho que estranhamente não é citado)".[33] Mas esse ponto sobre desqualificação (nos termos de Braverman, "a destruição da especialização") ainda precisa ser discutido como um processo que, como Braverman vê, "não está separado da exploração e acumulação capitalista".[34] Assim, antes de aplicarmos a questão do controle sobre o processo de trabalho aos mecanismos atuais de racionalização sistêmica e produção flexível, precisamos revisar as abordagens propostas por Braverman e outros estudiosos marxistas sobre esse assunto.

Controle sobre o processo de trabalho no capitalismo monopolista

No capítulo 5 do livro I d'*O capital*, Karl Marx escreve: "O trabalho é, antes de mais nada, um processo entre o homem e a natureza, um processo em que o homem, por meio de suas próprias ações, media, regula e controla seu metabolismo com a natureza".[35] Por meio do trabalho, os seres humanos produzem valores de uso para satisfazer suas necessidades. No entanto, esse processo difere de um modo de produção para outro e, para Marx, no modo de produção capitalista, o processo de trabalho é governado por relações de exploração entre capital e trabalho expressas pela organização do trabalho. Como os estudos do processo de trabalho que surgiram na década de 1970 mostram, a organização do trabalho nas socie-

---

[33]   Devine, "Lean and Mean", p. 52.
[34]   John Bellamy Foster, "Introduction to the New Edition", em Harry Braverman, *Labor and Monopoly Capital* (Nova York: Monthly Review Press, 1998), xviii.
[35]   Karl Marx, *Capital*, vol. 1 (London: Penguin Books, 1976 [1867]), p. 283. [Ed. bras.: *O capital*, v. 1. São Paulo: Boitempo, 2013].

108 Intan Suwandi

dades capitalistas não é um "instrumento produtivo neutro". Em vez disso, é um instrumento político "moldado pelas tentativas dos capitalistas e de seus representantes gerenciais de exercer controle sobre os trabalhadores recalcitrantes no chão de fábrica".[36] Entre essas obras, o livro *Trabalho e capital monopolista* de Braverman foi um dos mais importantes sobre o assunto, uma obra que desde então gerou uma "abundância de atividade intelectual", que vai desde livros e novos cursos até conferências.[37]

Uma contribuição especialmente valiosa do livro de Braverman para a discussão do processo de trabalho é o fato de que ele desenvolveu uma análise impressionante do processo de trabalho sob o capitalismo monopolista. Paul Baran e Paul Sweezy admitem em *Capitalismo monopolista* que estavam cientes de que sua abordagem no livro "resultou em quase total negligência de um assunto que ocupa um lugar central no estudo de Marx sobre o capitalismo: o processo de trabalho".[38] E de acordo com Sweezy em seu prefácio ao livro de Braverman, *Trabalho e capital monopolista* oferece um "esforço solidamente bem-sucedido para preencher uma grande parte dessa lacuna".[39]

De fato, fenômenos como o crescimento de corporações gigantes e o "desaparecimento da concorrência interna" são apenas dois entre muitos aspectos que acompanharam a transição do capitalismo competitivo para o capitalismo monopolista. Outra característica importante é a "batalha altamente bem-sucedida dos empregadores e de um exército de engenheiros industriais para colocar a gestão do processo de trabalho em uma base científica" – em ou-

---

[36] David Gartman, "Marx and the Labor Process: An Interpretation", *The Insurgent Sociologist* 8/2 e 3 (1978), p. 97.

[37] Andrew Zimbalist, "Introduction", em A. Zimbalist (ed), *Case Studies on the Labor Process* (Nova York: Monthly Review Press, 1979), p. xi.

[38] Paul A. Baran e Paul M. Sweezy, *Monopoly Capital* (Nova York: Monthly Review Press, 1966), p. 8.

[39] Paul M. Sweezy, "Foreword to the Original Edition", em Braverman, *Labor and Monopoly Capital* (Nova York: Monthly Review Press, 1998 [1974]), p. xxv.

tras palavras, como enfatizado por Braverman, "a implementação do taylorismo".[40] Foi esse processo, "mais do que qualquer outra coisa", argumenta John Bellamy Foster, que tornou a emergência do capital monopolista "possível e inevitável".[41] O crescimento das corporações gigantes e a gestão científica de Taylor estavam intimamente ligados. Em *A riqueza das nações*, Adam Smith escreve que a extensão da divisão do trabalho "deve sempre ser limitada pela extensão [...] do mercado" e pela escala de produção. No contexto do capitalismo monopolista, isso significa que o "crescimento do tamanho da empresa tornou a implementação da engenharia industrial eficiente em termos de custo" e tornou-se "a principal fonte das 'economias de escala' das grandes empresas". Como resultado, as empresas gigantes acumularam "uma lucratividade prodigiosa" por meio dessa implementação, o que por sua vez "acelerou muito a transição do capitalismo de livre concorrência para o novo regime de concorrência monopolística".[42]

O próprio Marx apontou essa forma de desenvolvimento capitalista quando escreveu sobre a "a subsunção real do trabalho ao capital" em "Resultados do processo imediato de produção"[43] – um desenvolvimento possível que ainda não existia em seu tempo. Para Marx, a subsunção real do trabalho "transforma a natureza do processo de trabalho e suas condições reais" e foi "desenvolvida em todas as formas evoluídas pela mais-valia relativa" que se concentram no aumento da produtividade. Além disso, ele continua: "Com a subsunção real do trabalho ao capital, todas as mudanças

---

[40] John Bellamy Foster, "Investment and Capitalist Maturity", em John Bellamy Foster and Henryk Szlajfer (ed.), *The Faltering Economy* (Nova York: Monthly Review Press, 1984), p. 66.

[41] *Ibid.*

[42] Adam Smith, *The Wealth of Nations* (Londres: J. M. Dent and Sons, 1910 [1776]), p. 15. [Ed. bras.: *A riqueza das nações*. Rio de Janeiro: Nova Fronteira, 2017]; John Bellamy Foster, "Investment and Capitalist Maturity", p. 66-67.

[43] Trata-se do chamado Capítulo VI (inédito) d'*O capital*. No Brasil há uma edição recente: Marx, K. *Capítulo VI*. São Paulo: Boitempo, 2022. (N. E.)

no processo de trabalho [...] agora se tornam realidade. As forças sociais de produção do trabalho agora estão desenvolvidas, e com a produção em grande escala vem a aplicação direta da ciência e da tecnologia."[44] O que Marx prevê aqui é o desenvolvimento do taylorismo – "uma tentativa de aplicar os métodos da ciência aos problemas cada vez mais complexos do controle do trabalho em empresas capitalistas em rápido crescimento" – ao lado da revolução científico-tecnológica, que permitiu a apropriação e a mercantilização da ciência e da tecnologia inovadora pelo capital para responder às suas necessidades imediatas.[45] Ambos são usados pelo capital para reestruturar a organização do trabalho e levar o controle do processo de trabalho a um nível completamente novo, um esforço para aumentar a mais-valia relativa guiada pela acumulação de capital sob o capitalismo monopolista.

Em geral, Braverman expande a ideia fundamental de Marx de que a força de trabalho é transformada pela gestão "em trabalho efetivamente realizado para garantir a lucratividade" – e Braverman considera as "implicações dessa lógica capitalista para a organização do trabalho".[46] Rejeitando a afirmação de Adam Smith de que a divisão do trabalho é apenas uma questão de eficiência técnica e um aprimoramento de habilidades específicas de trabalho que levariam a um "aumento proporcional dos poderes produtivos do trabalho", Braverman inicia sua análise a partir do trabalho dos teóricos clássicos liberais de gestão Charles Babbage e Andrew Ure, cujas obras contestaram o argumento de Smith 50 anos após a publicação de *A riqueza das nações*.[47] Esses teóricos argumentam que a divisão do trabalho é um mecanismo que serve como um meio de reduzir os custos trabalhistas "por meio da degradação sistemática do trabalho

---

[44] Marx, *Capital*, v. 1, p. 1035.
[45] Harry Braverman, *Labor and Monopoly Capital: The Degradation of Work in the Twentieth Century* (Nova York: Monthly Review Press, 1998 [1974]), p. 59.
[46] Paul A. Attewell, *Radical Political Economy since the Sixties* (New Brunswick: Rutgers University Press, 1984), p. 96.
[47] Smith, *The Wealth of Nations*, p. 6.

humano".[48] Adotando isso, Braverman afirma que "a desqualificação do trabalho e uma divisão fina do trabalho" são ditadas por considerações de custo.[49]

Em outras palavras, a lógica capitalista cria a necessidade de baratear o trabalho sempre que possível. Decompor tarefas complexas e qualificadas em tarefas simples e rotinizadas é a maneira mais fácil de fazer isso. O princípio de Babbage, escreve Braverman, mostra que a força de trabalho capaz de realizar o processo de trabalho "pode ser adquirida mais barata como elementos dissociados do que como uma capacidade integrada em um único trabalhador". Ele conclui então que a força de trabalho é uma mercadoria e, uma vez vendida, "seus usos não são mais organizados de acordo com as necessidades e os desejos daqueles que o vendem, mas sim de acordo com as necessidades de seus compradores, que são, principalmente, empregadores buscando expandir o valor de seu capital. E é um interesse especial e permanente desses compradores baratear essa mercadoria". O taylorismo incorpora esse princípio em seu núcleo – é um reflexo de "nada mais do que a perspectiva do capitalista com relação às condições de produção".[50]

Mas o ponto principal do argumento de Braverman não é meramente a questão do trabalho barateado, mas sim como os capitalistas *controlam* o trabalho por meio da gestão, e como todo esse processo é "dominado e moldado pela acumulação de capital". O taylorismo exerce controle por meio de mecanismos como estes: 1) a "dissociação do processo de trabalho das habilidades dos trabalhadores"; 2) a "separação da concepção da execução"; e 3) o uso do "monopólio sobre o conhecimento para controlar cada etapa do processo de trabalho e seu modo de execução".[51] Com a implementação desses mecanismos, os trabalhadores se tornam mais

---

[48] Foster, "Introduction to the New Edition", p. xvi.
[49] Attewell, *Radical Political Economy since the Sixties*, p. 96.
[50] Braverman, *Labor and Monopoly Capital*, p. 57-59.
[51] *Ibid.*, p. 37, 77-83.

dependentes da gestão. Sempre que os trabalhadores têm controle sobre seu próprio conhecimento de seu trabalho qualificado ou especializado, é a gestão que depende deles. Portanto, a estratégia é apropriar-se de seu conhecimento e habilidades reorganizando o trabalho "em empregos limitados e de baixa qualificação sem conteúdo conceitual" e transformando os trabalhadores em "meros executores do trabalho"; isso, por sua vez, resulta em uma "degradação constante" e na desqualificação do trabalho.[52] Marx aborda ele próprio a questão do controle no processo de trabalho no livro I d'*O capital*: "O motivo que impulsiona, e o propósito determinante da produção capitalista, é a autovalorização do capital até o máximo possível, ou seja, a maior produção possível de mais-valia, daí a maior possível exploração da força de trabalho pelo capitalista."[53]

O que também é importante para Marx é que ele não vê a questão do controle como algo natural, que surge da produção cooperativa de valores de uso, mas sim "por relações de produção antagônicas sob as quais os valores de uso são produzidos" – ou seja, a luta de classes.[54] Continua:

> À medida que o número de trabalhadores cooperantes aumenta, aumenta também a resistência deles à dominação do capital e, necessariamente, a pressão exercida pelo capital para superar essa resistência. O controle exercido pelo capitalista não é apenas uma função especial decorrente da natureza do processo de trabalho social, e peculiar a esse processo, mas também é uma função da exploração de um processo de trabalho social, e consequentemente é condicionado pelo antagonismo inevitável entre o explorador e a matéria-prima de sua exploração.[55]

É precisamente nesse espírito que Braverman elabora a questão do controle. Para ele, a questão do controle da gestão é analisada como algo que nasce das relações sociais ao longo da história. No

---

[52] Attewell, *Radical Political Economy since the Sixties*, p. 97.
[53] Marx, *Capital*, vol. 1, p. 449.
[54] Gartman, "Marx and the Labor Process: An Interpretation", p. 103.
[55] Marx, *Capital*, vol. 1, p. 449.

contexto do modo de produção capitalista, as relações estão na forma de luta de classes. No capitalismo moderno, escreve Braverman, não foi o elemento "moderno" que deu origem à nova situação. Ao contrário, foram

> as novas relações sociais que agora moldam o processo de produção, e o antagonismo entre aqueles que conduzem o processo e aqueles em benefício de quem ele é conduzido, aqueles que gerenciam e aqueles que executam, aqueles que trazem para a fábrica sua força de trabalho, e aqueles que se comprometem a extrair dessa força de trabalho o máximo benefício para o capitalista.[56]

Essa posição foi posteriormente esclarecida por Andrew Zimbalist em sua introdução a uma antologia de estudos de caso sobre o processo de trabalho inspirada na obra de Braverman: "De fato, um argumento central do livro é que o antagonismo entre classes dá origem ao problema da gestão e à degradação do trabalho".[57]

Braverman não foi o único autor a lidar com a questão do controle e do processo de trabalho durante esse período. No mesmo ano em que ele publicou sua obra profícua, Stephen Marglin escreveu um artigo intitulado "What Do Bosses Do?" [O que fazem os chefes?], publicado na *Review of Radical Political Economics*. O artigo de Marglin foi em parte uma crítica a Smith; semelhante a Braverman, Marglin argumenta que "a função social da organização hierárquica do trabalho não é eficiência técnica, mas acumulação".[58] Além disso, Marglin vê a especialização e a separação de tarefas na divisão do trabalho sob o capitalismo como um meio de conceder aos capitalistas um papel essencial no processo de produção, ou seja, o papel de integrador. Remetendo sua análise ao período do capitalismo incipiente, Marglin usa o exemplo do "sistema doméstico de produção" – no qual os

---

[56] Braverman, *Labor and Monopoly Capital*, p. 47.
[57] Zimbalist, "Introduction", p. xii.
[58] Stephen A. Marglin, "What Do Bosses Do? The Origins and Functions of Hierarchy in Capitalist Production", *Review of Radical Economics* 6 (1974), p. 62.

trabalhadores produziam tecidos usando suas próprias máquinas simples em casa, com materiais e tarefas específicas atribuídas pelo capitalista, mas nenhum trabalhador individual produzia o produto inteiro – para destacar a primeira tentativa evidentemente capitalista de tirar o acesso de "produtores individuais a um mercado" e permitir ao intermediário capitalista obter lucro.[59] Aqui, o papel do capitalista como integrador é destacado:

> Separar as tarefas atribuídas a cada trabalhador era o único meio pelo qual o capitalista poderia, nos dias anteriores às máquinas caras, garantir que ele permaneceria essencial para o processo de produção como integrador dessas operações separadas em um produto para o qual existia um amplo mercado; e a especialização dos homens em tarefas no nível de subproduto era a marca registrada do sistema de produção doméstica.
>
> A divisão capitalista do trabalho, conforme desenvolvida sob o sistema de produção doméstica, incorporava o mesmo princípio que as potências imperiais 'bem-sucedidas' utilizaram para governar suas colônias: dividir para conquistar.[60]

Nessa fase inicial do capitalismo, o sistema de produção doméstica apenas eliminou o controle do produtor sobre seu próprio produto, de acordo com Marglin. Somente com o surgimento da fábrica é que esse sistema foi desenvolvido para privar o produtor não apenas do controle sobre seu produto, mas também do controle sobre seu processo de trabalho. Mas o que precisa ser enfatizado é a atenção de Marglin à questão do controle e à característica de "dividir para conquistar" da especialização de tarefas e como essa origem da divisão fina do trabalho "derivava da necessidade de tornar os trabalhadores dependentes do capitalista, e não de eficiência aumentada ou outros fatores tecnológicos".[61]

Em diálogo com o trabalho de Braverman, David Gartman e Richard Edwards também desenvolveram a questão do controle

---

[59] Attewell, *Radical Political Economy since the Sixties*, p. 109.
[60] Marglin, "What Do Bosses Do?", p. 70.
[61] Attewell, *Radical Political Economy since the Sixties*, p. 110.

no processo de trabalho em seus artigos na revista *The Insurgent Sociologist*, em 1978. Interpretando a discussão de Marx sobre o controle, Gartman argumenta que existem dois tipos de controle. O primeiro é o *controle básico*, um tipo necessário em qualquer produção em grande escala de valores de uso para "coordenar e direcionar a ação dos trabalhadores individuais, sem importar quem se apropria do excedente, ou como isso é feito". O outro tipo, *controle de excedente*, é o que nasce especificamente das relações de produção antagonistas – a luta de classes – no qual os valores de uso são produzidos. Ele retira o controle do processo de trabalho das mãos dos trabalhadores. Guiado pelo desejo de reprimir a resistência dos trabalhadores explorados, o controle de excedente aumenta a taxa de mais-valia por meios que permitem aos capitalistas "tornar o trabalho mais intenso, extenso e produtivo do que os trabalhadores o fariam voluntariamente".[62]

Edwards oferece um argumento semelhante. Ele afirma que o local de trabalho é um "campo de batalha perpétuo". O conflito contínuo no processo de trabalho é guiado pela divisão de classes entre trabalhadores e capitalistas, e expresso no empenho destes últimos para "extrair o máximo esforço dos trabalhadores que necessariamente resistem às imposições de seus chefes".[63] Especialmente digno de nota no trabalho de Edwards é sua tentativa de expandir a análise de Braverman oferecendo três categorias de controle sob o capitalismo monopolista, concentrando-se na organização do trabalho em grandes corporações nos países capitalistas avançados. A primeira é o *controle simples*, que se concentra no controle direto e pessoal dos trabalhadores por seus empregadores. Esse tipo de controle na verdade não é mais o "principal dispositivo organizador no setor corporativo atual" nas sociedades capitalistas avançadas, embora também possa acompanhar a execução das outras formas de

---

[62] Gartman, "Marx and the Labor Process: An Interpretation", p. 103.
[63] Edwards, Richard. "Social Relations of Production at the Point of Production", *The Insurgent Sociologist* 8/2 e 3 (1978), p. 111.

controle. A segunda é o *controle técnico*, no qual "todo o processo de produção da fábrica, ou grandes segmentos da fábrica, são baseados em uma tecnologia que regula e direciona o processo de trabalho". O controle técnico não é apenas mecanização simples ou regulação simples de máquinas; é uma forma de evolução tecnológica baseada na "natureza de classe inerente da produção capitalista" e envolve "projetar máquinas e planejar o fluxo de trabalho para minimizar o problema do trabalho/força de trabalho". O último é o *controle burocrático*, no qual os trabalhadores são governados pela "lei da empresa", um conjunto racionalizado de regras e critérios determinados pela alta gerência. Por meio dessa forma de controle, o trabalho de um trabalhador é definido mais por "descrições de trabalho formalizadas ou 'critérios de trabalho' ligados ao trabalho" – interpretados por seus supervisores – "do que por ordens específicas, direções e caprichos do supervisor". Os trabalhadores são avaliados (em outras palavras, disciplinados e recompensados) usando esses critérios.[64]

Essas três formas de controle são uma base útil para nossa análise da organização do trabalho em suas formas mais complexas. Isso inclui aquelas que podem ser observadas a partir da relação entre empresas centrais e dependentes em cadeias de valor-trabalho, o que por sua vez afeta o trabalho nas empresas dependentes, como sugerido pelos estudiosos da racionalização sistêmica. A questão é que esses tipos de controle ilustram que o processo de trabalho continua sendo uma "arena de conflito de classes" sob o capitalismo monopolista, e "diante da resistência crônica aos seus esforços para compelir a produção, os empregadores, ao longo dos anos, tentaram resolver a questão reorganizando, revolucionando de fato, o próprio processo de trabalho".[65]

Isso, é claro, nos remete a Braverman, cujo trabalho inspirou a elaboração da tipologia de controle por Edwards. Um dos argumen-

---

[64] *Ibid.*, p. 115-119.
[65] *Ibid.*, 112.

tos mais importantes de Braverman foi reconhecer como o desenvolvimento do capitalismo monopolista ocorreu simultaneamente ao desenvolvimento da "gestão científica", ou taylorismo. Também desenvolvidos durante o final do século XIX foram os laboratórios de pesquisa corporativa, sendo o primeiro "estabelecido com o propósito específico de invenção sistemática criado por Thomas Edison em Menlo Park, Nova Jersey, em 1876, e os primeiros laboratórios governamentais foram estabelecidos pelo Departamento de Agricultura com a Lei de Hatch de 1887". Isso vincula o capitalismo monopolista à gestão científica e à revolução científico-técnica que se baseia "no uso sistemático da ciência para a transformação mais rápida da força de trabalho em capital".[66] Como Zimbalist escreve, Braverman estava "preocupado com o taylorismo como expressão da ideologia de gestão capitalista, tal qual com o reflexo de uma nova divisão do trabalho e reorganização básica dentro do local de trabalho". Zimbalist lembra aos seus leitores que, para Braverman, o foco estava na ideia de que "a lição central do taylorismo é a separação de habilidade e conhecimento dos trabalhadores no processo de produção".[67]

Em seu desenvolvimento, as formas de trabalho tayloristas tornaram-se a base das (in)fames linhas de montagem nas fábricas dos Estados Unidos, um desenvolvimento que ocorreu principalmente no final do século XIX e início do século XX. Esse sistema era frequentemente atribuído ao sistema de organização do trabalho e à inovação tecnológica pela Ford Motor Company, a gigante corporação que fabricava automóveis, uma associação que mais tarde deu o apelido de "fordismo" às formas de trabalho tayloristas. O que aconteceu no chão de fábrica da Ford foi um exemplo primordial do que Braverman estava aludindo: a aplicação do princípio de Babbage *e* o uso de controle sobre os trabalhadores. Como Gartman aponta, no caso da Ford e de empresas semelhantes com base

---

[66] Braverman, *Labor and Monopoly Capital*, p. 112, 175.
[67] Zimbalist, "Introduction", p. xiii.

118 INTAN SUWANDI

nos Estados Unidos (como a General Motors), sua organização de trabalho "inovadora" se tornou possível pela inovação tecnológica de "peças precisamente usinadas e, portanto, intercambiáveis" – um desenvolvimento que foi alcançado ainda em 1908 nas indústrias de equipamentos agrícolas, armas de fogo e máquinas de costura, mas foi adotado pela Ford Motor em um ritmo sem precedentes, que logo superou outras empresas. No mesmo trabalho, Gartman detalha um exemplo de fordismo em seu estudo da empresa:

> Os montadores qualificados ficaram vinculados a um local, e seu tempo discricionário – seu vagar – foi reduzido. Eles tinham que permanecer ocupados em seu trabalho de montagem ou sofrer a perseguição dos supervisores da Ford. Os intervalos durante o dia de trabalho começaram a ser preenchidos, intensificando assim o trabalho. Em um desenvolvimento adicional, os manipuladores de estoque, que transportavam as peças para um carro inteiro em um caminhão, passaram a ser especializados no manuseio de apenas uma parte. O trabalho dentro dos grupos de montagem também estava se tornando progressivamente mais dividido. Parece ter havido uma divisão dentro do grupo de trabalho primeiro [...]; então surgiu uma especialização entre os grupos. Um deles, formado por dois a cinco homens, cuidava da fixação do motor no chassi; outros grupos especializavam-se em eixos, molas, transmissões etc. Os grupos se deslocavam de um chassi estacionário para o próximo à medida que concluíam seus trabalhos específicos. Assim, no departamento de montagem, o mecânico 'polivalente' gradualmente deu lugar ao trabalhador especializado.[68]

Tais trabalhadores "especializados" eram facilmente substituídos por muitos outros do exército industrial de reserva, permitindo à empresa contratar trabalhadores com salários baixos e diminuir os custos trabalhistas. Isso representou uma mudança significativa em relação aos primeiros anos da empresa, quando o processo de trabalho na Ford estava "em grande parte sob o controle de trabalhadores qualificados que geralmente determinavam a intensidade

---

[68] David Gartman, "Origins of the Assembly Line and Capitalist Control of Work at Ford", em A. Zimbalist (ed), *Case Studies on the Labor Process* (Nova York: Monthly Review Press, 1979), p. 196-97

e a produtividade do trabalho".[69] Mas devido a tal reorganização do trabalho, o que restou no processo foi apenas uma série de tarefas fragmentadas, "especializadas", degradadas e sem sentido e sem importância quando feitas por si só. Isso é bem representado na seguinte conversa entre um superintendente de uma fábrica de automóveis em Genebra, Suíça, e seu novo funcionário, que por acaso era um ex-trabalhador da Ford. O superintendente acabara de descobrir que o novo funcionário "nem sabia onde ou como começar a montagem":

> – Nós pensávamos que você era um montador de automóveis habilidoso.
> – Eu pensava que era – respondeu o novo funcionário.
> – Onde você trabalhou?
> – Na fábrica da Ford Motor Co.
> – O que você fazia?
> – Eu apertava a porca número 58.[70]

Tal compreensão e descrição das formas de trabalho tayloristas, é claro, não são novidade para as ciências sociais. Além dos estudos sobre esse assunto nos Estados Unidos, nas últimas duas décadas ou mais, as pesquisas sobre linhas de montagem realizadas no Sul Global por trabalhadores com baixa remuneração, principalmente mulheres, também aprofundaram nossa compreensão sobre o impacto de tais formas de trabalho nos trabalhadores e sua posição vulnerável e precária, até mesmo na discussão de como esses processos afetam seus corpos.[71] Mas o que Braverman e outros estudiosos

---

[69] Gartman, "Origins of the Assembly Line and Capitalist Control of Work at Ford", p. 195.

[70] Citado a partir de um documento da Federal Trade Commission em Gartman, "Origins of the Assembly Line and Capitalist Control of Work at Ford", p. 203.

[71] Ver, por exemplo, Teri Caraway, *Assembling Women: The Feminization of Global Manufacturing* (Ithaca: Cornell University Press, 2007); Cynthia Enloe, *The Curious Feminist: Searching for Women in a New Age of Empire* (Berkeley: University of California Press, 2004); Annette Fuentes e Barbara Ehrenreich, *Women in the Global Factory* (South End Press, 1983); Mary Beth Mills, "Gender and Inequality in the Global Labor Force", *Annual*

marxistas discutiram nos oferece uma compreensão dos mecanismos fundamentais subjacentes à vida no trabalho: a implementação do controle sobre o processo de trabalho que dá ao capital "a capacidade de aumentar a exploração e, portanto, a mais-valia".[72]

Por meio do conceito de cadeias de valor-trabalho, precisamos repensar o principal objetivo da implementação de controle em tais cadeias: ele não é *apenas* para aumentar a eficiência e a produtividade, como os capitalistas nos dizem (e como ecoado por muitas teorias de cadeias de mercadorias), mas, fundamentalmente, é a extração de mais-valia voltada para a acumulação de capital, conforme refletido na busca por baixos custos unitários do trabalho por multinacionais. Isso, e alguns equívocos perpetuados na discussão das cadeias de mercadorias – incluindo aqueles que pertencem às escolas de racionalização sistêmica e produção flexível – serão brevemente analisados a seguir.

Alinhando as suposições

Tanto os estudiosos da racionalização sistêmica quanto os teóricos da produção "enxuta e eficiente", como Harrison, geralmente apontam para a concorrência acirrada – em âmbito nacional e internacional – como o principal motor das mudanças nos processos de produção, administração e distribuição em direção a formas mais flexíveis e econômicas. Para Dieter Sauer e seus coautores alemães, sociólogos e defensores da racionalização sistêmica, a concorrência acirrada é somada a outros fatores, incluindo a saturação crescente do mercado, ciclos mais curtos de vida de produtos e "a pressão

---

Review of Anthropology 32 (2003), p. 41-62; Aihwa Ong, "The Gender and Labor Politics of Postmodernity", *Annual Review of Anthropology* 20 (1991), p. 279-309; Pun Ngai, *Made in China: Women Factory Workers in a Global Workplace* (Durham: Duke University Press, 2005); Leslie Salzinger, *Genders in Production: Making Workers in Mexico's Global Factories* (Berkeley: University of California Press, 2003).

[72] Gartman, "Origins of the Assembly Line and Capitalist Control of Work at Ford", p. 196.

exercida pelo aumento dos custos internos".[73] Mas, em geral, esses estudiosos muitas vezes mencionam apenas as causas do surgimento dessas estratégias "novas" de passagem, guiadas principalmente pelo aumento da concorrência nacional e global. A ênfase estava mais no facilitador de tais estratégias, ou seja, na "disponibilidade de tecnologias de organização e controle assistidas por computador nos mercados de tecnologia e as formas como são implementadas".[74]

Da mesma forma, Harrison vê o surgimento de redes de produção como resultado de "uma verdadeira mudança radical na natureza da concorrência econômica internacional" voltada para a queda dos lucros influenciados pela crise econômica; ademais, com o desenvolvimento de novas tecnologias no chão de fábrica e nos escritórios, isso então criou o aumento no número de empresas concorrentes tanto nos países desenvolvidos quanto nos em desenvolvimento.[75] Assim, a produção flexível e o surgimento de redes de produção foram uma resposta a essa crescente concorrência:

> De todas as reações, de todos os experimentos, a mais abrangente pode muito bem ser a criação pelos gerentes de redes de empresas atravessando fronteiras, vinculando grandes e pequenas empresas operando em diferentes indústrias, regiões e até países. *Esse* desenvolvimento – não uma explosão de empreendedorismo individual ou uma proliferação de distritos industriais geograficamente concentrados, *per se* – é a experiência econômica sinalizadora de nosso tempo.

Nesse sentido, a produção enxuta – que implica um maior uso de terceirização do trabalho para fornecedores menores, ou o aumento da contratação de trabalhadores contingentes e de baixa remuneração por grandes corporações – é uma das formas de "reações experimentais das grandes empresas ao trauma da crise econômica mundial dos anos 1970 e início dos anos 1980".[76]

---

[73] Sauer *et al.*, "Systemic Rationalization and Inter-Company Divisions of Labour", p. 46.

[74] *Ibid.*, p. 46.

[75] Harrison, *Lean and Mean*, p. 126.

[76] *Ibid.*, p. 127.

O fato de o surgimento de redes de produção ter sido uma resposta a esse trauma corporativo não é muito discutível. Inventar estratégias para criar mais lucro e compensar perdas é uma tarefa "natural" para a gestão corporativa em todos os lugares e em qualquer época, mas especialmente quando as perdas são grandes, como no período de crise econômica. No entanto, isso por si só não é suficiente para explicar as forças motrizes que estão por trás da criação de redes de produção que são vistas tanto por Harrison quanto pelos sociólogos industriais alemães como um meio para que as grandes corporações sustentem e aprimorem o poder e o controle, não apenas sobre os trabalhadores, mas também sobre empresas menores e dependentes. Também é necessário entender como tudo isso está conectado aos maiores processos macroeconômicos relacionados ao capitalismo monopolista, incluindo a estagnação.

Ao contrário do que poderia acontecer sob o capitalismo competitivo, práticas como cortes de preços, que poderiam colocar seriamente em perigo as margens de lucro, raramente ocorrem no capitalismo monopolista. Em vez disso, aumentos de preços ocorrem em conjunto, geralmente sob a liderança das corporações mais poderosas do setor.[77] Como resultado, testemunhamos a "lei do excedente crescente" sob o capitalismo monopolista. E, como discutido anteriormente, desde seu desenvolvimento inicial no final do século XIX, o capitalismo monopolista tem sido acompanhado pela reorganização maciça do trabalho possibilitada pela aplicação sistemática da gestão científica e pela mercantilização e apropriação da ciência e da tecnologia. Isso levou à capacidade das

---

[77] Baran and Sweezy, *Monopoly Capital*, p. 72. Baran e Sweezy definem o excedente como "a diferença entre o que uma sociedade produz e os custos dessa produção. O tamanho do excedente é um índice de produtividade e riqueza, de quanta liberdade uma sociedade tem para atingir quaisquer objetivos que possa estabelecer para si própria. A composição do excedente mostra como a sociedade usa essa liberdade: quanto investe na expansão da sua capacidade produtiva, quanto consome sob diferentes formas, quanto desperdiça e de que maneira" (9-10).

grandes empresas de acumular grandes lucros devido ao aumento da produtividade. Com a crescente concentração (ou crescimento na escala das empresas individuais) e centralização (como ilustrado por fenômenos como fusões) do capital sob o capitalismo monopolista, a produção excedente também continua a crescer, e a capacidade produtiva torna-se maior do que o mercado. Isso, por sua vez, contribui para a estagnação.

De fato, como argumentam Baran e Sweezy, a estagnação – marcada por "um padrão de crescimento lento e aumento do desemprego e da capacidade excessiva, com a formação de capital flutuando em torno do nível de investimento líquido zero" – tornou-se "o estado *normal* da economia capitalista monopolista" desde que se tornou sua característica definidora e mais persistente. Em um sistema oligopolista, a alta produtividade e a proibição de cortes de preços criam juntos um excedente enorme e crescente que não pode ser absorvido pelo investimento e pelo consumo capitalista.[78] Limitado pela "neurose" do capital em relação à intervenção estatal no lucro privado, o excedente não pode ser absorvido pelos gastos civis do governo. Isso resulta na dependência de grande desperdício em áreas como gastos militares e finanças especulativas, que funcionam como "estímulos externos que impulsionam a produção"; no entanto, os estimulantes são apenas drogas – eles estão "destinados a ser inadequados para sustentar a economia ao longo do tempo, uma vez que são necessárias injeções cada vez maiores apenas para fazê-la funcionar".[79]

No que diz respeito às finanças especulativas, as empresas do setor financeiro utilizam muitos recursos, e o investimento nelas "faz a sua parte para compensar a produtividade excedente da

---

[78]   *Ibid.*, p. 108; John Bellamy Foster, "What Is Stagnation?", em Robert Cherry *et al. The Imperiled Economy* (Nova York: URPE, 1987), p. 62.

[79]   John Bellamy Foster e Fred Magdoff, *The Great Financial Crisis: Causes and Consequences* (Nova York: Monthly Review Press, 2009), p. 15.

indústria moderna".[80] No entanto, o setor financeiro não produz mercadorias com valor de uso significativo. Uma consequência principal é que o setor de produção fica ocioso, especialmente nas economias capitalistas centrais; os investimentos dificilmente fluem para o setor de produção, e a demanda se torna estagnada. Por sua vez, o custo de produção é reduzido, e os trabalhadores são geralmente as principais vítimas; eles são demitidos ou seus salários são cortados. Outra consequência é o surgimento de uma "psicologia especulativa" na comunidade financeira, ou seja, a busca por lucros maiores por meios rápidos e especulativos, muitas vezes resultando em crises. No final, podemos dizer que a presença dominante da esfera financeira perpetua a *estagnação* na esfera de produção e a *inflação* no setor financeiro.[81] No geral, essa é a situação sob o capitalismo monopolista, no qual a estagnação se tornou o estado normal, especialmente no Norte Global.

Curiosamente, a questão da "estagnação secular" agora ocupa o centro das atenções e tem sido amplamente discutida por economistas ortodoxos (neoclássicos), especialmente desde que foi levantada

---

[80] Paul M. Sweezy e Harry Magdoff, *Economic History as It Happened*, v. 4: Stagnation and the Financial Explosion (Nova York: Monthly Review Press, 1987), p. 102-3. Sweezy e Magdoff também citam esses exemplos como "recursos reais": o alto consumo por milhões de funcionários do setor financeiro, que "consomem em média tanto quanto (e talvez até mais do que) funcionários do restante da economia"; edifícios sofisticados onde estão localizados os escritórios financeiros, incluindo bancos; e uma "parte muito substancial da produção das indústrias de alta tecnologia (computadores, equipamentos de comunicação etc.)" que vai para este setor (p. 103).

[81] Essa é uma crítica a uma posição mantida por muitos economistas, até mesmo aqueles à esquerda, que frequentemente ignoram a lógica fundamental da financeirização. Em vez disso, eles a veem como a culpada pela estagnação, enquanto ignoram o problema real. Nessa perspectiva, fenômenos como a estagnação dos salários e o aumento da desigualdade de renda são resultado de "mudanças provocadas pelos interesses do setor financeiro". Ver Foster e Magdoff, *The Great Financial Crisis*, p. 106. A origem dessa ideia remonta a Hyman Minsky, que coloca a financeirização no corredor da morte e foca no argumento da instabilidade financeira.

em uma reunião do FMI em 2013 por Larry Summers, que se referiu ao trabalho de Alvin Hansen, um famoso keynesiano nos Estados Unidos nas décadas de 1930 e 1940. Em um artigo da *Foreign Affairs* intitulado "The Age of Secular Stagnation" [A era da estagnação secular], Summers continua escrevendo sobre como a recuperação das crises e recessões atuais, nos Estados Unidos e no mundo, "ficou significativamente aquém das previsões" e "muito mais fraca do que as anteriores". Isso é perigoso (para o capital e para a estabilidade social) e, portanto, aliviar a dor causada pela estagnação secular, argumenta Summers, é "de profunda importância".[82] Mas, infelizmente, como os editores da *Monthly Review* disseram em suas notas em janeiro de 2016, essas discussões não levam em conta "o papel de pensadores marxistas e heterodoxos, que vêm desenvolvendo a tese da estagnação em grande detalhe histórico e teórico por mais de meio século, com base nos debates da década de 1930".[83] Essa negligência também provocou várias respostas críticas da esquerda, incluindo uma de Charles Mudede, que escreveu uma coluna para o jornal de Seattle, *The Stranger*, em 2013, intitulada "What If Economists for Once Give Marxists Some Fucking Credit?" [E se, pelo menos uma vez, os economistas dessem alguma merda de crédito aos marxistas?]. No texto, ele critica Paul Krugman – que escreve sobre como a estagnação de hoje poderia ser a "nova normalidade" – por ignorar as décadas de trabalho "sobre esse assunto muito específico por marxistas (mais notavelmente o falecido Paul Sweezy) na *Monthly Review* desde a década de 1970".[84]

Não muito tempo depois de Summers proferir o discurso na reunião do FMI, Krugman também escreveu vários artigos para o *New York Times*, apoiando o argumento de Summers. Em um

---

[82]   Larry Summers, "The Age of Secular Stagnation", 15 fev., 2016: http://larrysummers.com.

[83]   "Notes from the Editors", *Monthly Review* 67/8 (jan. 2016).

[84]   Charles Mudede, "What If Economists for Once Give Marxists Some Fucking Credit?", *The Stranger*, 21 nov. 2013: https://www.thes tranger.com/slog/archives/2013/11/21/what-if-economist-for-once-give-marxists-some-credit.

deles, publicado em 2013, Krugman chegou a afirmar que, além de Summers estar certo, ele também apresentou um "manifesto radical".[85] Em outra coluna, intitulada "Robber Baron Recessions" [Recessões dos barões ladrões], ao falar sobre o poder de monopólio da Verizon, Krugman escreve: "E o caso da Verizon não é único. Nos últimos anos, muitos economistas, incluindo pessoas como Larry Summers e eu, chegaram à conclusão de que o crescente poder de monopólio é um grande problema para a economia dos Estados Unidos".[86] Nenhuma menção às décadas de obras de marxistas sobre o capitalismo monopolista e a tese da estagnação. Mas, deixando de lado a "ignorância", o fato de que a estagnação tenha entrado até mesmo no discurso dominante sugere não apenas a importância das abordagens marxistas, mas também que a análise das crises que presta atenção à dinâmica do próprio capitalismo, conforme oferecido pelos teóricos da superacumulação e sua análise do capital monopolista.

Vários pontos podem ser avaliados aqui. O primeiro está relacionado à afirmação proposta pelos estudiosos da racionalização sistêmica e por Harrison quanto à concorrência acirrada que é considerada como o guia do surgimento de redes de produção ou cadeias de mercadorias. A chamada concorrência não se apresenta da forma como esses estudiosos sugerem em suas discussões: ela não se baseia em um sistema no qual todos – grandes e pequenas empresas tanto no Norte Global quanto no Sul Global – estão envolvidos em uma luta em meio à concorrência. Fornecedores dependentes em cadeias de valor-trabalho, devido ao seu pequeno porte e falta de poder, podem ter que enfrentar tal concorrência acirrada para atrair clientes multinacionais "de classe alta", por exemplo, mas é uma outra história para esses clientes de classe alta em si. Mesmo

---

[85] Paul Krugman, "Secular Stagnation, Coalmines, Bubbles e Larry Summers", *New York Times*, 16 nov. 2013: http://krugman.blogs.nytimes.com.

[86] Paul Krugman, "Robber Barron Recessions", *New York Times*, 18 abr. 2016: http://www.nytimes.com.

que seja verdade que o mundo permaneça competitivo para as corporações em alguns aspectos, "o objetivo é sempre a criação ou perpetuação do poder de monopólio – isto é, o poder de gerar lucros econômicos persistentes e elevados por meio de uma margem sobre os custos de produção primários".[87] A racionalização sistêmica e a produção enxuta e flexível não são meras novas estratégias de gestão para serem mais econômicas, assim como a arbitragem global do trabalho não é apenas um imperativo para buscar eficiências necessárias para a sobrevivência. Observando isso dentro do contexto da natureza oligopolista do capital monopolista, é uma tentativa de extrair excedente dos trabalhadores em lugares onde podem ser superexplorados. No contexto das cadeias de valor-trabalho, estes são principalmente trabalhadores do Sul Global.

O segundo ponto é a severa "dependência" do capital monopolista (ou monopólio-financeiro) em relação aos estimulantes necessários para impulsionar o crescimento; e isso não é um mero processo econômico abstrato. Para lidar com o problema da fragilidade financeira, o sistema sempre precisa constantemente de "novas injeções de dinheiro", mas em vez de cortar lucros, as grandes corporações obtêm esse dinheiro da "população trabalhadora por meio de aumentos drásticos na exploração".[88] E, como Paul Sweezy e Harry Magdoff enfatizam, a estagnação no setor produtivo leva a práticas como "corte de custos de produção (especialmente demitindo trabalhadores e reduzindo salários)".[89] Em âmbito global, a arbitragem global do trabalho, por meio de suas práticas específicas, como a terceirização independente, faz exatamente isso. As corporações estão reduzindo seus gastos às custas do trabalho, transferindo a produção para lugares que têm os custos unitários do trabalho mais baixos possíveis.

---

[87] John Bellamy Foster, "Monopoly Capital at the Turn of the Millennium", *Monthly Review* 51/11 (abr. 2000), p 7.
[88] Foster e Magdoff, *The Great Financial Crisis*, p. 74.
[89] Sweezy e Magdoff, *Economic History as It Happened*, p. 103-4.

Isso também significa que a ideia de que a busca por maior produtividade é o principal objetivo da criação de redes de produção, conforme proposto pelos estudiosos da racionalização sistêmica, não dá conta de toda a história. Após a crise de 1974-1975, a mídia tradicional e empresarial, incluindo o *New York Times* e a *Business Week*, atribuiu a responsabilidade pela lenta recuperação da recessão severa à "suposta desaceleração" da produtividade do trabalho (definida como a produção por homem-hora de seus trabalhadores). Isso simplesmente significa que, em vez de se concentrar na estagnação persistente e no crescente poder de monopólio na economia dos EUA, os representantes do capital pensam que "os trabalhadores simplesmente não estão produzindo o suficiente".[90] Essa suposta queda na produtividade dos EUA é vista como uma ameaça para o crescimento econômico da nação, assim como o perigo de aumento da inflação e do desemprego. Mas o que foi abordado por economistas, empresários e autoridades governamentais durante esse período não foi precisamente uma queda na produtividade do trabalho; em vez disso, afirmava-se, na verdade, que "a taxa de aumento da produtividade do trabalho nos últimos anos não havia sido tão grande quanto nas décadas do pós-guerra".[91] Mais importante ainda, essa retórica oculta o fato de que a produtividade nunca deixou de aumentar. Acompanhado por exemplos da indústria automobilística dos EUA, Magdoff e Sweezy concluem, em outro artigo publicado um ano depois:

> Toda essa manipulação estatística efetivamente serviu para ocultar as implicações mais profundas das mudanças na produtividade na história recente do capitalismo. A verdade é que foi o enorme e persistente crescimento da produtividade na fábrica e no campo que proporcionou um excedente suficiente de bens para sustentar o crescimento de uma economia de serviços em expansão e cada vez mais complexa [...]. E se esse aumento muito real na produtividade

---

[90] Harry Magdoff and Paul M. Sweezy, "Productivity Slowdown: A False Alarm", *Monthly Review* 31/2 (jun.1979), p. 1.

[91] Magdoff e Sweezy, "Productivity Slowdown", p. 2.

> do trabalho aparece cada vez menos em benefícios para a massa de pessoas, a razão é a crescente irracionalidade e desperdício do capitalismo monopolista, à medida que canaliza cada vez mais trabalho para atividades relacionadas à geração e gasto de lucros e cada vez menos em empreendimentos úteis que poderiam servir às necessidades da população.[92]

Visto sob essa perspectiva, aumentar a produtividade na era das cadeias de valor-trabalho não é um objetivo em si mesmo. O que o capital global busca por meio da arbitragem global do trabalho são, como discutido no capítulo "Cadeias de valor-trabalho das mercadorias: relações de poder e classe na economia mundial", baixos custos unitários do trabalho. E estes dependem não apenas da produtividade do trabalho, mas também dos salários, o preço da força de trabalho.[93] Sim, a racionalização sistêmica e a produção enxuta e flexível podem proporcionar meios para aumentar a produtividade, mas isso não é apenas forçado pelo desenvolvimento da tecnologia da informação ou pela necessidade de compensar uma perda experimentada pelo capital nos tempos de crise. Em vez disso, a produtividade do trabalho é "potencializada pelas necessidades do processo de acumulação de capital", nas quais os meios de explorar o trabalho são continuamente buscados e aplicados à produção.[94]

Deixando essa questão de lado, os estudos sobre racionalização sistêmica e produção flexível são particularmente úteis para colocar a questão significativa do controle no âmbito das cadeias de mercadorias, conectando os funcionamentos abstratos da economia capitalista mundial e os processos concretos que ocorrem entre as empresas, bem como dentro destas (relações trabalho-gestão e processo de trabalho). Mas é preciso ter cuidado. Eles são úteis desde que sejamos capazes de recontextualizar a questão dentro do quadro

---

[92] Harry Magdoff e Paul M. Sweezy, "The Uses and Abuses of Measuring Productivity", *Monthly Review* 32/2 (jun.1980), p. 7.

[93] Ver também Edwards, "Social Relations of Production at the Point of Production", p. 110-11.

[94] Braverman, *Labor and Monopoly Capital*, p. 141.

dos funcionamentos da exploração e da acumulação de capital sob o capitalismo monopolista.

Além disso, também precisamos considerar o contexto geográfico de nossa abordagem. Enquanto os estudos sobre CGM/CGV carecem do componente de poder e controle, eles geralmente têm escopo global, uma característica ausente na maioria dos estudos realizados utilizando a estrutura de racionalização sistêmica, já que geralmente se concentram em indústrias europeias (especialmente alemãs). A mesma questão pode ser aplicada ao trabalho de Harrison. Embora inclua uma discussão sobre o alcance global da Nike em um de seus capítulos, ele ainda se concentra principalmente na formação de redes na tríade e suas consequências para os trabalhadores e sindicatos dos EUA. Como aponta Devine, "a globalização do capitalismo nos leva a transcender o nacionalismo implícito de Harrison".[95]

O próximo capítulo é uma tentativa de contribuir para esse debate. Ao utilizar exemplos de empresas locais da Indonésia que atendem a multinacionais em cadeias de valor-trabalho, pretendo fornecer uma análise dessas cadeias, adotando os pontos fortes das várias abordagens que discuti até agora.

---

[95] Ver Devine, "Lean and Mean", p. 52.

"Somos apenas costureiras": estudos de caso de duas empresas indonésias

> Eu sei que o departamento de vendas deve atender aos clientes, mas também precisamos educá-los, para que nossa empresa possa funcionar sem problemas. Dessa forma, não é sempre que fazemos A quando um cliente nos pede para fazer A. Se eles querem B, nós damos a eles B. Como está agora, apenas seguimos a orientação deles e, como temos muitos clientes, temos que correr para todo lado.
>
> Executivo da Star Inc.

> É por isso que, na gestão, não podemos nos dar ao luxo de sermos vagos. Não devemos ser. Devemos ser rígidos. Se sim, diga sim. Seja claro [...]. Não é fácil gerenciar recursos humanos [...]. Devemos ser cuidadosos; se cometermos um erro em nossa decisão, já era. Tudo vai desmoronar. Os trabalhadores ficariam desconfortáveis, e, finalmente, eles recorreriam a uma terceira parte, a um sindicato. Então o caos se instalaria.
>
> Executivo da Star Inc.

Em um artigo de 2016 escrito por um economista do Banco Asiático de Desenvolvimento, a Indonésia é aclamada como um país com "mão de obra dinâmica e jovem" que se tornou "um ímã para investimentos estrangeiros" e "um motor de crescimento econômico" ao longo dos últimos 20 anos. De fato, como mencionado anteriormente, a Indonésia tem sido um terreno fértil para Investimentos Estrangeiros Diretos, com entradas líquidas que geralmente mostram uma tendência de alta por algumas décadas após os anos 1970, com apenas alguns declínios, especialmente após a crise de 1997. E quando houve uma diminuição, como a ocorrida recentemente em 2018, o governo indonésio respondeu rapidamente melhorando os incentivos para investidores com o objetivo de atrair mais investimentos estrangeiros, como reformular o "esquema de feriado fiscal" [*tax holiday*] ao reduzir o limite para elegibilidade em isenções fiscais sobre o imposto de renda corporativo, incluindo mais setores industriais elegíveis para os incentivos, e fornecendo um "processo de candidatura mais rápido" para eles.[1]

Além do IED, a Indonésia ocupa o terceiro lugar – "derrotada" apenas pela China e Índia, embora a porcentagem seja muito menor que nesses dois países – em participação de todos os empregos nas cadeias globais de mercadoria. Isso sugere que a Indonésia também se tornou um destino para a Estratégia de País de Baixo Custo, ou arbitragem global do trabalho, onde empresas locais produzem materiais ou produtos como fornecedores para empresas estrangeiras, incluindo corporações multinacionais. A Nike Corporation é um exemplo. Ela transferiu sua produção da Coreia do Sul para a Indonésia na década de 1980, antes de sair e mudar para a China, em sua busca implacável para encontrar os custos unitários de trabalho mais baixos.[2]

Mas o exemplo clássico de trabalhadores de baixa remuneração na Indonésia, na maioria mulheres, costurando roupas ou montando eletrônicos para multinacionais em *sweatshops* localizadas

---

[1] Emma Allen, "Raising Indonesian Labor Productivity", *Asian Development Bank*, 9 ago. 2016: http://www.adb.org; Chandra Gian Asmara, "Demi Asing, Ini Sederet Insentif yang Siap Diobral Pemerintah", *CNBC Indonesia*, 12 nov. 2018; Marchio Irfan Gorbiano, "Minister Sri Mulyani Woos Investors to Bring in FDI to Indonesia", *Jakarta Post*, 1 fev. 2019; Iswari Anggit, "Alasan di Balik Penambahan Sektor Penerima Tax Holiday", *CNBC Indonesia*, 16 nov. 2018.

[2] Cynthia Enloe, *The Curious Feminist: Searching for Women in a New Age of Empire* (Berkeley: University of California Press, 2004).

"Somos apenas costureiras": estudos de caso de duas empresas indonésias 133

em Zonas de Processamento de Exportação, não é a única forma pela qual os países do Sul Global são incorporados à produção globalizada. Existem algumas variações; entre elas estão as duas empresas indonésias que são objetos de estudo de caso aqui, Java Film e Star Inc.[3] Ambas são empresas B2B (*business-to-business*) que, frequentemente, são referidas como empresas pertencentes à categoria "intensivas em capital", em oposição às indústrias "intensivas em mão de obra" como têxteis e eletrônicos, embora o número de trabalhadores varie de acordo com diferentes segmentos de sua produção. A Java Film é uma fabricante de plásticos. Seu plástico, conhecido como filme, é geralmente vendido como material para "embalagens flexíveis" usadas para uma variedade de produtos bens de consumo de movimento rápido, também conhecidos como bens de consumo embalados (CPG), desde embrulhos de cigarro até rótulos de xampu e embalagens de alimentos. Seus clientes podem ser: 1) as empresas que produzem cigarros, xampu e variedades de alimentos, para as quais vendem o filme diretamente; ou 2) empresas que atuam como conversores, ou seja, que colocam logotipos, textos etc. no filme liso e os transformam em rótulos de embalagem. A Star Inc. é um exemplo desse último tipo. Eles compram materiais de empresas como a Java Film e os personalizam. Dependendo dos pedidos dos clientes, às vezes os bens finais produzidos pela Star Inc. estão na forma de plástico filme impresso, ou "sacos" de embalagem, como os sacos *stand up pouch* para alimentos como molhos.

Então é possível que a Java Film e a Star Inc. tenham os mesmos clientes, e, muitas vezes, isso acontece. Entre eles, estão várias gigantes multinacionais. A maioria delas está sediada na tríade – Estados Unidos, Europa Ocidental e Japão –, para onde exportam seus produtos diretamente (ou, em pouquíssimos casos, para suas subsidiárias em países vizinhos do Sudeste Asiático). Essa parte da

---

[3] São pseudônimos. Consultar "Apêndice 2: Notas sobre a metodologia para os estudos de caso" para obter mais informações sobre o trabalho de campo.

produção é um exemplo direto da participação dessas empresas nas cadeias de valor-trabalho. Elas fornecem para multinacionais no Norte Global, exportando os materiais de embalagem usados pelas marcas pertencentes a essas multinacionais, para serem consumidos no mercado doméstico.

Além disso, existem variações nos destinos desses produtos quando eles são finalizados. A maioria dos produtos acabados (aproximadamente 70% para cada empresa) são enviados para outras fábricas, também na Indonésia, que processam os produtos finais, onde enchem as embalagens com o conteúdo apropriado. Nisso, também há variações. Se os clientes são locais (alguns são grandes conglomerados indonésios), as embalagens acabadas são enviadas para as fábricas de seus clientes; se são multinacionais, elas são enviadas para a subsidiária multinacional na Indonésia. Depois que as embalagens são preenchidas com seus produtos, essas marcas multinacionais são então exportadas para outro lugar, incluindo para o mercado doméstico, pelas subsidiárias. No entanto, grande parte dessas marcas é vendida diretamente no varejo dentro do mercado nacional. Os executivos que entrevistei me disseram que essa prática – vender os produtos onde são produzidos – é uma estratégia comum para gigantes multinacionais, na tentativa de minimizar os riscos e cortar os custos de produção. Obviamente, é uma opção muito mais eficiente em termos de custo em comparação com a produção desses produtos nos países onde as multinacionais estão localizadas e, em seguida, exportando-os para seus mercados no exterior.

As encomendas de exportação são consideradas importantes e significativas para essas duas empresas. Embora a parcela de exportações em sua produção não seja tão grande quanto a componente doméstica, elas designam gerentes especiais – que também entrevistei – para lidar com as exportações. Apesar desse fato, e embora a Java Film e a Star Inc. não se envolvam exclusivamente em exportações diretas e seus produtos também sejam consumidos na Indonésia, como veremos, os principais clientes que

"Somos apenas costureiras": estudos de caso de duas empresas indonésias 135

encomendam esses produtos incluem grandes multinacionais e, devido a isso, as empresas lidam com muitas questões relacionadas à produção flexível impulsionada por multinacionais dominantes, mesmo quando as multinacionais são representadas por suas subsidiárias. Os procedimentos operacionais são os mesmos em sua produção de embalagens para multinacionais, quer os bens se destinem à exportação, quer ao mercado local. Seu arranjo comercial com multinacionais é fundamental aqui, e é a relação deles com seus clientes multinacionais que será o foco deste capítulo. Independentemente da diferença no destino de sua produção, essas empresas ainda estão sujeitas aos mesmos processos que caracterizam a racionalização sistêmica e a produção flexível. Elas são subcontratadas de terceiros que fornecem para multinacionais, enquanto também têm seus próprios fornecedores, nacionais e estrangeiros. Nesse sentido, desempenham o papel de empresas dependentes dentro das cadeias de valor-trabalho.

Os estudos de caso dessas empresas não têm a intenção de servir como uma generalização, mas sim como uma análise complementar que pode ajudar a fornecer uma imagem concreta do que realmente acontece nas fábricas onde as mercadorias são produzidas. Embora já haja muitas análises acadêmicas e relatórios em revistas sobre como as fábricas no Sul Global são administradas e como isso afeta seus trabalhadores, neste estudo, apresento o ponto de vista da gestão de duas empresas dependentes para examinar sua relação com clientes multinacionais, assim como com sua força de trabalho em meio aos processos de racionalização sistêmica e produção flexível que governam essa relação. Suas opiniões nos proporcionam uma visão sobre a posição das empresas dentro das cadeias de valor-trabalho: como representantes do capital do Sul Global, que, por um lado, são subordinadas a multinacionais sediadas no Norte Global, mas, por outro lado, exploram sua própria mão de obra.

A discussão está dividida em três seções. A primeira examina como as empresas multinacionais dominantes controlam o conhecimento tecnológico nas cadeias de valor-trabalho, privando as empresas dependentes de sua autonomia. A segunda se concentra na questão da flexibilidade, especialmente em termos dos processos específicos exigidos pelas multinacionais de seus fornecedores, e a terceira examina como tais processos possibilitam diversas formas de controle sobre o trabalho e o processo de trabalho.

Controle da tecnologia

Atualmente, a tecnologia é um componente central das cadeias de valor-trabalho. Seu desenvolvimento, especialmente o da tecnologia da informação, permite que a produção seja realizada fora das empresas principais, mas com controle exercido em grande parte por elas. Tanto as teorias de racionalização sistêmica quanto as de produção flexível rejeitam a ideia de que as supostas redes de produção descentralizadas ou cadeias de mercadorias oferecem um ambiente mais igualitário para pequenas empresas. Isso, claro, é verdade também em âmbito global. Exemplos da Java Film e da Star Inc. ilustram essa situação. Como fornecedores dependentes, elas não têm controle sobre muitos aspectos de suas operações, como veremos. Uma das características mais importantes é a tecnologia. Visto sob um olhar crítico, mesmo quando as empresas veem a tecnologia como seu caminho para se destacar em suas respectivas indústrias, sua relação comercial com seus clientes, especialmente multinacionais, sugere que, no final das contas, o controle sobre a tecnologia ainda é exercido por estes últimos. Assim, seria muito difícil para as empresas dependentes terem autonomia significativa em termos de seu desenvolvimento tecnológico e inovação.

A Java Film e a Star Inc. não são as fábricas de vestuário, tênis ou eletrônicos retratadas em diversos estudos, periódicos ou campanhas sobre o impacto devastador da produção globalizada nos trabalhadores de montagem, principalmente mulheres. A maioria de seus executivos diferenciou suas empresas daquelas em indústrias intensivas em mão de obra e enfatizou seus componentes tecnológicos e de P&D. Dentro de suas fábricas – exceto em alguns segmentos de seus locais de produção nos quais ainda existem algumas formas de linhas de montagem (embora nada parecido com o que se encontraria em fábricas da Foxconn, por exemplo), você encontraria apenas linhas de máquinas trabalhando automaticamente, com alguns trabalhadores aqui e ali pelos pisos das lojas, a maioria deles homens.[4] Essas máquinas são operadas remotamente a partir de uma sala repleta de computadores. Claro, o trabalho ainda desempenha um papel importante nessas duas empresas, e os processos de trabalho estão sujeitos a controle, e as condições de trabalho podem ser

---

[4] Os trabalhadores no chão de fábrica de ambas as empresas são, majoritariamente, homens, exceto em alguns segmentos de produção nos quais a intensidade do trabalho é maior – o segmento de "acabamento" na Java Film e o segmento de fabricação de sacos na Star Inc. Este último é particularmente composto por trabalhadoras. Esse é um assunto que não discuto aqui, mas vale ressaltar que esta composição de gênero dos trabalhadores se baseia em pressupostos subjacentes à divisão do trabalho, nos quais trabalhadores em indústrias intensivas em mão de obra e orientadas para a exportação são predominantemente mulheres devido aos estereótipos relacionados à sua "destreza" e "docilidade"; ver Annette Fuentes e Barbara Ehrenreich, *Women in the Global Factory* (Cambrdige: South End Press, 1983); Leslie Salzinger, *Genders in Production: Making Workers in Mexico's Global Factories* (Berkeley: University of California Press, 2003). Os executivos que entrevistei me disseram que a razão para a contratação predominantemente de homens era porque suas empresas eram consideradas indústrias pesadas, e os trabalhos realizados eram tarefas de "alta intensidade" que exigiam a "força dos homens". A razão alegada para a contratação predominantemente de mulheres em segmentos como a fabricação de sacos também estava repleta de estereótipos de gênero, nos quais as mulheres eram consideradas mais "cuidadosas" e capazes de "prestar atenção aos detalhes". Essas qualidades foram consideradas importantes pelos entrevistados porque, na fabricação de sacos, os trabalhadores precisam evitar cuidadosamente erros e minimizar o risco de ter os produtos devolvidos pelos clientes. Além disso, eles tinham que prestar atenção a pequenos detalhes, como garantir que não houvesse pequenos insetos como mosquitos presos nos sacos que fabricavam. Se houvesse um único mosquito preso em um saco, *toda* a remessa de produtos seria devolvida, gerando grandes perdas para a empresa.

problemáticas. Mas, visto de fora, o que vem à mente é a ideia de fábricas de alta tecnologia, modernas e limpas. Um executivo da Java Film até me disse: "Posso dizer com confiança que somos a fábrica mais limpa que já existiu na Indonésia [...]. Quando os técnicos de nossos fornecedores de máquinas nos visitaram da Alemanha, eles disseram: 'Nossa, vocês são realmente limpos'". Na planta da Star Inc., é possível visitar o escritório de P&D e encontrar um laboratório moderno equipado com ferramentas de alta tecnologia.

O ponto não é apenas que essas fábricas podem ser consideradas excepcionais em termos de limpeza – ambas produzem filmes simples ou materiais de embalagem para muitas empresas de alimentos, então a higiene é um fator importante –, mas também que a alta administração afirma que suas empresas se destacam em tecnologia e P&D. Na verdade, tanto a Java Film quanto a Star Inc. se veem como atores no mercado de nicho de suas respectivas indústrias, uma especialidade que se concentra em produtos "de alta qualidade" e "de alta margem de lucro". No caso da Java Film, isso significa que, com raras exceções – nos casos em que produzem produtos de baixo custo apenas para manter o relacionamento com determinados clientes – eles não produzem o que chamam de "*commodities*", como sacos plásticos. Eles produzem apenas produtos especializados, como filmes plásticos simples que servem como material para embalagens de cigarros ou produtos alimentícios (como salgadinhos ou caixas de chá), ou material de laminação para capas de revistas ou caixas de *smartphones*. Esses produtos são considerados de alta qualidade por pelo menos dois motivos, de acordo com os executivos da Java Film: ou 1) suas especificações não podem ser facilmente produzidas por qualquer empresa de plástico, ou 2) mesmo que as especificações não sejam tão especiais, os produtos são projetados especificamente para se ajustar bem às máquinas de seus clientes. Para a Star Inc., produtos "de alta qualidade" (ou "média-alta") estão relacionados à com-

"SOMOS APENAS COSTUREIRAS": ESTUDOS DE CASO DE DUAS EMPRESAS INDONÉSIAS 139

plexidade dos seus materiais; por exemplo, embalagens feitas de papel alumínio, um material aparentemente difícil de manipular.

Para ambas as empresas, concentrar sua produção em produtos de alta qualidade é, acima de tudo, uma estratégia para sobreviver à concorrência dentro de suas respectivas indústrias, reduzindo assim o escopo de sua concorrência. Os executivos da Java Film frequentemente expressaram sua incapacidade de concorrer com fabricantes de plástico chineses e indianos devido à sua escala. Como um deles disse:

> Muitos dos grandes fabricantes indianos e chineses que são nossos concorrentes têm muitas linhas, tipo 15, 16 máquinas grandes. Mas eles vendem filmes muito básicos, como sacolas plásticas [...]. Não competimos com isso. Tentamos ter nosso próprio mercado de nicho. Então, mercado de nicho significa [...] preço estável, não flutua muito. Esse é o tipo de mercado que queremos.

O caso é semelhante para a Star Inc., que "prefere" competir com algumas das empresas de conversão consolidadas que também produzem produtos de qualidade média-alta em vez de competir com várias outras empresas, grandes e pequenas, que ainda fabricam produtos de baixa qualidade, como embalagens de doces. Com isso, a Star Inc. não precisa se preocupar com o surgimento de muitas novas fábricas de conversão menores, já que não as consideram como concorrentes ameaçadoras.

Quando conversei com os executivos de ambas as empresas, "inovação" parecia ser a palavra da moda. Por atuarem em um nicho de mercado, eles me disseram que a inovação e a pesquisa se tornaram seu foco. Alguns executivos afirmavam que "a inovação é fundamental", e sua ênfase na diversificação de produtos – a fabricação de vários filmes especiais (para a Java Film) ou materiais de embalagem (para a Star Inc.) – deriva dessa ideia. Novamente, com o objetivo de reduzir a concorrência, um executivo da Java Film argumentou que eles precisavam "fazer uso da tecnologia e das técnicas de desenvolvimento de produtos" que tinham na época para não terem que enfrentar a concorrência dos grandes fabricantes de plástico com plantas gigantes. Essa noção também foi considerada na Star Inc. Um executivo expressou isso em termos de ser líder na indústria de conversão: "Costumávamos ser seguidores, mas agora queremos ser líderes. Por isso, devemos buscar outras inovações – novas tecnologias, as últimas inovações e máquinas de ponta". Alguns pareciam mais otimistas que outros sobre esse assunto, mas houve um consenso entre os executivos das duas empresas de que eles pelo menos eram "forçados" a serem mais "voltados à tecnologia" do que outras empresas semelhantes porque estavam atuando em um nicho de mercado.

À primeira vista, essa situação parece corresponder à ideia de "prosperidade das pequenas empresas" que Bennett Harrison rejeita: empresas de menor porte, como a Java Film e a Star Inc., podem se destacar porque se concentram em um nicho de mercado centrado no desenvolvimento tecnológico.[5] Mas, uma vez que investigamos mais a fundo, as coisas não são como parecem. Ao aprofundar mais sobre a questão da tecnologia e P&D, ficou claro que os executivos estavam cientes de que tinham autonomia e controle limitados em tecnologia, entre outros problemas. Há, é claro, alguns tipos de aplicação "inovadora" da tecnologia em ambas as empresas. Na Star Inc., por exemplo, eles tentam aplicar as técnicas de impressão mais eficientes, que, em geral, produzem melhores resultados para seus produtos. Mas a tecnologia vem de empresas mais desenvolvidas nas indústrias, muitas vezes de países capitalistas centrais, e então é aprendida e adotada pelos técnicos da Star Inc. Na Java Film, eles tentam se destacar, por exemplo, na escolha de materiais perfeitos, incluindo o uso de aditivos melhores (materiais que não são as principais matérias-primas, como resina) que podem aumentar a qualidade de seus produtos. Eles também fizeram pequenas inovações, como a criação de materiais para envelopes com janela que não requerem adesivos.

---

[5] Bennett Harrison, *Lean and Mean: The Changing Landscape of Corporate Power in the Age of Flexibility* (Nova York: Basic Books, 1994).

"SOMOS APENAS COSTUREIRAS": ESTUDOS DE CASO DE DUAS EMPRESAS INDONÉSIAS 141

Mas na maioria das vezes, para essas duas empresas, o que é considerado inovação é tão somente a atenção à necessidade do cliente, ou seja, encontrar uma combinação de produtos que melhor se adapte a ele. Por exemplo, um produto de embalagem feito para xampu líquido, cujo prazo de validade é de cinco anos, é diferente de um produto de embalagem feito para um produto alimentício, cujo prazo de validade é apenas de seis meses. Além disso, eles precisam pensar sobre o clima. Que tipo de material é adequado para armazenar mercadorias em um clima úmido da Indonésia, ou adequado para o clima dos países para os quais enviam seus produtos, no caso de exportações? Na Star Inc., eles frequentemente têm que testar uma nova composição para atender corretamente à especificação fornecida por um cliente. Pouco antes das entrevistas, a Star Inc. teve que desenvolver uma embalagem para óleo de cozinha que passasse no "teste de queda" de dois metros. Eles tiveram que encontrar a composição ideal para essa embalagem, com base nas especificações fornecidas pelo cliente. Por exemplo, quantos microns devem ser aplicados para a espessura? Ou qual é a proporção ideal dos materiais brutos, ou seja, quanto nylon e quanto polietileno de baixa densidade devem ser usados? Essas são práticas comuns na Star Inc.

Às vezes, há espaço para sugestões, quando os departamentos de P&D da Java Film e da Star Inc. sugeririam vários desenvolvimentos de produtos aos seus clientes. Um exemplo interessante é o uso de materiais oxibiodegradáveis. A Java Film conseguiu adotar essa tecnologia de fora e depois a sugeriu a alguns clientes multinacionais que produziam lanches embalados, como batatas fritas, acondicionados em embalagens que não eram biodegradáveis. Os clientes recusaram a sugestão, alegando que o preço era muito alto, bem como que não haveria garantia de práticas seguras de armazenamento. Como relatou um executivo da Java Film: Os clientes não querem pagar um preço mais alto por isso. Há também de se levar em conta a condição de armazenamento. A Indonésia é bastante diferente. Exposição direta ao sol. Quando você tem um filme biodegradável, ele se deteriorará após alguma exposição ao sol e ao oxigênio. Portanto, é difícil, já que a gestão da cadeia de suprimentos na Indonésia ainda está caótica.

No entanto, os clientes frequentemente pedem sugestões quando se trata de redução de custos. Os clientes multinacionais são bons nisso. E, às vezes, esse fenômeno é confundido com a ideia de "inovação", talvez influenciado pela retórica dos próprios clientes, que pressionam seus fornecedores dependentes a "inovar" para acomodar sua necessidade de reduzir custos. Um pedido comum de multinacionais é para que a Java Film e a Star Inc. forneçam materiais o mais finos possível que ainda possam funcionar para suas especificações e não reduzam muito sua qualidade. Um exemplo foi dado por um membro da equipe de *marketing* da Star Inc., que me disse que um cliente multinacional sediado na Europa estava "muito ansioso para nos pedir para inovar – que tipos de redução de custos podemos oferecer?". Todos os anos, esse cliente convida representantes da Star Inc. para participar de seu seminário de inovação. "Temos que ter ideias, contribuir para o desenvolvimento das especificações do produto, seja as iniciadas por eles ou por nós. Temos que dizer ao cliente: 'Olha, temos uma nova máquina agora, podemos fazer isso ou aquilo'. Eles nos sugerem uma atualização a cada três meses".

Para os executivos de fornecedores dependentes cujas empresas não têm controle sobre a tecnologia, às vezes essa ordem para inovar se traduz em uma oportunidade para aprender. O que é importante em suas cabeças é que suas empresas tenham acesso ao *know-how* das multinacionais e o usem em seu próprio benefício. É comum que clientes multinacionais peçam à Java Film e à Star Inc. para reduzir a espessura de seus materiais – como reduzir os microns ou as camadas – em busca de redução de custos, como ilustrado neste exemplo:

> [Clientes em potencial de uma multinacional com sede na Europa] solicitaram uma reunião. Eles disseram: 'Queremos fabricar esta

"Somos apenas costureiras": estudos de caso de duas empresas indonésias **143**

embalagem'. Digamos que, antes, tinha 12 microns [de espessura]; agora eles queriam que fosse apenas oito microns. E, então, eles nos pediram para compartilhar: 'Quanto vocês podem economizar? Quanto de economia podem oferecer se usarem tais e tais materiais?' Chegou ao ponto de eles chamarem o fornecedor desse material de oito microns para se reunir conosco para que a Star Inc. pudesse comprá-lo deles. Se então houvesse muito desperdício em nossa fábrica, eles nos chamariam para outra reunião. Eles exigiam que corrigíssemos o problema [...]. Mas no caso de embalagens assim, há muito desenvolvimento ao redor. É por isso que, na verdade, um dos benefícios de ter multinacionais como clientes é que elas sempre criam tendências, têm inovações. E como já somos o fornecedor preferido delas, seremos os primeiros a ter a oportunidade, antes dos outros, de aprender com elas. Devemos aproveitar esta oportunidade.

Tal estímulo à inovação por parte de clientes como esse frequentemente cria conflitos e mal-entendidos dentro da gestão da Java Film e da Star Inc. Quando o *marketing* transmite uma mensagem assim para a equipe de P&D, ele espera que a equipe se envolva em inovações revolucionárias. Como expresso por outro executivo da Star Inc.:

É aqui que a equipe de *marketing* entende errado. Eles exigem que nosso P&D desenvolva um material que seja, digamos, melhor do que o de nossos concorrentes. Isso é difícil para nós. Não temos a capacidade de manipular materiais. O que podemos fazer é simplesmente trocar um material por outro – de outro fornecedor, quero dizer.

Mas mesmo fabricantes de plástico como a Java Film têm capacidades muito limitadas para inovar em materiais revolucionários. Eles, assim como a Star Inc., também estão ocupados com as demandas de seus próprios clientes, especialmente os multinacionais. Um executivo da Java Film me disse:

As multinacionais frequentemente nos solicitam: 'Você pode fazer isso e aquilo?' [...] Bem, elas têm melhor tecnologia, então o que elas já sabem, nós não sabemos, é por isso que nos fazem muitos pedidos. Para os clientes locais, é o contrário, [...] podemos dizer a eles: 'Por que não mudamos assim, não é melhor?'

As multinacionais podem muito bem ser um modelo para fornecedores dependentes, mas estes só podem desejar alcançar tal *status*, especialmente em termos de pesquisa e desenvolvimento. Mesmo quando pessoas dos departamentos de P&D ou produção estão dispostas a se envolver em esforços para contribuir para inovações significativas, suas tentativas muitas vezes são interrompidas por executivos de outros departamentos, especialmente aqueles que se concentram na flexibilidade da empresa, como os dos departamentos de *marketing* ou finanças. Como disse um executivo da Star Inc., na verdade, é possível fazer um esforço, "mas o problema é, estamos dispostos a gastar dinheiro? A pesquisa precisa de financiamento [...]. Se olharmos para as multinacionais, elas sempre têm um orçamento para seu P&D, e é enorme". Outro executivo da Star Inc. conclui que, pelo menos por um tempo, sua empresa "ainda seria um seguidor", porque a tecnologia que eles têm "veio toda de fora!". O melhor que podem fazer, segundo outro executivo da Star Inc., é copiar essa tecnologia:

> O conhecimento está lá, está sendo compartilhado. Você não pode dizer que pode construir o seu próprio sem a ajuda dos EUA [ou da Europa], porque basicamente eles estão em todos os lugares agora. Eles podem desenvolver a tecnologia, mas você pode comprar essa tecnologia. Isso é o que a China tem feito. Eles desenvolveram, a China copiou [...]. Então cabe a nós aproveitarmos esses recursos e fazer uso deles.

Esse tom alegre, no entanto, esconde uma preocupação importante de muitos dos executivos, um medo de ser realmente dependentes das empresas dominantes que os alimentam. Embora nem todos compartilhassem esse sentimento, um certo termo era bem conhecido entre os executivos que entrevistei: "costureira". Conversas entre eles expressavam o medo de que eles estivessem apenas adaptando-se às especificações dadas por seus clientes sem terem qualquer agência ou autonomia significativa. A relação entre eles e seus clientes multinacionais, em particular, claramente não é igualitária. Isso foi expresso sucintamente por um executivo da Star Inc.: "Do jeito que eu vejo,

"Somos apenas costureiras": estudos de caso de duas empresas indonésias

como uma empresa de conversão, quando lidamos com multinacionais, parece que somos apenas uma costureira. É isso que somos." Em indonésio, a palavra "costureira" [*tukang jahit*] denota uma pessoa que aceita vários pedidos de pessoas em sua casa ou em seu pequeno ateliê. Ao contrário de um alfaiate habilidoso e distinto, uma costureira muitas vezes aceita trabalhos não especializados, como ajustar calças muito grandes, costurar botões em camisas etc. É assim que eles se veem como empresas, devendo aceitar pedidos de clientes poderosos que ditam o que fazer no processo.

Todos esses exemplos ilustram o destino das empresas dependentes. Como fornecedores a jusante das empresas dominantes, elas não têm a capacidade de se envolver em inovações significativas que possam permitir alcançar o intricado emaranhado das cadeias de valor-trabalho. O conhecimento, o *know-how*, é controlado de perto pelas empresas dominantes por vários meios, incluindo o direcionamento da forma como a pesquisa e o desenvolvimento são feitos nas empresas dependentes. O sonho da Java Film e da Star Inc. de se tornarem líderes muito provavelmente permanecerá um sonho. A tecnologia que possuem é principalmente aquela dada por seus clientes – a introdução de novos materiais para determinadas especificações de produtos; a aplicação de certos processos de acordo com as necessidades dos clientes; a manipulação de misturas de produtos para acomodar imperativos de redução de custos de seus clientes; e assim por diante. As empresas multinacionais centrais – com suas instalações de ponta e seu acesso direto a tecnologias inovadoras em suas sedes de primeiro mundo – provavelmente permanecerão no topo das hierarquias. Sua "abrangência global", para emprestar o termo usado pelos estudiosos radicais Richard Barnet e Ronald Müller, lhes permite também controlar para onde seu conhecimento tecnológico vai e como deve ser aplicado.[6] Como expresso por um executivo da Star Inc.:

---

[6]   Richard J. Barnet e Ronald Müller, Global Reach (Nova York: Simon and Schuster, 1974).

> As multinacionais geralmente estão à frente em termos de tecnologia porque têm alcance global. O que o mundo está fazendo, elas serão as primeiras a entender, em comparação com [nós] as empresas locais. Essa é a diferença. Sua tecnologia é muito avançada. Mas isso nos obriga a continuar melhorando nossa própria tecnologia, nossa P&D.

O problema é que, como sugerido acima, tais esforços por parte de fornecedores dependentes para melhorar seu conhecimento tecnológico ou a autonomia são frequentemente abortados pelas constantes demandas de clientes multinacionais para fazer as coisas de modo que atendam, exclusivamente, às suas necessidades. A racionalização sistêmica permitiu que empresas dominantes transferissem suas responsabilidades em grande parte dos aspectos da produção para seus fornecedores dependentes. Em termos de tecnologia, o imperativo de reduzir custos é repassado a esses fornecedores por meio de várias solicitações. Mas, como veremos abaixo, a tecnologia não é o único meio pelo qual empresas dominantes tentam sustentar e aprimorar o controle nas cadeias de valor-trabalho. A produção flexível deu origem a uma infinidade de "mecanismos racionais" que permitem sistematicamente às empresas dominantes governarem essas cadeias. Essas empresas não são apenas uma costureira no sentido de sua falta de controle sobre a tecnologia, mas também em outras áreas.

Flexibilidade exigida

Indonésia: Onde a produção acontece e o mercado é o alvo

Flexibilidade é uma das principais características nas cadeias de valor-trabalho atualmente. E uma forma de flexibilidade, como aponta Harrison, é a funcional, na qual empresas dominantes dentro das cadeias adotam novas tecnologias e outros meios que lhes permitem se envolver em rápido design de produtos ou mudanças nos instrumentos de produção.[7] Essa "necessidade" de se envolver em

---

[7]   Harrison, *Lean and Mean*, p. 129.

"SOMOS APENAS COSTUREIRAS": ESTUDOS DE CASO DE DUAS EMPRESAS INDONÉSIAS **147**

produção flexível é frequentemente impulsionada pelas demandas "flutuantes e em mudança" do mercado.[8] No contexto do capitalismo monopolista, tais demandas impulsionam empresas dominantes oligopolistas, como multinacionais com sede na Europa ou nos EUA, a competir entre si em inovações de produtos e estratégias de *marketing* visando capturar uma maior participação no mercado.

Em alguns casos, o mercado alvo é aquele em que a produção ocorre. A Nike, por exemplo, não apenas relocou a produção para a China, mas também aproveitou o potencial de mercado do país mais populoso do mundo. Como escreve Walter LaFeber: "Pois se mão de obra barata proporciona grandes margens de lucro, 1,5 bilhão de consumidores chineses poderiam fornecer lucros líquidos inimagináveis."[9] A Indonésia, o quarto país mais populoso, com mais de 260 milhões de pessoas e crescendo, é outro exemplo disso. Não apenas sua força de trabalho é alvo, mas, por meio de suas subsidiárias na Indonésia, multinacionais competem entre si para capturar esse mercado alvo. Pelas opiniões de executivos da Java Film e da Star Inc. com base nos pedidos que vieram dos clientes, as perspectivas de mercado parecem boas para o negócio de embalagens flexíveis. Muitos dos entrevistados citaram um alto crescimento no consumo de bens embalados na Indonésia como motivo para o sucesso atual de seus negócios e seu otimismo para o futuro próximo. Um executivo da Java Film que ocupa uma posição elevada na hierarquia de gestão expressou isso claramente. Citando informações obtidas de um cliente multinacional gigante com sede na Europa, com centenas de marcas ao redor do mundo, ele disse: "Sabe, eu acho que este país [Indonésia] está crescendo. A uma taxa ridícula. O crescimento dos produtos de consumo rápido, [nosso cliente multinacional] me disse, é de 30% ao ano. Dos últimos três aos próximos dez anos, é louco, 30%." O

---

[8]   Norbert Altmann e Manfred Deiß, "Productivity by Systemic Rationalization: Good Work – Bad Work –No Work?", *Economic and Industrial Democracy* 19 (1998), p. 140.

[9]   Walter LaFeber, *Michael Jordan and the New Global Capitalism* (Nova York: W.W. Norton, 1999), p. 107.

mesmo entrevistado também citou o aumento da capacidade de seu principal cliente conglomerado local como um indicador positivo de que os negócios estão indo bem.

Quando mais tarde entrevistei executivos de gestão da Star Inc., em 2015, o histórico do mercado não era tão otimista, com alguns funcionários citando uma desaceleração na demanda no mercado indonésio nos últimos seis meses. Segundo eles, foi uma anomalia estranha e ocorreu em várias indústrias, incluindo automobilística, têxtil e de produtos de consumo rápido, um padrão que também afetou seus clientes.[10] Um executivo argumentou que isso foi em grande parte influenciado pela desvalorização da rupia indonésia. O que eles não citaram foi que o crescimento econômico da Indonésia como um todo, como documentado em um relatório da OCDE naquele ano, de fato "moderou nos últimos anos, refletindo uma demanda internacional mais fraca e um crescimento lento dos investimentos".[11] Mais importante ainda, o crescimento médio dos salários "foi lento", como mostrou uma revisão do Banco Asiático de Desenvolvimento em 2016, "aumentando menos de 2% ao ano em termos reais nos últimos cinco anos".[12] Sem mencionar a renda *per capita* anual de meros 9.300 dólares em termos de paridade de poder de compra e um coeficiente de Gini crescente (uma medida de desigualdade de renda, por exemplo) na última década.[13]

Mas essas más notícias em esfera macro não pareceram afetar significativamente a Star Inc. Os fatores que a influenciam podem variar, incluindo uma grande greve que ocorreu

---

[10] Ver Tri Artining Putri, "Ekonomi Melambat, Pertumbuhan Ekonomi Tak Tercapai?", *Tempo.Co*, 5 maio 2015; Muhammad Hendartyo, "4 Tahun Jokowi, Rapor Merah Berdasarkan Tolak Ukur RPJMN", *Tempo.Co*, 22 out. 2018.

[11] OECD, *OECD Economic Surveys: Indonesia* (OECD Publishing, 2015), p. 2; ver também "Pertumbuhan Ekonomi Indonesia Melemah", *BBC Indonesia*, 5 ago. 2014.

[12] Em Allen, "Raising Indonesian Labor Productivity".

[13] OCDE, *Economic Surveys: Indonesia*.

"Somos apenas costureiras": estudos de caso de duas empresas indonésias 149

na planta de seu principal concorrente, forçando esses clientes a recorrerem à Star Inc. Ou, como afirmou um executivo que conhece bem a situação financeira da empresa, a Star Inc. "não é amplamente afetada" por desacelerações devido aos perfis de seus clientes: "Nossos 20 principais clientes estão no topo de seus negócios. A maioria dos produtos desses clientes pertencem às principais marcas na Indonésia." Embora não esteja claro se as mesmas características podem ser aplicadas à Java Film, o fato de alguns dos principais clientes da empresa serem empresas de cigarros – locais e multinacionais que atendem mercados locais e estrangeiros, incluindo um dos maiores representantes do setor, uma das principais empresas de cigarros com sede nos EUA, que, na última década ou mais, adquiriu uma das principais empresas de cigarros indonésias – significa que uma pequena desaceleração no crescimento de outros produtos pode ser compensada pela demanda relativamente estável por cigarros, de acordo com um executivo da Java Film que monitora constantemente o Índice de Gerentes de Compras.

Essa fé no promissor padrão de crescimento da taxa de produtos de consumo rápido também foi citada como motivo para a expansão das duas empresas. Durante minhas entrevistas, enquanto a Java Film estava acrescentando uma linha de produção em sua fábrica, a Star Inc. estava construindo um complexo adicional de fábricas. Como expressou outro executivo da Java Film:

> Por que expandimos? Porque é necessário. Claro, antes da expansão, nossa equipe de *marketing* pesquisou isso. Eles viram que a indústria de conversão, a indústria de alimentos embalados – seu crescimento nunca diminuiu. Basta olhar para [um cliente local importante] e podemos monitorá-los. Toda vez que eles adicionavam suas máquinas, nós sabíamos. [Esses grandes clientes] sozinhos absorveram muita de nossa [produção] capacidade [...]. Se a capacidade deles aumentou, é claro que precisamos aumentar a nossa também.

A Java Film não é a única empresa dentro da cadeia de mercadorias que estuda seu mercado. O que é mais interessante é como as empresas dominantes no final das cadeias, como as multinacionais, estudam mercados-alvo como a Indonésia. Empresas que vendem produtos de cuidado diário, como sabonete ou xampu, ou que vendem alimentos, como café ou lanches, ajustam o tamanho e a embalagem de seus produtos de acordo com as preferências do mercado. Esse conhecimento parece ser bem difundido entre as equipes de gestão da Star Inc. Eles me disseram que um grande segmento de consumidores indonésios mostra um padrão de comportamento "único". Uma característica particular é que seu poder de compra mais baixo leva à compra em pequenas quantidades. Como um executivo da Star Inc. coloca:

> A Indonésia ainda é relativamente pobre. Portanto, nos países desenvolvidos, provavelmente é difícil encontrar xampu embalado em pequenos sachês. Você não pode comprar apenas um sachê de xampu ou um sachê de tempero para cozinhar. Eles preferem comprar em frascos, que na verdade são mais baratos [considerando o que você recebe pelo preço]. Eu posso usar o frasco inteiro de xampu por um mês. Mas aqui, comprar em frascos muitas vezes é considerado muito caro. Então eles compram apenas um sachê. Na verdade, no final é mais caro, mas como eles têm uma quantidade limitada de dinheiro para gastar, só podem comprar dessa maneira. Quem se beneficia desse comportamento? Bem, indiretamente, fornecedores de embalagens como nós.

Independentemente de o sucesso desse tipo de embalagem pequena na Indonésia ser de fato causado pelo *status* socioeconômico dos consumidores indonésios, essa citação sugere que este tipo de flexibilidade no design do produto foi buscado por empresas dominantes porque vender produtos em embalagens pequenas é considerado mais lucrativo (à custa dos clientes). Portanto, no final das contas, tais comportamentos de compra são de fato benéficos para fornecedores como a Star Inc., que experimentam um aumento nos pedidos de empresas dominantes que competem para capturar um mercado com características distintivas. Como resultado, não apenas empresas dominantes produzem centenas de marcas, mas também variedades dentro da mesma marca. Na

Indonésia, você pode encontrar muitos tipos de UME (Unidade de Manutenção de Estoque; SKU, na sigla em inglês) de, por exemplo, uma marca específica de xampus anticaspa. Os frascos serão principalmente vendidos em supermercados, mas os sachês serão vendidos em *warungs*, pequenas lojas nos bairros que vendem de tudo, desde sal e açúcar até produtos de cuidado diário.

A questão é como essa estratégia "boa para os negócios" é realmente implementada nas cadeias de valor-trabalho e quais são as consequências para empresas como a Star Inc. em ser a executora de tais processos de produção. A racionalização sistêmica permite que empresas dominantes transfiram as demandas dinâmicas dos mercados "de forma flexível e dentro de prazos cada vez mais apertados para as empresas dependentes e os segmentos da cadeia de produção".[14] Em outras palavras, a responsabilidade de se engajar em tais processos flexíveis é transferida para os fornecedores, ou seja, as empresas dependentes no Sul Global, como a Java Film ou a Star Inc.[15] Como veremos mais adiante neste capítulo, não apenas essa racionalização afeta a organização do trabalho dentro das empresas dependentes – incluindo problemas criados por uma "abordagem flexível" nos processos de produção –, mas também afeta o processo de trabalho que está incorporado nessa organização do trabalho.

"Nós oferecemos maior flexibilidade": o que fornecedores dependentes devem fazer para sobreviver

Um dos principais atrativos comerciais da Java Film é que eles sempre visam fornecer produtos de qualidade e excelente serviço para atender às necessidades dos clientes – o que eles chamam de "orientado para o mercado". Essa ideia tem aspectos de produção

---

[14]   Altmann e Deiß, "Productivity by Systemic Rationalization", p. 140.
[15]   Dieter Sauer, Manfred Deiß, Volker Döhl, Daniel Bieber e Norbert Altmann, "Systemic Rationalization and Inter-Company Divisions of Labour", em N. Altmann, C. Köhler e P. Meil (ed), *Technology and Work in German Industry* (Londres: Routledge, 1992), p. 46-59.

flexível, incluindo a disposição da empresa em adotar "abordagens flexíveis" para lidar com as demandas dos clientes. Na Star Inc., a flexibilidade é ainda mais pronunciada. De fato, é um dos principais atrativos comerciais deles. Todos os executivos da Star Inc. que entrevistei estavam totalmente familiarizados com essa compreensão, e a ideia de flexibilidade parecia governar a organização de trabalho deles como um todo.

A flexibilidade pode significar várias coisas para essas empresas, mas alguns de seus aspectos comuns incluem a capacidade de atender às demandas e antecipar um aumento ou uma diminuição no envio, bem como a disposição para aceitar pedidos urgentes. Um executivo da Star Inc. que frequentemente lida de maneira direta com os clientes me disse: "Por exemplo, o prazo regular de entrega é de 30 dias. Então, depois de recebermos nosso pedido de compra, digamos, hoje, entregaremos as mercadorias em 30 dias a partir de agora. Mas para certos casos, podemos ajudar a acelerar, em menos de 30 dias." Isso muitas vezes significa que a equipe de produção precisa interromper qualquer projeto em que estejam trabalhando e alterar as configurações de algumas de suas máquinas para acomodar o novo pedido. Após a conclusão desse pedido urgente, eles precisam voltar e continuar o processo interrompido (todos esses aspectos serão discutidos na próxima subseção).

O que precisa ser observado aqui é que a flexibilidade parece ser uma estratégia adotada pela Java Film e pela Star Inc. para sobreviver em meio à concorrência de outras empresas de conversão na Indonésia e aquelas localizadas em países vizinhos. Às vezes, a concorrência é sobre quem pode oferecer preços mais baixos, especialmente de outros países, mas empresas como a Star Inc. parecem se preocupar mais em competir com concorrentes fortes em âmbito nacional, porque esses concorrentes domésticos visam os mesmos grandes clientes. Especialmente com seu foco declarado em atuar dentro do mercado de nicho produzindo produtos de alta qualidade, a Star Inc. se preocupa mais com os

"Somos apenas costureiras": estudos de caso de duas empresas indonésias **153**

concorrentes do mesmo nível que podem oferecer produtos de boa qualidade. Um deles é uma multinacional estabelecida na indústria de convesão, Sun Printing (um pseudônimo). Antes um modelo a ser seguido, a Sun Printing agora se tornou mais um rival de qualidade quase igual, de acordo com executivos da Star Inc. Na indústria de conversão, é uma prática comum que empresas de embalagens flexíveis como a Star Inc. não atuem como fornecedoras únicas para seus clientes. Os clientes preferem ter múltiplos fornecedores, especialmente por razões de segurança, caso algum não consiga entregar um envio no prazo. Mas a concorrência entre fornecedores dependentes ainda está presente e viva, especialmente em termos de ser capaz de ficar com a maior parte dos pedidos dos clientes.

A Sun Printing é conhecida por sua qualidade excepcional, mas também tem má fama entre seus clientes, segundo os executivos da Star Inc., por sua rigidez. Devido ao seu sistema estabelecido de produção, a empresa exige que todos os clientes sigam suas regras. Por exemplo, não há exceção para o horário de entrega; tudo tem que ser feito de acordo com seu Procedimento Operacional Padrão (POP). Os executivos da Star Inc. que entrevistei pareciam concordar com uma coisa: a Sun Printing pode sobreviver com um sistema tão rígido porque é uma grande multinacional que já tem poder de barganha e uma forte base de clientes, muitos dos quais são do mesmo país em que a empresa está sediada. A Star Inc. não seria capaz de experimentar o mesmo destino, de acordo com seus executivos, mesmo quando a qualidade de seus produtos está à altura da Sun Printing. A Star Inc. não tem escolha além de oferecer flexibilidade. Como expresso por um executivo: "A [flexibilidade] não pode ser eliminada. Eu acho que não. Se queremos crescer, considerando a escala em que estamos agora, precisamos vender flexibilidade. Isso é um desafio." Outro executivo enfatizou o aspecto da concorrência: "Estamos tentando ser um 'fornecedor estratégico', alguém em quem nossos clientes possam confiar. A flexibilidade nos leva a oportunidades, para que o que nossos concorrentes não conseguem oferecer possa ser nosso ganho [...]. Tudo o que nossos concorrentes não podem fornecer devido a prazos irrazoáveis, nós devemos ser capazes de assumir."

Razões semelhantes foram dadas pelos executivos da Java Film. Um de seus maiores concorrentes nacionais, a Techno Plastic (um pseudônimo), não é tão flexível quanto eles. Se os clientes pedirem uma entrega urgente, ou mais rápida do que o originalmente acordado, a Java Film está disposta a aceitar isso. "Somos orientados para o mercado", disse um dos executivos.

> Somos flexíveis em atender às necessidades de nossos clientes. Significa que, se eles quiserem que entreguemos o produto mais rápido, podemos fazer isso, desde que nos informem com antecedência. A Techno Plastic, não tanto. Porque para acomodar tais mudanças, as configurações da máquina precisam ser redefinidas, e eles não estão dispostos a fazer isso. Na Java Film, podemos gerenciar esse tipo de coisa. É por isso que somos ótimos. Foi isso o que eu ouvi.

Essa estratégia de abrir oportunidades, no entanto, não é aplicável a cada cliente individual. Mais tarde, descobri que quanto mais "de alto nível" o cliente é, mais flexíveis essas empresas podem ser. Há um consenso entre os executivos, tanto na Java Film quanto na Star Inc., de que os clientes "de alto nível" basicamente consistem em dois grupos: 1) grandes conglomerados locais que são líderes em seus mercados e 2) empresas multinacionais. Cada grupo tem seus próprios benefícios para essas empresas – o primeiro pode ter um número maior do que o último, mas as multinacionais fazem pedidos em grandes volumes. Além disso, os proprietários de algumas empresas que pertencem ao primeiro grupo são amigos dos proprietários da Java Film e da Star Inc., o que automaticamente lhes confere alguns privilégios. Mas, de uma forma ou de outra, esses dois grupos são considerados de alto nível porque oferecem esses fatores: margens de lucro elevadas e volumes estáveis.

O que é interessante é que, mesmo que ambos os tipos de clientes sejam considerados de alto nível, a forma como os negócios

"SOMOS APENAS COSTUREIRAS": ESTUDOS DE CASO DE DUAS EMPRESAS INDONÉSIAS **155**

são feitos com os clientes locais privilegiados não é a mesma que com as multinacionais. É aqui que as características das cadeias de valor-trabalho podem ser vistas claramente. Enquanto os grandes clientes locais podem ter mais flexibilidade, por exemplo, em obter um pedido urgente devido à conexão pessoal de seus proprietários com os chefes da Java Film ou da Star Inc., ou apenas porque estabeleceram um bom relacionamento com a empresa devido aos seus fluxos estáveis de pedidos repetidos, a maneira como as multinacionais exercem controle e pressionam por flexibilidade é feita por meio da racionalização sistêmica. Nesse contexto, as relações de poder são claramente desiguais – os processos envolvidos na racionalização sistêmica são refletidos pela capacidade das multinacionais de exercer controle sobre seus fornecedores dependentes. E quase nenhum executivo expressou entusiasmo em lidar com multinacionais. Ao contrário, muitos dos entrevistados expressaram preferência por lidar com clientes locais em vez de multinacionais. Ou seja, além dos grandes volumes que alguns executivos citaram como uma das principais razões pelas quais as multinacionais são consideradas clientes desejáveis, qual é o benefício mais irresistível de ter multinacionais como clientes?

Uma resposta é, obviamente, que quanto mais clientes de alto nível você conseguir, melhor. Mas por trás dessa razão evidente existe outro fator, mais sutil: as multinacionais, de acordo com esses executivos, são uma fonte importante de algum tipo de "selo de garantia". Uma vez que você ganha a confiança de uma empresa (gigante) multinacional com operações em todo o mundo e faz negócios com ela, você ganhará renome na indústria. Um executivo da Java Film chamou isso de "equidade de marca". "Digamos que fornecemos para esse cliente A, que é [uma multinacional] bem conhecida. Podemos considerar isso como equidade de marca. Então, podemos usá-lo como referência: nós fornecemos para o cliente A." Outro executivo da Java Film deu um exemplo específico sobre como foi difícil conquistar o coração de uma das principais multinacionais em cigarros com sede nos EUA na tentativa de ser seu fornecedor; um esforço que valeu a pena no final, já que a multinacional desde então se tornou seu cliente regular:

> Não foi fácil consegui-los. Testes, tentativas, tudo isso, quase dois anos. Mas, uma vez que entramos, [estamos firmes], porque eles não mudam facilmente de fornecedor [...]. Ouvi das pessoas do departamento de *marketing* que se o nosso filme for considerado ruim, a produção deles automaticamente será interrompida. Ouvi que [suas máquinas] poderiam embalar 600 maços de cigarros em um minuto. Isso significa dez maços em um segundo. Você consegue imaginar a velocidade? Se o nosso filme for ruim, tenho certeza de que todos esses cigarros iriam para o lixo.

O ponto aqui é que a empresa multinacional de cigarros não arriscaria mudar seu fornecedor se não tivesse certeza quanto à qualidade do filme, aliada à compatibilidade técnica com as máquinas.

Esses executivos levaram a sério o benefício de ter clientes multinacionais, acreditando que haviam ajudado a impulsionar os negócios de suas empresas, especialmente na eliminação de concorrentes e na obtenção de estabilidade nos pedidos recebidos. Essa visão foi expressa claramente por um executivo da Star Inc., que também afirmou que os 20 principais clientes da Star Inc. são "provavelmente os líderes de mercado em seu setor":

Então, como no mês passado, quando tivemos uma reunião com nossos credores, perguntei: 'Como estão se saindo nossos concorrentes e como nos comparamos com eles, considerando a desaceleração da economia e a desvalorização do dólar estadunidense?' E eles disseram: 'Vocês são diferentes. Não podemos compará-los com seus concorrentes.' Perguntei: 'Por quê?' 'É por causa do perfil dos seus clientes.' Portanto, se você observar [as gigantes multinacionais baseadas na Europa], mesmo que tenhamos uma desaceleração, eles continuam expandindo. Eles têm um orçamento de mais de 8 trilhões de rupias [aproximadamente 600 milhões de dólares] para 2010-2015, e não pararam de fazer essa expansão. Eles têm várias fábricas em diferentes áreas da Indonésia, e essa multinacional é o principal cliente da Star Inc.

Esse prestígio, no entanto, vem com um preço alto, cujo pagamento pode ser visto por meio de várias demandas que a Java Film e a Star Inc. devem atender para agradar seus grandes clientes multinacionais. Alguns executivos afirmam, "para ser honesto", que preferiram clientes locais, porque muitas vezes o preço deles é, na verdade, melhor. Isso é em parte influenciado por uma forma de controle burocrático exercido nos processos de racionalização sistêmica chamados sistemas de custo aberto. É comum que multinacionais exijam que seus potenciais fornecedores revelem sua estrutura de custos, muitas vezes como requisito para participar de uma concorrência por pedidos. Isso permite que as multinacionais tenham acesso à estrutura detalhada dos custos de seus potenciais fornecedores (incluindo custos de material, custos de mão de obra, custos de compressão e lucro esperado). Às vezes, anunciado como uma prática que pode reforçar um negócio limpo e transparente, esse sistema permite que as multinacionais avaliem os custos de acordo com seu próprio referencial de preços e controlem os custos de seus fornecedores para reduzir os seus próprios.[16]

Também não é incomum para as multinacionais aplicarem um referencial internacional para o preço, como afirmou um executivo da Java Film:

> Na maioria das vezes, uma multinacional vai pressionar seu preço até o limite. Porque eles têm o poder de barganha, sabe. Eles têm [as informações sobre] compras e aquisições globais, então eles sabem quais áreas lhes dão o melhor [preço]. Com isso, eles sabem como aplicar um referencial [...]. Assim, vão usar o preço [mais baixo] indiano como referência para obter a qualidade [mais alta] indonésia, por exemplo, ou o preço chinês para obter nosso serviço.

Isso pode criar desafios para as duas empresas, especialmente quando são colocadas contra concorrentes dos países vizinhos que podem oferecer um preço muito mais baixo. Mesmo a concorrência dentro do próprio mercado de nicho ainda pode ser alarmante

---

[16]   Ver Altmann e Deiß, "Productivity by Systemic Rationalization".

às vezes. Para a Java Film, os fabricantes de plástico tailandeses são concorrentes fortes, enquanto para a Star Inc., são as empresas da Malásia: "Muitos dos meus clientes importam da Malásia. E o preço deles é realmente bom. Eu não sei como eles fazem isso, para ser honesto. O preço deles nem cobre nosso custo total!"

Até mesmo as margens de lucro dos fornecedores são controladas. Como revela um executivo da Star Inc.: "Assim, [essas multinacionais] simplesmente dizem: 'Ok, seus custos operacionais devem ser tanto, x por cento. E esse x por cento já deve conter seu lucro.' Sim, eles chegam a esse ponto! [...] Não podemos enganá-los dizendo: 'Olha, este material, por exemplo, custa 20 centavos', quando na verdade custa 10. Eles nos diriam para mudar nossa estrutura de custos. Como eles sabem? Eles comparam com os custos dos outros fornecedores. Eles são muito astutos!" Como outro executivo da Star Inc. coloca: "Se eles te derem apenas uma margem de 20%, bem, é isso que você recebe: 20%." Se as multinacionais acharem que alguns custos na lista, digamos, custos de matéria-prima, estão muito altos, elas irão, nas palavras de outro executivo da Star Inc., "ajudar seus fornecedores a melhorar" sugerindo "como reduzir nossos custos de material". Isso pode incluir sugestões técnicas sobre como reduzir o desperdício ou sobre onde comprar os materiais, uma sugestão que muitas vezes é difícil de seguir porque a Star Inc. já possui fornecedores regulares.

Também há momentos nos quais o tipo de controle exercido pelas multinacionais é reduzido à sua forma mais simples. Destacando o desequilíbrio de poder de barganha entre eles, um executivo da Star Inc. que lida muito com clientes explica como as subsidiárias locais de grandes multinacionais frequentemente oferecem oportunidades de negócios acompanhadas de ameaças:

> Eles sempre nos ameaçam: 'Você pode nos ajudar ou não? Se não puder [atender a essas demandas], iremos procurar outra pessoa. E uma vez que o fizermos, não ouse nos implorar por pedidos!'. Eu já fui tratado assim por eles. Outra vez, me disseram para vir e me desafiaram: 'Você quer esse pedido? Conclusão em duas semanas

"Somos apenas costureiras": estudos de caso de duas empresas indonésias **159**

– você consegue fazer isso?'. Eu disse: 'Não podemos, senhora'. Ela ficou furiosa, dizendo: 'Eu te dei a oportunidade e você recusou!' [...]. Bem, é assim com as multinacionais. Se você aceita a oferta deles, já era, você tem que servi-los até a morte e sacrificar seus outros clientes [...]. Todas as suas exigências nós temos que atender. Eles agem como se fossem reis!

Justamente porque as multinacionais estão cientes do prestígio que seus fornecedores ganham ao trabalhar com elas, elas jogam o jogo muito bem. Sabem que muitos "se alinharão" para obter pedidos delas. Ao contrário, fornecedores como Java Film e Star Inc. têm que obedecer a uma regra não escrita de que não podem trabalhar com multinacionais oligopolistas que são concorrentes de seus clientes (também) oligopolistas multinacionais. Um dos clientes da Star Inc. é uma dessas multinacionais. Durante minha visita, o concorrente mais forte desse cliente, outra multinacional que também era líder de mercado, começou a "bater à sua porta" para um acordo comercial. Mas a Star Inc. estava hesitante em aceitar a oferta, alegando que eles "tinham que ser cuidadosos" sobre isso, pois temiam a ira de seu cliente atual, cuja participação em sua produção era grande demais para arriscar.

Quando perguntei a uma executiva da Java Film, que também expressou sua preocupação com a pressão para ceder às demandas de seus clientes multinacionais, por que sua empresa continuava a ceder, ela respondeu com uma risada, seguida de uma resposta breve: "Porque o peixe grande sempre come o pequeno". Em muitas ocasiões, esse banquete está escondido atrás uma série de demandas e processos de racionalização aos quais fornecedores dependentes como a Star Inc. obedecem para sobreviver à concorrência no nível dos "peixes pequenos". O que segue adiante elabora mais sobre esses mecanismos de controle dentro das cadeias de valor-trabalho.

Entrega just-in-time e outros problemas
No capítulo "Flexibilidade e racionalização sistêmica: controle nas cadeias de valor-trabalho das mercadorias", abordei vários

meios pelos quais empresas dominantes controlam as dependentes, incluindo seus fornecedores, tornados possíveis pelo desenvolvimento em tecnologias da informação. Entre eles, estão os sistemas de entrega sob demanda, frequentemente referidos como sistema de entrega JIT (*just-in-time*). Processos de racionalização sistêmica também permitem que empresas dominantes exijam outros aspectos da produção flexível, especialmente em termos de flexibilidade funcional, incluindo aumento na velocidade de conclusão de pedidos de compra, capacidade de acomodar mudanças rápidas em designs e variedades de produtos e outros aspectos.

Embora tanto clientes locais quanto multinacionais possam exigir essas coisas da Java Film e da Star Inc., os exemplos dados por seus executivos quando se trata desse assunto giram em torno de seus clientes multinacionais. Dada a sua ênfase na importância para seus negócios e seu prestígio, é possível que estejam mais dispostos a aceitar tais demandas de seus clientes multinacionais. Mas a razão mais provável é que, ao contrário da relação mais tradicional entre essas empresas e seus clientes locais, seus relacionamentos com clientes multinacionais são mais regulados por meio de racionalização sistêmica, nos quais práticas como a entrega JIT são integradas aos seus processos de negócios. Às vezes, essa compreensão é expressa em termos mais simples, nos quais muitos executivos veem as multinacionais como clientes "muito exigentes", se comparados aos seus homólogos locais. E a demanda por entrega flexível ocupa uma grande parte de sua preocupação.

Os sistemas de entrega sob demanda são uma das práticas fundamentais na produção enxuta, e frequentemente estão associados ao mantra de gestão japonês, *kaizen*, que pode ser traduzido aproximadamente como "melhoria contínua". O sistema JIT foi originalmente desenvolvido pela Toyota Motor Company e, portanto, é frequentemente chamado de Sistema Toyota de Produção. De acordo com o guru japonês de gestão Masaaki Imai – que popularizou o termo *kaizen* em gestão e escreveu dois livros sobre o assunto, *Kaizen* e *Gemba Kaizen*, além de fundar o Instituto Kaizen

–. o JIT é "um sistema projetado para alcançar a melhor qualidade, custo e entrega possível de produtos e serviços, eliminando todos os tipos de *muda* [desperdício; atividades que não agregam valor] nos processos internos de uma empresa e entregando produtos *just--in-time* para atender aos requisitos dos clientes". Além disso, Imai afirma que o JIT visa alcançar um "sistema de produção enxuto flexível o suficiente para acomodar flutuações nas necessidades dos clientes [...]. O JIT reduz dramaticamente os custos, entrega o produto no tempo certo e aumenta muito os lucros da empresa".[17]

Em outras palavras, o JIT é a maneira como as empresas dominantes pressionam e transferem responsabilidade para empresas dependentes por meio de uma série de exigências de entrega. Como afirma claramente o site *Investopedia*, é uma estratégia de estoque que "as empresas empregam para aumentar a eficiência e reduzir o desperdício recebendo bens apenas quando necessário no processo de produção, reduzindo assim os custos de estoque. Esse método requer que os produtores prevejam a demanda com precisão". Isso frequentemente significa que os fornecedores dependentes precisam lidar com problemas de estoque, frequentemente resultantes de previsões erradas, que seus clientes multinacionais tentam evitar implementando o sistema JIT. Do ponto de vista das teorias de racionalização sistêmica, sistemas como o JIT

> impactam as situações de trabalho em empresas a montante e a jusante. Nessas áreas, operações de fabricação agitadas do dia a dia não oferecem nem espaço nem capacidade para lidar com tais exigências adicionais. Em muitos casos, isso resulta em uma intensificação considerável do trabalho e uma extensão simultânea das horas de trabalho.[18]

Previsões são complicadas, especialmente ao lidar com produtos de consumo rápido (que, como o seu nome indica,

---

[17] Masaaki Imai, Gemba Kaizen: *A Commonsense, Low-Cost Approach to Management* (Nova York: McGraw Hill, 1997), p. xxv, 8-9.

[18] Altmann e Deiß, "Productivity by Systemic Rationalization", p. 148.

envolvem bens de "movimento rápido") e de mercados imprevisíveis como a Indonésia. Um executivo da Java Film abordou esse problema específico como um dos desafios mais difíceis em sua empresa:

> O maior desafio na Indonésia, para mim, é a previsão. Nós fabricamos plástico. Eu vendo muitas embalagens de alimentos, embalagens de xampu líquido. A parte difícil é obter previsões. Muitos produtos são vendidos na rua, em bicicletas. Ao contrário dos Estados Unidos, você não pode realmente pedir aos seus distribuidores para fornecerem números precisos de vendas e assim por diante. Então lidamos com flutuações [...], o que significa que atualmente esse cliente pode não ter nenhum pedido, amanhã dez toneladas e, no dia seguinte, 100 toneladas.

Mas os problemas criados pelo sistema de entrega JIT nem sempre são causados por previsões erradas. Às vezes, a entrega sob demanda é feita exclusivamente para ajudar as empresas dominantes a economizar nos custos de estoque. Outro executivo da Java Film explicou que eles tiveram que atender à demanda dos clientes por entrega flexível porque muitas empresas já haviam adotado esse sistema para "economizar o máximo possível nos custos de estoque". Ele continuou: "Então, alguns clientes dizem: 'OK, vou pedir 200 toneladas de você, mas preciso que você as envie para mim a cada dois dias'. Tentamos atender a essas necessidades."

No entanto, o pedido nem sempre é tão simples, e a Star Inc. sabe disso muito bem. Frequentemente, o sistema JIT é configurado para transferir responsabilidades para as empresas dependentes lidarem com as consequências de previsões erradas. Os problemas incluem como a gestão da Star Inc. tem que lidar com o problema de "*buffering*". Devido ao procedimento de entrega sob demanda, fornecedores como a Star Inc. devem implementar uma política de *buffering*, o que significa que é imperativo que eles preparem seus bens finais e os armazenem em seus depósitos, para serem enviados apenas quando seus clientes

"SOMOS APENAS COSTUREIRAS": ESTUDOS DE CASO DE DUAS EMPRESAS INDONÉSIAS **163**

precisarem deles. Não apenas esses bens devem ser enviados sempre que os clientes os exigirem, mas o fornecedor também deve estar pronto para acomodar qualquer aumento ou diminuição repentinos na demanda de produtos que não estavam na previsão inicial do cliente. Na Star Inc., eles criaram uma política para acomodar até 20% de aumento ou diminuição das necessidades de seus principais clientes. Como dito por um executivo da Star Inc. envolvido no planejamento de produção:

> Por exemplo, temos esses dois grandes clientes multinacionais [com sede na Europa]. Um deles fez um grande pedido para a embalagem desta marca de tempero [vamos chamá-la de B]. Quando entrei na empresa, havia problemas urgentes – eles disseram que o cliente estava gritando muitas vezes conosco, e que estávamos lutando com os requisitos de tempo necessários para enviar B. Uma vez, o cliente cometeu um erro em seu planejamento e finalmente veio até nós pedir ajuda, e nós os ajudamos enviando as mercadorias em um domingo! Me disseram que eles pelo menos agradeceram isso. Nossa equipe de *marketing* sempre nos lembra que 'concordamos que precisamos de um *buffer* de até 20%'. Mas o pedido para B é enorme. A quantidade necessária para abastecer B em um mês é quase equivalente a um depósito. Por um lado, [é um problema antecipar um aumento de 20%] armazenando todos os produtos lá. É impossível. Mas, por outro, também devemos estar prontos para antecipar uma diminuição de 20% do que eles nos prometeram levar no mês seguinte. É assim.

Armazenar os bens finais não é o único problema criado pelo procedimento JIT. A flexibilidade na entrega e a responsabilidade de antecipar previsões erradas também afetam o outro lado da produção: o planejamento para a compra e o armazenamento de matérias-primas. Como explica um executivo da Star Inc. responsável pelos fornecedores de seus materiais, os ajustes na entrega têm um impacto significativo na situação no final das compras:

> As previsões também podem falhar. Mesmo depois que o pedido de compra foi finalizado. Por exemplo, um cliente tinha um pedido de compra de três meses, 10 mil [rolos] em setembro, 20

mil em outubro, 30 mil em novembro. O departamento de planejamento calculou, certo? E nós recebemos esse cálculo. Mas no processo, o cliente pode dizer: 'Olha, nosso armazém está cheio para setembro', e eles só querem receber oito mil. Isso significa que temos um excedente de 2 mil rolos. O departamento de planejamento encaminhará essas informações para o [departamento de compras]. E precisamos fazer ajustes. Ou digamos que em setembro o cliente nos peça para entregar 15 mil em vez de 10 mil. Também precisamos fazer ajustes. É assim que trabalhamos. Mas às vezes os materiais que compramos já estão a caminho. Se forem importados, não podemos cancelar [...]. Ou [para fornecedores nacionais] mesmo depois de tentarmos ser inflexíveis em adiar o envio, eles não estão dispostos a fazê-lo. Gostemos ou não, nosso armazenamento terá que acomodá-los.

Esse problema também mostra que empresas como a Star Inc. não lidam apenas com seus clientes, mas também com seus fornecedores. No entanto, ao contrário das multinacionais que podem exercer pressão e fazer demandas irracionais de *seus* fornecedores, empresas dependentes não podem fazer o mesmo com as empresas a montante que fornecem seus materiais. Em certo sentido, o notável crescimento da Star Inc. lhes deu algum *status* diante de seus fornecedores de materiais, mas não é comparável ao das multinacionais que são seus clientes. Limitada por vários fatores, como disponibilidade limitada de certos materiais e o monopólio doméstico de certas indústrias que produzem os materiais necessários, a Star Inc. é bastante impotente. Além disso, ao contrário dos clientes multinacionais que podem exigir flexibilidade da Star Inc., as multinacionais sediadas nos EUA que se tornam fornecedoras da Star Inc. muitas vezes são inflexíveis em seus negócios. Talvez, de acordo com o mesmo executivo citado, "porque sua burocracia já é estruturada e organizada". Se houver opções disponíveis, a Star Inc. prefere comprar seus materiais importados de outras empresas, como fornecedores sul-coreanos. Mas, na maioria das vezes, não há outras opções.

Em geral, tanto os executivos da Java Film quanto os da Star Inc., especialmente aqueles que lidam diretamente com produção

"Somos apenas costureiras": estudos de caso de duas empresas indonésias **165**

e planejamento, preferem formas mais limitadas de flexibilidade, precisamente porque elas criam problemas e frequentemente estão em desacordo com os objetivos da produção de aumento de produtividade e eficiência, incluindo a redução de desperdício.[19] Em um artigo de 1992 sobre racionalização sistêmica, Dieter Sauer e seus colegas argumentam:

> O 'novo tipo de racionalização' persegue objetivos contraditórios: o aumento da flexibilidade na administração da empresa e nos processos de fabricação, a fim de atender melhor aos requisitos de mercado em constante mudança em relação à qualidade e à quantidade, e a realização de um sistema de produção mais econômico em condições de concorrência mais acirrada.[20]

Em certo sentido, então, a produção flexível oferece processos contraditórios para essas duas empresas. Por um lado, elas têm que oferecer flexibilidade para atender às "necessidades" de seus

---

[19] Esses dois aspectos, produtividade e eficiência, foram mencionados com frequência nas reuniões em que participei na Java Film (em termos de como aumentar ambos), e também se tornaram um *slogan* comum comunicado aos trabalhadores pela administração em ambas as empresas. A produtividade foi definida pelos executivos que entrevistei principalmente como a produção (em toneladas) por trabalhador (quanto mais toneladas produzidas, mais produtivo). A eficiência estava relacionada à produtividade, onde uma melhor eficiência era vista como um meio de alcançar uma produtividade mais alta. Em geral, a eficiência foi explicada de forma vaga como "fazer as coisas corretamente" e "reduzir o desperdício" (reduzir o desperdício era um objetivo principal). Uma explicação mais clara surgiu quando a eficiência foi colocada dentro de um contexto específico, dependendo do departamento ao qual o executivo pertencia. Por exemplo, alguém do departamento de produção enfatizaria a eficiência material, para que as matérias-primas não se transformassem em resíduos devido a erros cometidos na produção. Alguém do departamento de planejamento se concentraria em reduzir o "tempo de inatividade" e em estratégias sobre quais pedidos deveriam ser processados primeiro, enquanto alguém do departamento de recursos humanos enfatizaria fatores como a redução do número de trabalhadores "desnecessários" para que cada área de produção se tornasse "mais enxuta".

[20] Sauer *et al.*, "Systemic Rationalization and Inter-Company Divisions of Labour", p. 49.

clientes e superar seus concorrentes, o que resultará em maior lucro. Por outro lado, o imperativo de acumulação de capital as obriga, como empresas, a aumentar a produtividade e eficiência por meio de estratégias de redução de custos e outros meios. No entanto, a produção flexível muitas vezes resulta em produção ineficiente e desperdício. Vamos examinar essa contradição primeiro.

Tanto a Java Film quanto a Star Inc. têm capacidades limitadas em sua produção, e elas têm que trabalhar com essa limitação para acomodar uma variedade de produtos encomendados por seus clientes. Quando oferecem flexibilidade aos seus clientes, essas variedades se tornam mais complexas e criam desafios para a produção. Pessoas do departamento de produção e planejamento diriam que preferem pedidos de "longo prazo", nos quais podem executar um artigo em suas máquinas por um longo período, sem interrupção, até que o pedido seja concluído. Isso requer apenas uma preparação única, na qual eles ajustam as máquinas, e assim por diante, no início de cada processo. Esse tipo de processo de produção permitiria que as equipes de produção garantissem facilmente eficiências mais altas e a redução de desperdícios. Mas alcançar um processo tão ideal é difícil. Devido à flexibilidade funcional exigida por seus clientes, muitas vezes eles precisam interromper os processos de produção para atender pedidos urgentes devido às flutuações nas demandas de mercado que seus clientes procuram atender.

Um dos exemplos mais simples desse problema foi explicado por um executivo da Java Film, que afirmou que pedidos de longo prazo são difíceis de conseguir porque muitos clientes exigem entrega *just-in-time*. Quando um cliente exige que a Java Film envie produtos apenas duas vezes por semana, eles precisam dividir a produção várias vezes em pedidos menores, mesmo que o produto tenha sido encomendado em grande quantidade. Caso contrário, eles não seriam capazes de usar as máquinas para outros pedidos de outros clientes. Isso cria problemas porque requer que o departamento de produção faça várias mudanças de programação em suas máquinas, entre outros, o que é ruim para a eficiência e aumenta o risco de desperdício. Às vezes, o departamento de vendas da Java Film pode vender o filme desperdiçado por um preço mais baixo para outras empresas, mas isso por si só não serve como resolução suficiente para o problema do desperdício.

Outro exemplo foi dado por um executivo da Star Inc. Segundo meus entrevistados, as multinacionais frequentemente adotam uma estratégia de variação de produtos na tentativa de capturar as demandas dinâmicas do mercado (tanto doméstico quanto de exportação) e derrotar seus concorrentes (outras grandes multinacionais). É aqui que elas criam vários tipos (ou SKUs) de embalagens para um determinado produto. Às vezes, os SKUs são na forma de *designs* diferentes. Por exemplo, uma marca de bebida de suco comercializada para crianças tem algumas variações de embalagem com personagens de desenhos animados: Homem--Aranha, Elsa do filme da Disney *Frozen*, Bela de *A Bela e a Fera* etc. Mas mais frequentemente, o produto também é embalado em diferentes tamanhos, cada um com suas próprias variações de *design*. Vamos voltar ao produto B, uma marca de tempero de propriedade de uma multinacional europeia que é um dos principais clientes de embalagens da Star Inc. Essa marca de tempero possui vários SKUs, cada um com um volume diferente: 7 gramas, 20 gramas, e assim por diante. O de 7 gramas é embalado como um sachê simples, que pode ser descartado após o uso, enquanto o de 20 gramas é embalado em uma embalagem que fique em pé (*stand-up pouch*) e projetado para múltiplos usos. Assim, a Star Inc. precisa aplicar um *design* de produto diferente para cada SKU, e cada um deles precisa ser fabricado separadamente.

Essa prática ilustra o que Paul Baran e Paul Sweezy chamam de "interpenetração do esforço de vendas e processo de produção". Eles observam que os esforços de vendas, como variações de produtos, não servem mais como uma mera adição à produção sob o capitalismo monopolista; em vez disso, esses esforços de vendas agora se estendem ao processo de produção. Eles "invadem cada vez mais a fábrica e a loja, ditando o que deve ser produzido de acordo com critérios estabelecidos pelo departamento de vendas e seus consultores e conselheiros na indústria publicitária". Essa interpenetração tornou os dois processos (esforços de vendas e produção) tão indistinguíveis que causa uma "mudança profunda no que constitui o custo de produção socialmente necessário, bem como na natureza do próprio produto social".[21] Para o fornecedor que realmente fabrica os produtos, a estratégia de variação de produtos requer um alto grau de flexibilidade.

Os clientes multinacionais que empregam essa estratégia podem exigir produção flexível, dependendo do que é altamente exigido no mercado. Portanto, em vez de seguir o que foi acordado no Procedimento Operacional Padrão e expresso em seu pedido de compra, esse cliente pode alterar o pedido no meio da produção. Se o cliente perceber que a embalagem do Homem-Aranha vende mais mais em um mês, eles pedem à Star Inc. para enviar apenas o Homem-Aranha no mês seguinte, independentemente do que foi pedido originalmente. Ou, no caso da marca B, como explicado pelo executivo:

> Se de repente, digamos, por causa de certos períodos promocionais, esse cliente mudar repentinamente os planos: 'Esta semana eu preciso que você me envie o de 20 gramas em vez do de 7 gramas.' Se você for um fornecedor rígido, definitivamente dirá não, porque isso iria interromper todo o processo de produção [...]. Eles teriam que reimprimir tudo. A maioria das empresas de conversão recusaria fazer isso, porque criaria ineficiências e muito desperdício.

Embora esse executivo tenha afirmado que a Star Inc. começou a tentar limitar esses tipos de pedidos, eles ainda não conseguiram escapar disso. E isso começou a irritar a todos, já que a gestão tinha que enfrentar conflitos toda vez. As reuniões semanais se tornavam "campos de batalha" interdepartamentais, nas quais diferentes

---

[21] Paul A. Baran e Paul M. Sweezy, *Monopoly Capital* (Nova York: Monthly Review Press, 1966), p. 130-31.

equipes discutiam sobre quais pedidos precisavam ser priorizados, quais poderiam ser adiados e quantas interrupções poderiam ser toleradas no chão de fábrica. Enquanto o departamento de *marketing* pressionava por flexibilidade para conseguir mais pedidos de seus principais clientes, aqueles na produção e em outros departamentos tentavam resistir a essa tendência porque suas eficiências sofreriam. Ao mesmo tempo, tanto a flexibilidade quanto as eficiências são exigidas pelos proprietários da empresa. O mesmo executivo citado anteriormente expressou essa preocupação:

> Ainda não formulamos boas políticas de gestão sobre como fazer isso [...]. Agora, tudo parece vago. As equipes de produção diriam: 'Já lhe dissemos que estamos pressionados para reduzir o desperdício de variantes em tal quantidade!'. Mas a outra parte [a equipe de *marketing*] enfrenta pressões para aumentar [as vendas]. Então, o que você faria?

A partir do que pude reunir de minhas entrevistas, o vencedor parecia ser a flexibilidade. Como um membro da equipe de produção me disse: "Às vezes, temos que fazer sacrifícios, ou seja, permitimos que o desperdício seja alto, porque precisamos interromper a produção contínua de um determinado produto para encaixar um produto diferente."

A questão importante agora é: quem suporta o ônus de tal contradição nos processos de racionalização sistêmica? Certamente, os executivos que entrevistei tiveram que lidar com os clientes e todas as consequências caóticas de suas demandas por flexibilidade, mas, no final, aqueles que lidam diretamente com a produção são os produtores diretos das mercadorias que essas empresas fabricam: os trabalhadores. Na próxima seção, analisarei como os mecanismos descritos acima influenciam a organização do trabalho que cria controle sobre o processo de trabalho.

Gestão e controle sobre o processo de trabalho

Mesmo que a Java Film e a Star Inc. não se encaixem na imagem estereotipada das fábricas do Sul Global, as questões de trabalho e o processo de trabalho ainda são centrais para sua produção. Dos aproximadamente 800 funcionários da Java Film e 1.500 da Star Inc., a maioria trabalha no chão de fábrica. Certos segmentos da produção são mais intensivos em mão de obra do que outros, com a maioria dos trabalhadores do chão de fábrica posicionados na área de acabamento na Java Film e na área de fabricação de sacolas na Star Inc. E embora o restante dos segmentos seja principalmente informatizado (automático), o trabalho ainda desempenha um papel importante. Em ambas as fábricas, a responsabilidade por monitorar as máquinas, verificar defeitos e outros processos relacionados é dos trabalhadores. Às vezes, essas tarefas são realizadas manualmente. Como exemplo, quando observei a fábrica da Java Film, vi que um trabalhador tinha que ficar parado ao lado de uma máquina em funcionamento para garantir que o produto não tivesse manchas ou outros defeitos. Esse trabalhador tinha que notificar imediatamente os outros se visse algum defeito.

Mesmo que os executivos de ambas as empresas prefiram ver suas empresas como orientadas para a "alta tecnologia", ou até mesmo se referir a elas como "intensivas em capital", eles não podiam ignorar o fato de que o trabalho e o processo de trabalho eram questões que continuavam surgindo repetidamente. Isso era especialmente evidente entre os executivos dos departamentos de recursos humanos e produção, pois eram eles que gerenciavam o trabalho diariamente. E quando se tratava de discutir salários e sindicatos, nossas conversas às vezes se tornavam acaloradas. Quando visitei a Java Film em 2012, eles estavam no meio de negociações com os sindicatos dos trabalhadores, sendo o salário-mínimo o principal ponto em discussão. O governo provincial tinha acabado de conceder um aumento no salário-mínimo, mas a imprecisão relacionada às categorias de salários com base nos tipos de indústria, ao lado de outros fatores relacionados a esse aumento, levou a uma série de sessões de negociação difíceis. Além disso, houve muitos protestos no complexo industrial onde estavam localizados. Em uma fábrica de automóveis japonesa, a produção foi interrompida por cerca de uma semana devido a uma greve de trabalho. A combinação de ameaças de protesto por parte de seus próprios trabalhadores e uma suspeita de "infiltração" de um militante do sindicato dos trabalhadores em sua própria planta deixou a gestão nervosa. Embora não tenham exposto essas questões sensíveis nas reuniões de gestão às quais compareci, nelas o tema da produtividade e eficiência foi muito discutido, em parte na tentativa de compensar os inevitáveis aumentos nos custos do trabalho.

Quando visitei a Star Inc. em 2015, seu principal concorrente, a Sun Printing, passou por uma greve importante em sua fábrica, que levou à demissão de mais de mil trabalhadores e causou a interrupção de sua produção. A Star Inc. estava com medo de que a mesma coisa acontecesse com eles, por boas razões. O principal fator que causou a greve foi uma regulamentação sobre horas-extras imposta por uma regra padronizada aplicada pelos clientes multinacionais da Sun Printing, alguns dos quais também eram clientes da Star Inc. Embora essa regra já tivesse sido estabelecida pelo governo indonésio em 2003 por meio de leis trabalhistas federais, somente então ela se tornou um problema significativo, uma vez que as maiores multinacionais, por meio de um sistema de avaliação de terceiros chamado Entendimento da Auditoria de Origem Responsável (Ursa, na sigla em inglês), exigiam que seus fornecedores cumprissem a regra de horas extras. Caso contrário, os fornecedores não passariam na auditoria e os negócios entre eles e seus clientes multinacionais seriam encerrados. A regra estabelece que os trabalhadores só podem trabalhar horas-extras por um máximo de três horas por dia, 14 horas por semana. Os trabalhadores da Sun Printing não estavam satisfeitos com isso. Eles, por causa de salários baixos, muitas vezes dependiam de outros fatores, como ganhos com horas-extras, então a possibilidade de perder esses ganhos extras era uma preocupação séria.[22] Antes da imposição da regra, a organização do trabalho em

---

[22] Consultar a Lei n. 13/2003 sobre Regulamentos Trabalhistas, artigo 78, seção 1(b), emitida pelo governo indonésio, disponível no *site* da OIT: http://www.ilo.org.

fábricas como a Sun Printing e a Star Inc. muitas vezes dependia das horas-extras de seus trabalhadores, especialmente quando havia pedidos urgentes.

Pode haver mais causas para a greve, mas apenas isso obrigou a administração da Star Inc. a reorganizar seu sistema de incentivos de uma forma que compensasse a perda causada pela nova regra de horas-extras. Os trabalhadores ainda receberiam a mesma quantia por meio do novo sistema de incentivos sem precisar trabalhar horas-extras, mas seriam obrigados a trabalhar de forma mais eficiente e produtiva. À primeira vista, esse caso parece ser uma estratégia comum da administração da empresa para resolver as coisas e evitar problemas adicionais, mas se olharmos de perto, o que aconteceu aqui é um exemplo de como a administração organiza o trabalho para extrair mais-valia de seus trabalhadores, impulsionados por processos de racionalização sistêmica impostos por seus clientes multinacionais.

Uma característica da racionalização sistêmica é o uso de critérios de avaliação que empresas dominantes impõem a seus fornecedores dependentes.[23] Nas cadeias globais de mercadorias, tais certificações têm muitos nomes, cada um com suas próprias medidas reivindicadas com o objetivo de avaliar a conformidade dos fornecedores com regras relacionadas a condições de trabalho seguras, ambientes higiênicos (especialmente para indústrias relacionadas a alimentos), salário e horas-extras, proteção para delatores etc. Entre eles, estão o Ursa (como mencionado), as diversas versões da Organização Internacional de Normalização (ISO 9001, ISO 14001, ISO 18001, ISO FSSC 22000) e o Sedex. Tanto a Java Film quanto a Star Inc. tiveram que passar por várias dessas auditorias em sua tentativa de atrair grandes clientes multinacionais. As auditorias foram realizadas por terceiros que emitiram os certificados e os reportaram aos clientes em potencial, ou publicaram os relatórios que poderiam ser acessados pelos clientes

---

[23] Altmann e Deiß, "Productivity by Systemic Rationalization".

"SOMOS APENAS COSTUREIRAS": ESTUDOS DE CASO DE DUAS EMPRESAS INDONÉSIAS

em potencial. Embora certificações como essa certamente afetem positivamente os trabalhadores em algumas áreas, a razão por trás de tais certificações nem sempre é o bem-estar dos trabalhadores. Pode-se argumentar que isso é uma forma de controle burocrático onde o processo de trabalho está sujeito à lei da empresa em vez de ao controle direto do supervisor, como proposto por Richard Edwards.[24] Nesse caso, no entanto, o escopo é global, onde a própria lei da empresa é afetada por regulamentações internacionais que se tornam parte integrante de redes de produção lideradas por multinacionais.

Primeiro, como parte do processo de terceirização, transferir a produção para fornecedores dependentes no Sul Global não apenas proporciona às multinacionais custos unitários do trabalho mais baixos, mas também serve como um meio de transferir responsabilidades e críticas por possíveis violações trabalhistas para tais fornecedores.[25] Por meio da aplicação dessas certificações internacionais, as multinacionais podem ter sua munição pronta: como as auditorias são realizadas por terceiros, os fornecedores devem cumprir as regras. Assim, se houver violações, a responsabilidade é dos fornecedores, não delas. Em segundo lugar, para os próprios fornecedores, o bem-estar dos trabalhadores não é o principal motivo pelo qual se preocupam em obter essas certificações, cujo processo, de acordo com meus entrevistados, é realmente complicado e consome muito do seu tempo. No entanto, sem essas certificações, esses fornecedores não conseguiriam fazer negócios com as grandes corporações multinacionais. Como Harry Braverman escreve, "a humanização do trabalho" nunca foi o foco da gestão "habituada a conduzir os processos de trabalho em um

---

[24] Richard Edwards, "Social Relations of Production at the Point of Production", *The Insurgent Sociologist* 8/2 e 3 (1978), p. 109-25.

[25] John Bellamy Foster e Robert McChesney, *The Endless Crisis* (Nova York: Monthly Review Press, 2012); John Smith, *Imperialism in the Twenty-First Century* (Nova York: Monthly Review Press, 2016).

ambiente de antagonismo social e [...] nunca soube que fosse de outra forma" – em vez disso, sempre se trata de custos e controles.[26]

Terceiro, como mostram as teorias de racionalização sistêmica, tais critérios de avaliação impostos por empresas dominantes são uma das estratégias destinadas a aumentar a produtividade geral de toda a cadeia de produção. É um meio para empresas dominantes forçarem seus fornecedores dependentes a reavaliar e, se necessário, mudar sua organização do trabalho de maneiras que sejam consideradas mais produtivas e eficientes. Mas, como explicado no capítulo anterior, a produtividade não é o principal objetivo; são os custos unitários do trabalho mais baixos. Por meio da aplicação de formas de trabalho mais produtivas e eficientes, as multinacionais visam reduzir os custos de produção de seus fornecedores. Com o sistema de custeio aberto discutido anteriormente, os fornecedores têm muito pouco espaço para aumentar seus custos – essa capacidade de controlar facilmente os custos e lucros dos fornecedores significa que, quando os custos dos fornecedores são mais baixos, o preço de venda deles também é menor.

Durante meu período de entrevistas em 2013 na Java Film, pouco depois de terem passado por uma auditoria para mais uma certificação internacional, uma grande faixa foi colocada na frente da fábrica. Ela dizia: "Trabalho seguro e saudável é uma condição obrigatória para o aumento da produtividade e eficiência". Essa frase, embora pareça apenas um *slogan*, na verdade reflete o que tais certificações significam para o capital dentro das cadeias de valor-trabalho. Quando uma organização do trabalho é altamente estruturada e todos seguem as regras – digamos, em nome da segurança no trabalho ou de um ambiente saudável –, isso leva a um aumento na produtividade e eficiência, e um trabalho produtivo e eficiente leva a uma redução nos custos de produção. Acidentes, por exemplo, criam distrações no chão de fábrica. Como explica este executivo:

---

[26] Harry Braverman, *Labor and Monopoly Capital: The Degradation of Work in the Twentieth Century* (Nova York: Monthly Review Press, 1998 [1974]), p. 25.

"SOMOS APENAS COSTUREIRAS": ESTUDOS DE CASO DE DUAS EMPRESAS INDONÉSIAS 175

Tivemos esse acidente em 2011. Até hoje, aquele funcionário não pode trabalhar em sua posição anterior. Tivemos que transferi-lo para um cargo administrativo. Isso foi após um ano de [licença médica]. Então, qual a produtividade dele em sua posição atual? Dois anos, zero. Sua produtividade é zero [...]. Até hoje, ele tem problemas nas costas, e isso realmente interfere em sua produtividade. Sem mencionar o funcionário que, por descuido próprio, caiu no elevador. Felizmente não foi grave. Mas perdemos outra pessoa. E o que isso significa para o RH? O RH precisa pedir aos outros funcionários para fazer horas-extras ou encontrar novos funcionários, certo? Obviamente, a segurança importa para a produtividade. E depois, os problemas de saúde. Bem, se tivermos muitos funcionários doentes, mesmo com atestados médicos adequados – digamos que um funcionário venha trabalhar doente –, ou a produtividade em sua seção [dentro de seu departamento] cairá ou precisaremos contratar um substituto.

Além disso, a regra imposta sobre horas-extras, por exemplo, não é apenas um meio de garantir que os trabalhadores não trabalhem em excesso (e, como sugere o caso da Sun Printing, quando as horas-extras são pagas, os trabalhadores preferem fazê-las para aumentar seus ganhos), mas sim para garantir que trabalhem de forma mais produtiva e eficiente. Se nos referirmos à lei do valor de Karl Marx, quando a possibilidade de prolongar a jornada de trabalho como parte do esforço dos capitalistas para aumentar a mais-valia absoluta é pequena, então as opções são aumentar a mais-valia absoluta em outro lugar, aumentando a intensidade do trabalho – no qual os "poros" não produtivos na jornada de trabalho são minimizados, resultando em um aumento implícito na duração da jornada de trabalho –, e aumentar a mais-valia relativa por meio do aumento da produtividade do trabalho, que é "a quantidade de produtos obtidos pela mesma quantidade de trabalho em um determinado tempo".[27] Como um executivo da Java Film me disse: "Estamos tentando muitas coisas agora – revitalizações, realocações [de trabalho], para que a produtividade

---

[27] David Gartman, "Marx and the Labor Process: An Interpretation", *The Insurgent Sociologist* 8/2 e 3 (1978), p. 102.

possa ser aumentada, para que nossa taxa de horas-extras não seja como em 2012. Nosso objetivo é que as horas-extras sejam reduzidas em um mínimo de 30%."

A reorganização do sistema de incentivos da Star Inc. também pode ilustrar este ponto. A redução do número de horas-extras levou a administração a criar um sistema "melhor" no qual o trabalho pudesse ser realizado de forma mais produtiva, e isso teve um impacto no processo de trabalho. O sistema de incentivos é aplicado para trabalhadores que estão abaixo do nível de supervisor. Os trabalhadores da produção (aqueles que estão envolvidos diretamente na produção) recebem incentivos completos, enquanto os trabalhadores não ligados à produção (como o pessoal administrativo) recebem menos. Mas dentro de cada um desses segmentos, os incentivos são distribuídos igualmente para os trabalhadores. A avaliação que se torna a base de quanto os trabalhadores ganham em incentivos é estruturada em três critérios: produção, variável de desperdício e devoluções (quantidade de mercadorias devolvidas pelos clientes devido a defeitos). Todos os três estão relacionados à produtividade e à eficiência. A produção está conectada à velocidade dos trabalhadores. Esse "controle técnico" do processo de trabalho pelo mecanismo das máquinas é aplicado a grandes segmentos da planta da Star Inc. e influencia o fluxo de produção como um todo.[28] Mas o mais simples de entender é o processo na divisão de impressão. Para obter a máxima produtividade, a máquina de impressão deve ser ajustada para a velocidade mais alta, e os trabalhadores precisam acompanhar essa velocidade.

Esse critério está relacionado ao segundo, a variável de desperdício, que significa a diferença entre o desperdício projetado (permitido) e o real produzido. Curiosamente, esse fator também influencia a produção. Se o seu objetivo for apenas reduzir o

---

[28] Richard Edwards, "Social Relations of Production at the Point of Production", *The Insurgent Sociologist* 8/2 and 3 (1978), p. 115-19.

desperdício, então sua produtividade também pode diminuir. Por exemplo, eles podem ajustar a máquina para uma velocidade mais baixa apenas para reduzir o desperdício. Portanto, nesse caso, espera-se que os trabalhadores equilibrem a velocidade de seu trabalho e a atenção à redução de desperdício. Segundo Braverman: "A maquinaria oferece à gestão a oportunidade de fazer por meio totalmente mecânico aquilo que anteriormente tentava fazer por meio de meios organizacionais e disciplinares."[29] Para Braverman, as máquinas podem ser controladas e ajustadas de acordo com "decisões centralizadas" pela gestão no escritório, sugerindo que o controle pode ser removido do local de produção. Nesse caso, as máquinas também eram um meio de controlar o processo de trabalho longe do chão de fábrica, mas sua execução é mediada pelo sistema de incentivo, projetado pela gestão para direcionar o processo de trabalho de modo que possa aumentar a produção e minimizar o desperdício ao mesmo tempo. Além disso, os trabalhadores também devem garantir que os defeitos sejam minimizados, uma vez que o critério de "devoluções" é medido por esse aspecto. Por um lado, os trabalhadores podem obter mais ganhos com o sistema de incentivo, mas, por outro, seu processo de trabalho está sujeito a um controle invisível, ou seja, a possibilidade de perder seus ganhos extras. Para a gestão, esse sistema permite evitar conflitos devido à perda de ganhos com horas-extras e, ao mesmo tempo, receber um "bônus" – o aumento de produtividade e eficiência esperado por seus clientes.

No entanto, além da influência dos sistemas de certificação na organização do trabalho, a contradição que nasceu das demandas por flexibilidade e aumento da produtividade acaba afetando os trabalhadores e seu processo de trabalho. O controle burocrático imposto pelas multinacionais é apenas um meio entre outros. O que não pode ser controlado pela gestão, como o desperdício e outros aspectos de produtividade perdidos devido às prioridades mutáveis

---

[29] Braverman, *Labor and Monopoly Capital*, p. 134.

dos clientes em sua busca por flexibilidade, bem como o aumento do salário-mínimo, é compensado por um esforço incessante para aumentar a produtividade e eficiência em outras áreas. Como alguém do departamento de recursos humanos da Java Film disse sobre o aumento do salário-mínimo: "Naturalmente, o desafio é como aumentar a produtividade dos funcionários. O que não queremos que aconteça é que esse aumento salarial não seja acompanhado por um aumento na produtividade – ou que a produtividade diminua em vez disso!" Os executivos da Star Inc. expressaram algo parecido: "Se os [trabalhadores] querem ganhar mais, eu preciso saber qual é a produtividade do trabalho deles, por hora. Isso precisa ser medido primeiro." Embora muitos dos meus entrevistados reconheçam que os salários deveriam aumentar seguindo a inflação e outros fatores, no final, esses aumentos nunca foram "gratuitos".

Também em um esforço contínuo para reduzir custos, a Java Film tentou manter a prática de contratar trabalhadores terceirizados por meio de agências de emprego para certas posições, como serviços de segurança e limpeza – uma espécie de "flexibilidade numérica".[30] Isso foi feito em meio a pressões dos sindicatos, como parte de suas negociações em curso, para contratar esses

---

[30] Harrison, *Lean and Mean*, p. 129-30. Para uma explicação da diferença de *status* entre trabalhadores "terceirizados", "contratados" e "permanentes", consultar Fahmi Panimbang e Abu Mufakhir, "Labour Strikes in Post-Authoritarian Indonesia", em J. Nowak, M. Dutta e P. Birke (ed), *Workers' Movements and Strikes in the Twenty-First Century* (Londres: Rowman & Littlefield International, 2018), p. 23. Uma vez que os trabalhadores terceirizados são contratados por agências de emprego, eles permanecem como funcionários dessas agências e são "contratados temporariamente para trabalhar em uma fábrica" – portanto, a fábrica "não é responsável pelo pagamento da seguridade social do trabalhador nem pela provisão de seguro médico, férias remuneradas, licença médica remunerada ou qualquer outro benefício fornecido aos trabalhadores regulares conforme exigido por lei". Também é importante destacar que, "na prática", as agências de emprego que contratam esses trabalhadores "não fornecem a eles nenhum desses benefícios". Embora a prática de empregar trabalhadores terceirizados já ocorresse antes de 2003, ela foi legalizada pela Lei Indonésia n. 13/2003 sobre Regulamentos Trabalhistas.

trabalhadores terceirizados como funcionários permanentes. No entanto, a empresa já havia começado a fazer isso e, devido às contratações, o aumento do custo do trabalho era inevitável, embora tentassem reduzir o aumento durante as negociações com os sindicatos. Embora alguns dos executivos negassem que esse aumento salarial fosse importante para eles (pois a empresa não é considerada "intensiva em mão de obra", e os custos de trabalho representam apenas uma fração de seus custos totais), outros expressaram suas preocupações. Especialmente para o departamento de recursos humanos, isso foi bastante significativo, uma vez que certos segmentos da produção – nomeadamente os de "acabamento" – ainda precisavam de muitos trabalhadores.

Esse fato foi ainda influenciado pela recusa dos clientes multinacionais das empresas em considerar a possibilidade de comprar a um preço mais elevado em função do aumento do custo da mão de obra. Quando perguntei a um executivo se a Java Film podia aumentar os preços de venda devido ao aumento do salário-mínimo, ele me disse que, por vezes, podia, uma vez que o sistema de custos abertos lhes permitia incorporar esses aumentos no cálculo do custo total.

> Mas muitas vezes esses aumentos não podem ser transferidos para os clientes, para ser honesto com você. Não é fácil. As multinacionais, especialmente, diriam: 'Sim, é verdade, os salários subiram, mas a eficiência de vocês também tem de aumentar!' Por isso, tentam compensar dessa forma. É uma questão de negociação. Resultados diferentes de acordo com o cliente.

Assim, os meios para aumentar a produtividade foram direcionados para um controle mais rigoroso do processo de trabalho.

Esses meios incluem diferentes formas de controle. Durante minhas entrevistas na Java Film, a empresa estava apenas começando a desenvolver um sistema de incentivo baseado em desempenho, utilizando novos indicadores-chave de desempenho (KPI), com o objetivo de criar "melhoria contínua" ou *kaizen*. Durante esse período, os executivos estavam totalmente focados no *kaizen*, já que buscavam ativamente clientes japoneses. Esses clientes voavam diretamente do Japão para visitar a fábrica e exigiam mudanças, incluindo a instalação de um chuveiro de ar, e inspecionavam detalhes menores para sugerir melhorias. Em seu segundo livro sobre *kaizen*, Imai enfatiza a importância do envolvimento dos gerentes no chão de fábrica (ou o que ele chama de *gemba*, "onde a ação real ocorre"). Um dos principais argumentos que Imai oferece é que, uma vez que os gerentes relutam em se envolver nos assuntos do *gemba*, "a gestão perde o controle do local de trabalho".[31] Inspirados no conceito de *kaizen*, os executivos da Java Film criaram medidas específicas de desempenho dos trabalhadores que incluíam fatores disciplinares, como quantos dias de licença médica, dias em que os trabalhadores chegam tarde (medidos em minutos), ausência sem aviso prévio, cartas de advertência recebidas e assim por diante. Cada departamento também estabeleceria suas próprias medidas de desempenho dos trabalhadores, com base em seus próprios indicadores. Exemplos incluem o volume de devoluções de produtos, desempenho operacional, bem como reclamações de clientes. Semelhante ao sistema de incentivo da Star Inc., essa é uma forma de a gestão controlar o processo de trabalho – disciplina por meio da promessa de recompensas.

Outras estratégias assumem diversas formas, desde reconfigurar os horários de trabalho (como eliminar turnos longos para reduzir horas-extras) até reforçar a disciplina e reduzir o uso de energia no espaço de escritório. Reduzir as horas-extras foi feito apesar do risco de agitação trabalhista. Fui informada que os trabalhadores estavam expressando sua insatisfação, mas a gestão se recusou a recuar e, em vez disso, usou a questão das horas-extras como uma carta na manga nas negociações. Um executivo me disse: "Eu apenas disse [aos trabalhadores]: 'Serei franco com vocês. Vocês querem esse aumento [nos salários], tudo bem, mas acabarei com todas as suas horas-extras!' Eu *tomaria* essa decisão.

---

[31] Imai, *Gemba Kaizen*, p. 13.

Se necessário, mudarei os três turnos de trabalho para quatro, para que não haja mais horas-extras. 'Sinto muito', eu disse."

Como a gestão da Java Film não podia realmente fazer muito com alguns segmentos no chão de fábrica, que são informatizados e exigem apenas uma pequena quantidade de trabalho manual, eles se concentraram, em vez disso, no que se referem como "segmentos de acabamento". O trabalho manual ainda é aplicado nesses segmentos porque ainda é difícil mecanizar as tarefas. Por que é difícil? Um executivo da Java Film tentou explicar:

> Porque cada cliente tem pedidos diferentes. Alguns pedem por tal tamanho, o produto tem que ser dessa maneira, um rolo de plástico tem que ter esse tamanho, até mesmo a exigência de quão firme o empacotamento deve ser, e muitas outras coisas. Isso torna difícil mecanizar. Então, no final, ainda precisamos de muito trabalho manual.

Aparentemente, essa dificuldade de gerenciar o trabalho era percebida como um problema persistente, tanto na Java Film quanto na Star Inc. Os principais executivos das fábricas estavam tentando projetar um sistema mais econômico que reduziria os erros na produção e, assim, reduziria retrabalhos desnecessários. Muitas vezes, então, a mecanização é preferível sempre que possível. Assim, foram feitos esforços para reduzir o número de trabalhadores em cada tarefa, como a implementação de novas máquinas que podem detectar erros automaticamente.

Quando perguntados se prefeririam robôs ou equipamentos robóticos a mão de obra humana, muitos entrevistados responderam "sim" sem pensar duas vezes. Isso reflete um padrão global de automação, no qual fabricantes na América do Norte e na Europa Ocidental veem a adoção de robôs e outros sistemas automatizados como uma opção viável para "reduzir os custos trabalhistas, melhorar o controle de qualidade e aumentar a produção".[32] Na

---

[32] AlixPartners, "Homeward Bound: Nearshoring Continues, Labor Becomes a Limiting Factor, and Automation Takes Root", *Manufacturing Outlook Report* (jan. 2017), p. 3: http://alixpartners.com.

Star Inc., em particular, havia conversas dentro dos círculos de gestão para implementar um novo sistema de armazenamento equipado com componentes robóticos. Um executivo da Star Inc. me disse: "Já fizemos isso várias vezes – demitindo funcionários porque adotamos novas tecnologias. O que era feito manualmente antes, agora é automatizado." Esses executivos argumentavam que, com robôs, a qualidade é mais consistente, os erros podem ser minimizados ou eliminados completamente, a produtividade é maior e os desperdícios podem ser detectados precocemente. Citando outro executivo de outra empresa, um entrevistado disse: "E as máquinas nunca reclamam."

No entanto, alguns também expressaram que o papel humano em seus processos de produção não pode ser eliminado. Ainda precisam de decisões e trabalho humanos na operação do sistema, mesmo no nível mais baixo da planta. Isso está de acordo com o que os estudiosos da racionalização sistêmica argumentam desde o início, que "o desenvolvimento da tecnologia de sistema não visava à automação total, uma vez que um sistema deste tamanho e desta complexidade exigiria a presença de vários operadores".[33] O papel humano permanece importante na busca da empresa pela flexibilidade. Como expressou outro executivo da Star Inc.: "Se tudo for feito por um sistema automatizado, não poderemos continuar sendo flexíveis. Se o pedido foi feito hoje e, então, com 30 dias de antecedência", se houver mudanças no prazo de entrega ou na prioridade do pedido, "precisaremos de um ser humano para intervir para que uma exceção ao sistema possa ser autorizada". E considerando o nível de flexibilidade que sua empresa tenta ter, ele disse: "É provável que nossas exceções excedam o normal, o ajuste contínuo".

---

[33] Marhild von Behr, H. Hirsch-Kreinsen, C. Köhler, C. Nuber e R. Schultz-Wild, "Flexible Manufacturing Systems and Work Organization", em Altmann, Köhler e Meil (ed), *Technology and Work in German Industry* (Londres: Routledge, 1992), p. 164

"Somos apenas costureiras": estudos de caso de duas empresas indonésias 183

Para outros executivos, a consideração está relacionada à capacidade de investir em tecnologia cara. Se a tecnologia implementada não for muito cara, como o sistema automático de rejeição no segmento de fabricação de sacos no chão de fábrica, é provável que a gestão o faça. Mas ao contrário dos fabricantes estadunidenses ou europeus que estão ansiosos para investir em tal tecnologia, empresas com capital mais fraco não têm uma capacidade equivalente de executar seus planos quando desejam.[34] Portanto, se o investimento for considerado muito caro, eles pensam duas vezes:

> Estamos falando sobre isso, colocando robôs no armazém – quantas pessoas podemos cortar? [...] Quanto custa? E quero comparar com o custo do investimento, é benéfico ou não? Quero saber se, se nossa mão de obra, neste momento e nos próximos cinco ou dez anos, não seria tão cara como é nos EUA ou na China, ainda seria realmente benéfico para mim investir em tecnologia? Então eu preciso saber, eu preciso ver primeiro. Porque se eu olhar para o nosso custo de mão de obra agora e compará-lo com o nosso custo de investimento em ter isso, sabe, um investimento enorme, não é tão [bom].

Enquanto isso, quando o trabalho manual ainda está envolvido, a gestão só pode impor uma disciplina mais rigorosa ou aplicar uma organização mais estruturada das práticas de trabalho para melhor controlar o processo de trabalho e, assim, reduzir a chance de erros humanos. Alguns executivos da Star Inc. expressaram suas preocupações sobre como é difícil impor disciplina no chão de fábrica. Um deles, que estava envolvido na equipe de produção e ajudou a desenvolver o sistema de incentivo na empresa, me disse que todos deveriam "dar o seu melhor", até os trabalhadores nas posições mais baixas. Inspirado pelo conceito de *gemba kaizen*, ele enfatizou a importância do controle da gestão no chão de fábrica:

> Não é tão simples como eu digo, é claro. Mesmo depois de serem incentivados pelo sistema de incentivo, não há garantia de que possam trabalhar bem. É por isso que precisamos da presença

---

[34] Ver AlixPartners, "Homeward Bound".

da gestão. Cada desvio precisa ser avaliado. Se em determinado momento houver funcionários que precisem ser repreendidos, ou mesmo receberem uma carta de advertência, precisamos fazer isso para fornecer algum efeito dissuasivo.

O mesmo executivo me disse mais tarde que "a disciplina é a coisa mais importante para a Indonésia" e expressou sua opinião sobre a virtude do treinamento militar como um instrumento na formação dos hábitos de disciplina de uma pessoa.

Outro executivo da Star Inc. me disse sobre a importância de implementar "consciência" nos trabalhadores sobre o valor que eles adicionam aos produtos da empresa: "Sempre que temos uma reunião de funcionários, dizemos a eles: 'Aqui está o seu selo neste produto.' Então também transmitimos as reclamações de nossos clientes aos nossos funcionários. 'Veja, se você não trabalhar bem, este é o resultado.' Dessa forma, eles podem entender." Essa retórica é especialmente importante para os gerentes que lideram equipes de produção. Como um deles disse, sempre diziam aos trabalhadores no chão de fábrica que "o valor adicionado se origina de nosso departamento [...]. Se falarmos sobre engenharia, planejamento ou controle de qualidade, são apenas elementos de apoio. O valor adicionado, o conversor em uma empresa de conversão, está localizado dentro da produção." Ironicamente, essa consciência sobre a importância do trabalho dos trabalhadores na produção – o valor que os trabalhadores adicionam e incorporam nos produtos acabados – é usada como um instrumento de controle, com a ilusão de que os trabalhadores realizam trabalho qualificado para produzir esses bens e não estão de forma alguma separados do produto de seu trabalho. O raciocínio aqui é que, como os trabalhadores são os que contribuem para a produção desses bens, eles precisam se importar mais com os produtos. Não importa que eles não tenham quase nenhum controle sobre a produção direta de valores de uso, ou que seu trabalho tenha sido degradado, não qualificado a ponto de ser relativamente fácil de substituir.

Outras vezes, a gestão aplica a retórica do "lar" para acalmar os trabalhadores. Como alguém da equipe de recursos humanos me disse: "Deixamos claro para nossos trabalhadores: 'Lembre-se, este é nosso *lar*. A empresa onde trabalhamos é o campo de arroz cujo solo aramos. Trabalhamos juntos aqui para construir [...]. Se nosso negócio cresce, se os resultados são bons, recebemos nossa parte [desse sucesso]'." Da mesma forma, essa retórica fornece uma ilusão de que os trabalhadores têm propriedade compartilhada nos meios de produção, embora na realidade, eles percam o controle sobre seu próprio trabalho assim que seu empregador compra sua força de trabalho. Além disso, essa retórica é uma forma de conter as atividades sindicais na fábrica. Em um esforço para afastar os sindicatos, a gestão da Star Inc. incentiva seus trabalhadores a verem a empresa e sua gestão como "uma família" à qual podem recorrer sempre que houver problemas. Em 2015, a Star Inc. tinha apenas um sindicato, e era o sindicato interno da empresa, que era apenas filiado, mas não uma seção, de um sindicato independente externo à empresa. A gestão estava ansiosa para manter as coisas como estavam. Eles queriam evitar os problemas e as dores de cabeça que os executivos em empresas como a Java Film experimentavam (em 2013, a Java Film tinha três sindicatos) sempre que tinham que lidar com a "indisciplina", como um executivo da Star Inc. chamou, criada pela presença de sindicatos independentes. Mas tal retórica motivacional nem sempre funciona ou não funciona sozinha. Para manter as coisas "seguras", os executivos da Star Inc. instruíram seus supervisores e superintendentes – que conduziam as reuniões diárias de fábrica no início de cada turno de trabalho – a sempre ficarem atentos a rumores de encontros ou reuniões organizadas por sindicatos "infiltrados". Eles também treinaram seus supervisores e superintendentes sobre o que fazer caso tais coisas acontecessem.

Formas mais diretas e simples de controle como essa são utilizadas não apenas em relação a afastar os sindicatos, mas também no processo geral de produção. Muitas vezes, o controle simples é

justificado por uma visão estereotipada dos trabalhadores indonésios, ou seja, que são preguiçosos ou intelectualmente incapazes e,
portanto, difíceis de gerenciar. Como disse um executivo da Star
Inc.: "Você sabe, indonésios. Você sempre precisa monitorá-los."
Um executivo da Java Film expressou a mesma preocupação. Ele
até afirmou que com os operadores de máquinas era realmente
desesperador. O que você pode fazer, ele disse, é focar na melhoria
das habilidades e disciplina dos supervisores: "Se os supervisores
estiverem bem, então os operadores também estarão." Mas pelo
menos, continuou ele, "os indonésios ainda podem obedecer às
ordens se você observá-los de perto." David Gordon se refere a
esse uso de formas simples de controle como a "estratégia do chi-
cote", na qual as empresas "exercem controle com os exércitos de
pessoal supervisor". Zombando da voz da gestão, Gordon escreve:
"Não pode confiar em seus trabalhadores quando deixados por
conta própria? Olhe por cima dos ombros deles. Observe pelas
costas. Registre seus movimentos. Monitore-os. Supervisione-os.
Comande-os. Acima de tudo, não os deixe sozinhos."[35]

Essas formas simples de controle complementam as outras
formas de controle discutidas anteriormente. Braverman escreve
que o processo de trabalho estava sujeito a controle mesmo antes do
taylorismo prevalecer. Mas Taylor "elevou o conceito de controle a
um plano completamente novo quando afirmou como *necessidade
absoluta para uma gestão adequada: a determinação ao trabalhador
da maneira precisa como o trabalho deve ser realizado*".[36] Mesmo que
o trabalho taylorista não seja tão difundido e onipresente na era
da racionalização sistêmica, algumas formas permanecem, como
ilustrado na discussão feita anteriormente. E, em sua essência, a
organização taylorista do trabalho "reduziu drasticamente a ha-

---

[35] David M. Gordon, *Fat and Mean: The Corporate Squeeze of Working Ameri-
cans and the Myth of Managerial "Downsizing"* (Nova York: Free Press, 1996),
p. 66.

[36] Braverman, *Labor and Monopoly Capital*, p. 62.

"SOMOS APENAS COSTUREIRAS": ESTUDOS DE CASO DE DUAS EMPRESAS INDONÉSIAS 187

bilidade e a discrição do trabalhador no processo de trabalho".[37] No chão de fábrica na Java Film ou na Star Inc., os trabalhadores que ocupam posições baixas não precisam ter habilidades significativas. Qualquer treinamento significativo que realmente poderia aumentar as habilidades é reservado para trabalhadores que estão em determinadas posições estratégicas, especialmente se estiverem sendo preparados para serem gerentes.[38] Para o restante da força de trabalho, eles precisam ter capacidade de obedecer e seguir ordens. Isso foi expresso claramente por um executivo da Java Film:

> O trabalho dos operadores [de máquina] é repetitivo: isso, aquilo, isso, aquilo [...]. Eu acho que as habilidades necessárias para operar essas máquinas são mínimas. Não é como os operadores da máquina CNC [usada em outros tipos de indústria], que sempre precisam ter um conhecimento atualizado do *software*. Nossas máquinas apenas exigem tarefas repetitivas.

O trabalho é "simples" não apenas por ser inerente à natureza da função ou da máquina em si, como o executivo citado parece sugerir, mas porque a organização do trabalho foi estruturada de tal forma que permite que a desqualificação ocorra. "Este é o ponto central sobre o qual toda a gestão moderna gira", escreve Braverman, "o controle sobre o trabalho por meio do controle sobre as decisões que são tomadas no decorrer do trabalho".[39] O taylorismo e a prática da gestão moderna giram em torno

---

[37] David Gartman, "Origins of the Assembly Line and Capitalist Control of Work at Ford", em A. Zimbalist (ed), *Case Studies on the Labor Process* (Nova York: Monthly Review Press, 1979), p. 199.

[38] Ver Christopher Wright e John Lund, "Supply Chain Rationalization: Retailer Dominance and Labour Flexibility in the Australian Food and Grocery Industry", *Work, Employment, and Society* 17/1 (2003), p. 137-57. Durante minha visita, a Star Inc. criou um programa no qual recrutavam novos contratados de universidades indonésias de alto nível, que se formaram com excelência em suas turmas. Eles eram colocados em programa especial e passavam por diversos programas de treinamento. Começando do nível de supervisor, esses contratados acabavam ocupando cargos de gestão.

[39] Braverman, *Labor and Monopoly Capital*, p. 73-74.

da "dissociação do processo de trabalho das habilidades dos trabalhadores" por meios como "a separação da concepção da execução" que, por sua vez, reflete o uso do "monopólio sobre o conhecimento para controlar cada etapa do processo de trabalho e seu modo de execução".[40] Nesse contexto, a maioria dos trabalhadores no chão de fábrica, especialmente os "operadores" ou aqueles que apenas operam as máquinas, estão divorciados de qualquer conhecimento sobre o *know-how* tecnológico da produção. Eles apenas executam, mas não estão envolvidos em qualquer concepção da própria produção, que é feita no círculo de gestão, nos escritórios, longe do chão de fábrica.

Os executivos que entrevistei possuem o conhecimento da tecnologia e têm o poder de controlar as máquinas extremamente caras, as mesmas máquinas que "não exigem nenhuma habilidade" dos trabalhadores que as operam no chão de fábrica. Como eles mesmos me disseram, levou muito tempo e muita tentativa e erro para eles entenderem muitas coisas relacionadas a como as máquinas funcionam e como fazê-las funcionar bem. O que eles transmitiram aos seus trabalhadores era apenas uma lista de procedimentos rigorosos sobre o que fazer e, especialmente, o que não fazer, a fim de evitar perdas de produção causadas por erros na operação das máquinas. Obviamente, as máquinas não são tão simples. É a dissociação do conhecimento do trabalho realizado por esses operadores que o torna sem sentido. E são as decisões controladas pela gestão, influenciadas em grande parte pelo controle exercido sobre eles por seus clientes multinacionais, que permitem que a degradação do trabalho aconteça.

O que se pode aprender?

Como a Java Film e a Star Inc. não representam o estereótipo das fábricas do Sul Global que atendem a multinacionais, elas, na verdade, revelam muitas variações interessantes que podem

---

[40] *Ibid.*, p. 78-82.

ser encontradas na produção globalizada. Primeiro, podem ilustrar o papel clássico de fornecedores dependentes nas cadeias de valor-trabalho devido à sua produção voltada para a exportação – cerca de 30% de sua produção – para multinacionais sediadas em economias avançadas, como os Estados Unidos e a Europa Ocidental, onde as *commodities* são consumidas. Grandes multinacionais, desde empresas relacionadas à alimentação sediadas nos EUA até uma empresa líder de cigarros também sediada nos EUA, bem como gigantes multinacionais, com sede na Europa, com marcas em produtos de cuidado diário, todos servem como clientes "de classe alta" para a Java Film e a Star Inc. no segmento de exportação. Em segundo lugar, além disso, um percentual desconhecido de sua produção também é voltado para a exportação, embora essas exportações sejam feitas pelas subsidiárias dos clientes multinacionais e não pela Java Film e Star Inc. em si. Essa característica mostra que, mesmo nos casos em que as multinacionais se envolvem em investimento estrangeiro direto na Indonésia construindo subsidiárias que exportam seus produtos para os países onde são consumidos, eles ainda terceirizam a produção de embalagem para fornecedores externos, como a Java Film e a Star Inc.

A terceira característica da produção nas duas empresas, na qual elas produzem marcas multinacionais para o mercado local – mesmo que não se encaixe totalmente no caso comum da arbitragem global do trabalho –, ilustra mais uma forma de participação das empresas do Sul Global nas cadeias de valor-trabalho. Em vez de exportar diretamente seus produtos para os mercados-alvo fora de onde essas multinacionais estão sediadas, esse sistema específico é considerado muito mais eficaz como meio de reduzir custos. Nesse contexto, as multinacionais visam grandes mercados como a Indonésia, investem diretamente no país e constroem suas subsidiárias para que a produção possa ser feita perto do próprio mercado e, nesse ínterim, terceirizam partes de seus processos de produção para outros fornecedores. Assim, mesmo que envolva relações comerciais intrafirmas entre multinacionais por meio de subsidiárias, isso não ilustra precisamente cadeias "dirigidas pelo produtor" – que são caracterizadas apenas por Investimento Direto Estrangeiro – porque elas também envolvem práticas de terceirização independente em que as subsidiárias de multinacionais terceirizam a produção de seus materiais de embalagem para fornecedores terceirizados.[41]

No contexto dessas três características, Java Film e Star Inc. desempenham o papel de empresas dependentes nas cadeias de valor-trabalho, impulsionadas pela busca por baixos custos unitários do trabalho pelo capital do Norte Global que busca capturar o valor do trabalho do Sul Global, o que se concretiza no preço das mercadorias consumidas no mercado interno ou na Indonésia. O preço dos produtos multinacionais vendidos na Indonésia pode ser mais baixo que no Norte, mas isso não se traduz em lucros menores para as multinacionais. Em vez disso, com a interpenetração do esforço de vendas e do processo de produção, como uma estratégia de *marketing* que envolve muitas diversificações de produtos de um item específico (incluindo casos em que os consumidores finais precisam pagar um preço mais alto ao comprar o produto em embalagens pequenas), é bastante razoável supor que a taxa de lucro seja alta.

O que é importante é que os mecanismos tanto da racionalização sistêmica quanto da flexibilidade são aplicados, e essas são práticas por multinacionais que capturam valor no final da cadeia, já que uma grande parcela dos lucros (ou da mais-valia extraída da exploração dos trabalhadores que fazem seus produtos) resultante dessas práticas vai para multinacionais no Norte. A busca

---

[41] Gary Gereffi, "The Organization of Buyer-Driven Global Commodity Chains: How U.S. Retailers Shape Overseas Production Networks", em G. Gereffi e M. Korzeniewicz (ed), *Commodity Chains and Global Capitalism* (Westport: Praeger, 1994), p. 95-122; William Milberg e Deborah Winkler, *Outsourcing Economics: Global Value Chains in Capitalist Development* (New York: Cambridge University Press, 2013).

por baixos custos unitários do trabalho é o principal impulsionador por trás da decisão de transferir a produção para fora da Europa Ocidental, dos Estados Unidos ou do Japão. E é devido a essa obtenção de baixos custos unitários do trabalho que tais multinacionais conseguem reduzir seus custos totais de produção.

Sabemos pelas entrevistas que as corporações multinacionais têm – e, de fato, controlam – o conhecimento e o *know-how* tecnológico da embalagem flexível em sua área. Aqueles que entrevistei expressaram frequentemente surpresa genuína ao descobrir que seus clientes "realmente sabiam mais sobre embalagens" do que seus melhores especialistas. Por meio desse tipo de controle, as multinacionais mantêm seu monopólio sobre o conhecimento e o usam para ditar e direcionar a produção de seus materiais de embalagem de modo que são absolutamente benéficas para elas. Segue-se, então, que além de razões práticas adicionais, as multinacionais, mesmo aquelas que investem diretamente no país por meio de suas subsidiárias e fábricas, relutam em lidar com sua própria produção de embalagens, não porque não saibam como fazer nem porque não tenham os recursos necessários para executá-la, mas porque isso aumenta seus custos primários de produção – um esforço para perpetuar e melhorar seu poder de monopólio, como discutido anteriormente. De certa forma, há uma combinação interessante e bastante complicada de como o excedente é extraído. Por exemplo, as multinacionais não apenas realizam extração nas plantas de suas subsidiárias no Sul por meio da obtenção de baixos custos unitários do trabalho, mas também o fazem nas plantas de seus fornecedores terceirizados. Este último envolve arranjos que escondem mais aspectos das relações desiguais capital-trabalho em escala global – executadas por meio de racionalização sistêmica e mecanismos de produção flexível.

O principal objetivo de tais mecanismos, evidente ao longo dos estudos de caso apresentados neste capítulo, é a *externalização dos custos*, um processo que talvez seja mais claramente visto quando empresas como Java Film e Star Inc. produzem materiais de embalagem diretamente para exportação para os países de origem das multinacionais. Mas, seja voltado para a exportação, seja para o mercado local, as multinacionais terceirizam sua produção para externalizar os custos resultantes da produção flexível para acomodar as demandas do mercado em constante flutuação. Dessa forma, sua taxa de lucro não está em risco. Java Film e Star Inc. assumem a responsabilidade por atender à flexibilidade que é problemática para medidas de produtividade e eficiência. As multinacionais não querem colocar toda essa carga sobre suas próprias subsidiárias, pois dessa forma elas teriam que pagar o preço, então transferem uma grande parte dessa carga para seus fornecedores. A gestão de desperdício se torna uma questão importante na Java Film e na Star Inc., tanto o desperdício de produtos quanto o de mão de obra criado pelas demandas dos clientes por variações de produtos, e um sistema de entrega flexível que exige que façam as adaptações nos casos em que as previsões são perdidas ou as projeções de vendas são alteradas. Esse fato por si só prejudica sua produtividade e eficiência, e, como resultado, elas têm que enfrentar constantemente conflitos dentro de seus próprios círculos de gestão, bem como alterar sua organização de trabalho de maneira que possam compensar a perda resultante dessa produção que gera desperdício.

Materiais e uso de energia são os dois componentes responsáveis pelos mais altos custos de produção – e a exigência de ser flexível leva a um considerável desperdício em relação a esses dois fatores. Muitas partes do processo de produção flexível não podem ser controladas; independente da eficiência do planejamento deles diante das demandas de flexibilidade, ainda haveria muito material e muita energia desperdiçados no processo. No final, o principal que podem fazer é controlar o processo de trabalho de seus trabalhadores por meio de uma série de reorganizações do trabalho que visam cortar custos nos lugares que estes ainda podem ser manipulados pela gestão. Essa é outra responsabilidade transferida a eles por seus clientes multinacionais, que se certificam de que podem evitar sua própria responsabilidade exigindo que seus fornecedores passem por auditorias de terceiros e certificações internacionais. Em seguida, o restante segue: o controle sobre o processo de trabalho é aprimorado na era da racionalização sistêmica e da produção flexível. Confirmando o que as teorias discutidas no capítulo "Flexibilidade e racionalização sistêmica: controle nas cadeias de valor-trabalho das mercadorias" sugerem, os estudos de caso apresentados aqui mostram que a gestão moderna não tem sido amplamente caracterizada pela eliminação da alienação do trabalho, uma tendência em direção ao trabalho profissional e qualificado, ou uma extensa "humanização do trabalho" em geral, como autores como Robert Blauner, Michael Piore e Charles Sabel afirmam.[42] A organização taylorista do trabalho ainda prevalece e é até mesmo aprimorada, especialmente na periferia, onde a produção acontece e o exército global de reserva de trabalho é grande. Isso ocorre dentro de camadas de relações desiguais entre capital e trabalho, nas quais as multinacionais dominantes baseadas no Norte podem encontrar inúmeras maneiras de explorar os trabalhadores no Sul por meio do controle dessas empresas dependentes onde os últimos estão empregados, muitas vezes sem envolvimento direto ou rastros visíveis.

---

[42] Ver Andrew Zimbalist, "Introduction", em A. Zimbalist (ed), *Case Studies on the Labor Process* (Nova York: Monthly Review Press, 1979), p. xi–xxiv; Norbert Altmann, Christoph Köhler e Pamela Meil, "No End in Sight – Current Debates on the Future of Industrial Work", em N. Altmann, C. Köhler e P. Meil (ed). *Technology and Work in German Industry* (Londres: Routledge, 1992), p. 1-11

O novo imperialismo econômico: analisando com as lentes do Sul Global

> Uma parte importante do *modus operandi* do imperialismo está no domínio intelectual, onde promove teorias incorretas de comércio e desemprego combinadas com métodos ilógicos de medir a pobreza para mostrar uma queda, quando, na verdade, a privação está aumentando.
>
> Utsa Patnaik e Prabhat Patnaik,
> *A Theory of Imperialism*

A alegação proposta não apenas por pensadores conservadores, mas também por alguns à esquerda, de que o conceito de imperialismo como um todo, como uma realidade político-econômica, não deve ser transportado para o século XXI, que deveria, de fato, ser abandonado, é tentadora de se considerar, pois sugere uma ruptura evidente com o passado.[1] Pode até parecer mais atraente nesse aspecto do que um argumento como o apresentado neste livro: que o imperialismo continua, mas adquiriu novas características no contexto da produção globalizada de hoje. No entanto, uma análise crítica revelaria que as ciências sociais não podem abandonar a noção de imperialismo sem invalidar sua própria análise da economia mundial atual, estendendo-se também aos aspectos políticos e militares do imperialismo.

---

[1] Epígrafe: Utsa Patnaik e Prabhat Patnaik, *A Theory of Imperialism* (Nova York: Columbia University Press, 2017), p. 186.

O imperialismo – ou o sistema de uma economia mundial desigual e hierárquica, dominada por gigantes corporativos monopolistas e por um punhado de estados no núcleo imperial – nunca foi simplesmente a expansão para outros países e a cobrança de tributos, como na conquista realizada por modos de produção anteriores. Ao contrário, é uma característica da expansão capitalista, e particularmente do imperialismo na era das corporações multinacionais e da produção globalizada, em que, nas palavras de Harry Magdoff, "as áreas dominadas são transformadas, adaptadas e manipuladas para servir [...] os imperativos da acumulação de capital no centro".[2] Como vimos neste estudo, é característico do período de produção da terceirização independente, que, no nível da empresa, a produção no Sul Global é "transformada, adaptada e manipulada" até nos mínimos detalhes. Além disso, enquanto as relações de mercado geralmente são transformadas na economia emergente, as transformações no nível da empresa muitas vezes são introduzidas como que caindo de paraquedas, sem uma relação orgânica real com, ou uma lógica decorrente, da economia emergente, e podem ser facilmente desmontadas e removidas. Isso cria uma ilusão de desenvolvimento e produção avançada nesses países, que permanecem, no entanto, em uma condição dependente. Com a terceirização independente, ainda mais do que com o Investimento Estrangeiro Direto tradicional, o que está sendo produzido são meros elos em uma cadeia global de valor, na qual nós particulares de produção são especificados e controlados digitalmente do exterior. Todo o sistema de produção é projetado para ser altamente móvel e pode ser rapidamente deslocado para outro lugar se os custos unitários do trabalho aumentarem indevidamente. Mais do que nunca, o imperialismo nessas cir-

---

[2] Harry Magdoff, Imperialism: *From the Colonial Age to the Present* (Nova York: Monthly Review Press, 1978), p. 3.

cunstâncias pode ser visto nos termos de Bill Warren como "o pioneiro" do desenvolvimento nas economias subdesenvolvidas.[3]

A reversão do imperialismo?

A insistência de que o imperialismo não existe mais, ou que a drenagem da riqueza do Sul Global para o Norte Global foi em grande parte revertida, muitas vezes se baseia em uma análise superficial do crescimento das economias emergentes, como Taiwan, Coreia do Sul, bem como os países do Brics (incluindo a Indonésia), particularmente a China. Essa análise geralmente desconsidera o fato de que a China é um caso muito especial com uma estrutura capitalista bastante diferente, enquanto outros países do Brics têm enfrentado crescentes impedimentos ao seu desenvolvimento e não foram capazes de desenvolver projetos de desenvolvimento nacional razoavelmente autônomos como a China. Pode ser verdade que os países emergentes geralmente se beneficiaram do que David Harvey (seguindo Paul Baran e Paul Sweezy) se refere como a crise da absorção de "capitais excedentes" que estão "se acumulando em seus países de origem", gerando uma estagnação do investimento no centro do sistema. Esses países claramente favoreceram o investimento de parte desse excedente na industrialização de partes da periferia. Também pode ser verdade que a China tem sido um dos principais atores na "luta contínua pelo controle sobre o território econômico em todo o mundo", como algumas regiões na África, ou que os proprietários de fábricas taiwanesas e sul-coreanas que fornecem para empresas multinacionais sediadas na Europa ou nos EUA exploram trabalhadores de países "menos desenvolvidos" como a Indonésia, geralmente localizados na massa de terra tropical, onde os proprietários realizam demissões em massa ou deixam

---

[3] Bill Warren, *Imperialism: Pioneer of Capitalism* (Londres: Verso, 1980).

de pagar seus trabalhadores.[4] De fato, existem algumas variações nessas complexas relações de poder globais.

No entanto, o argumento de que o conceito de imperialismo em seu sentido clássico, especialmente a noção da exploração da periferia pelo centro, deve ser abandonado com base nisso não é empírica ou teoricamente consistente. Para começar, o suposto crescimento dos países emergentes – excluindo a China, que é um caso especial – pode não ser tão extravagante como alguns autores afirmam. O *Economist* relatou em um artigo de 2014 que o alarde sobre os países emergentes alcançando os desenvolvidos era "uma aberração". Citando um relatório do FMI, o artigo afirma que o crescimento econômico em economias em desenvolvimento/emergentes (excluindo a China) superou o das economias desenvolvidas por meros 0,39 pontos percentuais naquele ano: "Isso adiaria a plena convergência por mais de 300 anos – mais indistinguível que nunca no que diz respeito às sociedades atuais". E em pelo menos metade dos países Brics, incluindo Brasil, Indonésia e África do Sul – todos os três também pertencentes ao G20 –, o crescimento econômico na última década tem sido mais lento do que o previsto de forma otimista.[5]

---

[4] David Harvey, "A Commentary on A Theory of Imperialism", em Utsa Patnaik and Prabhat Patnaik (ed), *A Theory of Imperialism*, p. 169; Jayati Ghosh, "Globalization and the End of the Labor Aristocracy", *Dollars & Sense: Real World Economics*, March-April 2017, http://www.dollarsandsense. org; Eleanor Albert, "China in Africa", *Council on Foreign Relations*, July 12, 2017, http://www.cfr.org; "Pengusaha Kabur Bawa Rp. 90 Milliar, Tak Gaji 3000 Karyawan", CNN Indonesia, 24 jan., 2019; "Tangerang Waspadai PHK Susulan Ribuan Buruh Pabrik Adidas", *Tempo.Co*, 2 jul. 2015; Mohammad Setiawan, "Jalan Panjang Tuntutan Buruh PT Hansae 3 yang di-PHK Jelang Lebaran", *Trade Union Rights Centre*, 10 maio 2019, http://www.turc.or.id.

[5] "The Headwinds Return", *The Economist*, 13 Set. 2013, 2014; Tri Artining Putri, "Ekonomi Melambat, Pertumbuhan Ekonomi Tak Terca-pai?", *Tempo. Co*, 5 mai. 2015; Organisation for Economic Co-operation and Development, *OECD Economic Surveys: Indonesia* (OECD Publishing, 2015), p. 2; "Pertumbuhan Ekonomi Indonesia Melemah", *BBC Indonesia*, 5 ago. 2014; Jamie McGeever, "Brazil's Economy Almost Ground to a Halt in Fourth Quarter",

Mas e o "milagre do crescimento" da China, que se tornou a principal economia emergente do mundo? A economista indiana Jayati Ghosh argumenta que, mesmo que a China seja "a fonte mais significativa de importações de bens industrializados para a maioria dos países", há uma tendência de exagerar a importância de seu crescimento, assim como o dos outros países emergentes. Segundo Ghosh, esse exagero ocorre em parte porque muitas análises que comparam rendas entre países "não se baseiam em taxas de câmbio nominais, mas sim em taxas de câmbio da Paridade do Poder de Compra (PPC)" – uma medida que apresenta muitos problemas, desde a suposição de que a cesta de bens é inalterada ao longo do tempo até o tratamento da pobreza de grande parte dos assalariados como uma "vantagem econômica". Se olharmos para os termos nominais em vez disso, a China representa apenas menos de 9% da produção global (em dólares constantes de 2005), e seu PIB *per capita* é cerca de 45% da média global, "ainda muitas vezes abaixo da média das economias capitalistas 'desenvolvidas' que fazem parte do núcleo imperialista".[6]

Isso, é claro, não nega necessariamente o fato de que esses países, especialmente a China, realmente experimentam crescimento econômico e estão "emergindo" até certo ponto – o suficiente, como veremos adiante, para criar uma reação adversa por parte dos países avançados, que tentam interromper seu desenvolvimento tanto quanto possível por diversos meios, incluindo acordos multilaterais. No entanto, o que precisamos examinar é o que realmente acontece por trás da euforia do crescimento. O fato de a China liderar a participação de empregos nas cadeias de valor-trabalho deveria nos incentivar a repensar o que isso significa em relação

---

Reuters, 25 fev., 2019; Prinesha Naidoo e Amogelang Mbatha, "South Africa GDP Growth Slows as Local Investment Shrinks", *Bloomberg*, 5 mar. 2019.

[6] Jayati Ghosh, "The Creation of the Next Imperialism: The Institutional Architecture", *Monthly Review* 67/3 (jul.-ago. 2015), p. 156-57; ver também John Smith, *Imperialism in the Twenty-First Century*, p. 167-71, para uma explicação sobre os problemas da PPC.

ao contexto mais amplo das desigualdades globais. Como Walter Daum argumenta em sua contribuição para o debate Harvey-Smith (mencionado no capítulo "O local oculto da produção global") sobre o imperialismo, "o notável crescimento econômico da China se deve à superexploração" – a prática de pagar aos trabalhadores salários abaixo do necessário para reproduzir sua força de trabalho – "de *seu próprio proletariado*", cuja maioria pertence à população flutuante de "trabalhadores rurais migrantes".[7]

Em sua resposta à afirmação de Harvey sobre a reversão da drenagem, Utsa Patnaik e Prabhat Patnaik questionam se Harvey está familiarizado com o próprio conceito de drenagem, que foi explicado por muitos acadêmicos do Sul (entre os mais notáveis, a discussão de Dadabhai Naoroji e R. C. Dutt sobre drenagem em relação à colonização britânica da Índia, escrita no início de 1900). No entanto, com apenas algumas exceções, esse conceito tem sido amplamente ignorado pelos acadêmicos do Norte, incluindo a maioria dos marxistas contemporâneos. Seguindo o livro *The Political Economy of Growth* [A Política Econômica do desenvolvimento], de Paul Baran, publicado em 1957 – uma análise clássica desse fenômeno –, os Patnaik explicam que "drenagem" se refere não apenas à "direção dos fluxos de capital", mas também à drenagem do excedente de uma economia sem o retorno esperado de vantagens (*quid pro quo*).

Durante o colonialismo, isso se concretizava com as potências coloniais retirando mercadorias gratuitamente das colônias, o que então resultava em aumento do endividamento dos colonizados com relação à potência imperial. Como Utsa Patnaik escreve, a essência desse processo de drenagem ou transferência era um "sistema inteligente de obter bens gratuitos como o equivalente mercantil do excedente econômico, extraído como impostos". Ao longo da história da colonização, as "potências da Europa

---

[7] Walter Daum, "Is Imperialism Still Imperialist? A Response to Patrick Bond", *Review of African Political Economy* (Roape), 16 mai. 2018: http://roape.net.

Ocidental transferiram excedente econômico de suas colônias em uma escala muito grande", uma prática que, assim, "auxiliou substancialmente tanto sua transição industrial doméstica a partir do século XVIII quanto a subsequente difusão do capitalismo para as regiões de recente assentamento europeu". Nos dias de hoje, as coisas certamente mudaram. Não há (pelo menos totalmente) mercadorias *grátis* drenadas da periferia, e algumas das outras versões mais extremas de "drenar excedente" não são mais relevantes. No entanto, os Patnaiks enfatizam que muitos mecanismos de drenagem de excedente do Sul Global pelo Norte Global permanecem vivos – ou seja, várias formas de troca desigual – e essas práticas imperialistas são uma continuação do que aconteceu durante o apogeu colonial.[8]

O conceito de cadeias de valor-trabalho que utilizo ao longo deste livro é uma forma de troca desigual que é considerada um dos principais mecanismos imperialistas que ainda permanecem em vigor hoje em dia. A troca desigual, ou seja, *a troca de mais trabalho por menos*, está intimamente relacionada com a captura de valor possibilitada pela formação de monopólios, o que permite aos centros capitalistas apropriarem-se de grandes parcelas do excedente gerado em outros lugares. Especialmente no surgimento

---

[8]   Patnaik and Patnaik, *A Theory of Imperialism*, p. 196; Utsa Patnaik, "Revisiting the 'Drain', or Transfers from India to Britain in the Context of Global Diffusion of Capitalism", em Shubhra Chakrabarti e Utsa Patnaik (ed), *Agrarian and Other Histories: Essays for Binay Bhushan Chaudhuri* (Nova Dehli: Tulika Books, 2017), p. 277, 281. O economista canadense Gernot Köhler, utilizando uma medida que incorpora dados de paridade do poder de compra, estima que as transferências de valor geradas em países não pertencentes à OCDE, mas creditadas aos países da organização por meio dos mecanismos de troca desigual, atingiram US$1,75 trilhão em 1995. Ver John Bellamy Foster, "Late Imperialism: Fifty Years After Harry Magdoff's The Age of Imperialism", *Monthly Review* 71/3 (jul.-ago. 2019), p. 1-19. Gernot Köhler, "The Structure of Global Money and World Tables of Unequal Exchange", *Journal of World-System Research* 4 (1998), p. 145-68; Jason Hickel, *The Divide: Global Inequality from Conquest to Free Markets* (Nova York: W. W. Norton, 2017), p. 290-91.

inicial dos monopólios, no final do século XIX, a exportação de capital permitiu o estabelecimento de formas de produção na periferia, que, embora modernas (por exemplo, mesmas técnicas de produção), possuíam a "vantagem" do baixo custo da mão de obra. E, com isso, ocorreu a troca desigual, indicando uma "transferência oculta de valor" – ou "renda imperial" – em escala global, enraizada nas relações desiguais de poder entre as nações e alimentada pelo poder monopolista das multinacionais e sua capacidade de controlar os preços.[9]

Os mecanismos que ocorrem dentro das cadeias de valor--trabalho, incluindo a racionalização sistêmica e a produção flexível, são projetados para permitir a "exploração das diferenças salariais em todo o mundo".[10] A ênfase na eficiência e no aumento da produtividade, ou, em outras palavras, garantir uma posição de baixo custo, é a justificativa ideológica do capital para se envolver em terceirização independente no exterior. Os custos sociais globalmente necessários associados ao trabalho efetivo de fabricação são agora definidos pelos custos unitários do trabalho no Sul, em vez do Norte, enquanto a realização de valor é determinada principalmente pelas condições de venda no Norte, em vez do Sul. Visto dessa forma, podemos associar a busca por baixos custos unitários do trabalho que caracterizam as cadeias de valor-trabalho com a busca de valorização do capital. Como aprendemos nos estudos de caso do capítulo "'Somos apenas costureiras': estudos de caso de duas empresas indonésias", as multinacionais como capital móvel têm o poder e a capacidade de controlar os processos de produção de seus fornecedores dependentes para que possam externalizar custos necessários para acomodar a "necessidade" de aproveitar as flutuações da demanda de mercado. É óbvio que as multinacionais

---

[9] Ver John Bellamy Foster and Hannah Holleman, "The Theory of Unequal Ecological Exchange: A Marx-Odum Dialectic", *Journal of Peasant Studies* 41/2, p. 199-233.

[10] John Bellamy Foster and Robert McChesney, *The Endless Crisis* (Nova York: Monthly Review Press, 2012), p. 26.

não estão internalizando principalmente os custos de transação aqui, com o crescimento da produção de terceirização independente e da subcontratação. Em vez disso, eles os estão externalizando, simplesmente porque podem. Seu poder monopolista lhes permite fazer isso.

As multinacionais oligopolistas competem entre si para capturar mercados promissores, tanto em seus países de origem quanto no exterior. E para sobreviver a essa concorrência monopolista, elas precisam se envolver em produção flexível, movendo mão de obra e outros fatores de custo como peças de Lego, sempre com o objetivo de reduzir esses custos. Portanto, elas transferem tais responsabilidades de implementar produção de baixo custo para as empresas dependentes dentro das cadeias de valor-trabalho sempre que possível, por meio de vários mecanismos, como exemplificado nos estudos de caso. O que também é importante é como essas empresas dependentes transferem o ônus que lhes é imposto por seus clientes para seus trabalhadores, reorganizando o trabalho e aumentando seu controle sobre o processo de trabalho. Esse é um dos poucos lugares onde elas ainda podem preservar suas próprias margens de lucro, por meio do aumento da produtividade e eficiência que, de outra forma, são amplamente sacrificadas para atender às demandas de seus clientes. Aqui, podemos ver que a busca por baixos custos unitários do trabalho não é apenas um imperativo abstrato do capital. Ela é realizada por meio de processos concretos dentro das cadeias de valor-trabalho, inclusive no ponto de produção, onde as mercadorias são produzidas pelos trabalhadores, os produtores diretos e os únicos agentes capazes de resistir. Por meio desses mecanismos, as multinacionais oligopolistas – quer sejam intermediadas por suas subsidiárias (outra prática de exportação de capital que também é uma forma de troca desigual) ou não – podem alcançar o que pretendem: proteger e aumentar suas margens de lucro.

Esses lucros, no final das contas, são capturados pelas multinacionais e muitas vezes são contabilizados como o PIB de seus países de origem no Norte Global, um fenômeno que esconde a exploração que ocorre nos lugares onde as mercadorias são produzidas ou montadas. John Smith, em um artigo escrito em 2012, oferece uma explicação abrangente sobre esse tema: "A parcela do trabalho no PIB dentro de um país não está direta e simplesmente relacionada à taxa predominante de exploração nesse país, uma vez que uma grande parte do 'PIB' nas nações imperialistas representa os rendimentos do trabalho explorado" capturados no exterior.[11] Esse é outro fator que reflete a troca desigual inerente às cadeias de valor global do trabalho – um processo que é imperialista em suas características mesmo quando utilizado sem o uso direto da força militar ou do colonialismo.

No caso de terceirização independente, em que não há fluxos de lucro visíveis dos fornecedores do Sul Global para seus clientes do Norte, a captura de lucros é especialmente oculta. Para começar, Smith mostra que podemos perceber o problema rastreando os lucros gerados pelos bens das multinacionais, como *smartphones*, camisetas e café. Vamos pegar um iPod, por exemplo. Em 2006, o preço de varejo de um iPod Apple de 30GB era de 299 dólares. O custo total de produção, que foi realizado inteiramente no exterior, foi de 144,40 dólares, o que significa que a margem de lucro bruto sobre o preço de envio foi de 52%. O "lucro bruto" de 154,60 dólares é dividido entre a Apple, seus varejistas e distribuidores, e o governo, por meio de impostos. Mas aqui é onde a "mágica" entra: esses 52% do preço final de venda são contados como valor agregado nos Estados Unidos e adicionados ao PIB dos EUA.

Essa "contabilidade" não faz sentido, uma vez que a produção foi realizada fora dos Estados Unidos. Mesmo que uma grande parte dos empregos necessários para produzir o iPod esteja localizada no exterior (nesse caso, na China, onde estão situadas as fábricas da Foxconn), a folha de pagamento total chinesa para a produção do iPod foi de apenas 19 milhões de dólares, em comparação com a folha de pagamento dos EUA, de 719 milhões.

---

[11] John Smith, "The GDP Illusion", *Monthly Review* 64/3 (jul.-ago. 2012), p. 99.

Um fator importante que contribui para essa desigualdade é que a categoria de "trabalhadores profissionais" – aqueles empregados nos Estados Unidos, incluindo a "remuneração" exagerada dos executivos corporativos – captura mais de dois terços da folha de pagamento total dos EUA associada à produção do iPod. Além disso, citando o estudo de Tony Norfield sobre camisetas da H&M feitas em Bangladesh e vendidas na Alemanha, Smith explica que "o caráter exploratório e imperialista das relações sociais e econômicas" incorporado em mercadorias, como acontece com essas camisetas, não apenas proporcionou produtos acessíveis para os consumidores no Norte, mas também, nas palavras de Norfield, deu aos estados do Norte "uma importante fonte de renda", já que uma parte significativa da receita do preço de venda vai para o Estado em impostos.[12]

Além disso, esse caso ilustra o que Smith chama de "ilusão do PIB". Os dados padrão sobre o PIB e os fluxos comerciais exageram a contribuição do Norte para a riqueza global e, ao mesmo tempo, diminuem a do Sul. Como visto nos exemplos anteriores, quando compramos, digamos, uma camiseta, o país onde ela foi produzida recebe em seu PIB apenas uma pequena proporção do preço final de venda. Enquanto isso, a maior parte aparece no PIB do país onde é consumida. Tal abordagem leva a "fatos" absurdos – em países mais pobres onde a produção acontece, ou seja, países que realmente trazem uma contribuição maior para a riqueza global, os PIBs são muito menores do que os países que estão comprando a mercadoria por seu preço de envio e revendendo o produto acabado com enormes margens de lucro, que então são vistos como representando a maior parte do valor agregado. Por que isso acontece? Smith argumenta que os dados do PIB e do comércio contabilizam apenas as transações de mercado. Mas nada é produzido nos mercados, então, voltando ao argumento de Karl Marx, deveríamos entrar no local oculto da produção.

---

[12] *Ibid.*, p. 88-92.

Smith escreve: "Valores são criados nos processos de produção e capturados nos mercados e têm uma existência prévia e separada dos preços finalmente realizados quando são vendidos."[13]

Não levar isso em consideração leva a outra falácia: a fusão do valor ao preço. Para a economia neoclássica, o PIB é "essencialmente a soma do 'valor agregado' gerado por cada empresa dentro de uma nação", e o valor agregado é definido como "a diferença entre os preços pagos por todos os insumos e os preços recebidos por todas as saídas". Portanto, nessa compreensão, "a quantidade pela qual o preço das saídas excede o preço dos insumos é automática e exatamente igual ao valor que foi gerado em seu próprio processo de produção e não pode vazar para outras empresas ou ser capturado delas". Adotando uma abordagem marxista, Smith rejeita esse "absurdo" e apresenta um contra-argumento: o valor agregado é realmente valor capturado. Ou seja: "Ele mede a parcela do valor total adicionado à economia que é capturada por uma empresa e não corresponde de forma alguma ao valor criado pelo trabalho vivo empregado dentro dessa empresa individual."

Smith também aponta que a economia dominante não consegue notar que muitas empresas que supostamente geram valor agregado "estão realmente envolvidas em atividades não produtivas, como finanças e administração, que não produzem valor algum".[14] O problema do PIB explica por que o Sul Global é subestimado nos paradigmas dominantes; sua contribuição para a riqueza global é negligenciada. No final das contas, isso significa que "a parcela do trabalho no PIB dentro de um país não está direta e simplesmente relacionada à taxa de exploração predominante nesse país, uma vez que uma grande parte do 'PIB' nas nações imperialistas representa os rendimentos do trabalho

---

[13] *Ibid.*, p. 96.
[14] *Ibid.*, p. 99.

explorado" capturados no exterior.[15] Portanto, é importante retirar o véu que esconde essa exploração.

As medidas dominantes de desempenho econômico nacional foram questionadas dentro de perspectivas ambientais. Entre eles, estão o trabalho de Herman Daly e John Cobb, que fornecem uma crítica ao PNB (Produto Nacional Bruto) em seu livro *For the Common Good* [Pelo bem comum].[16] No entanto, a ilusão do PIB discutida anteriormente mostra que também há uma necessidade premente de desenvolver tal crítica aos paradigmas dominantes de uma maneira que leve em conta a perspectiva do Sul Global. Para revelar as relações imperialistas entre o Norte e o Sul que estão escondidas em tais medidas econômicas, devemos começar examinando como a contribuição do Sul para a riqueza global é ignorada, e como essa ignorância esconde ainda mais a exploração do trabalho que ocorre no local oculto da produção em economias subdesenvolvidas.

Os locais ocultos da expropriação imperialista

A drenagem do excedente dos países em desenvolvimento requer que controles imperialistas sejam exercidos sobre a produção nesses países. Essas formas de controle muitas vezes estão ocultas, não são visíveis da mesma maneira que as relações de mercado. Além disso, os processos financeiros frequentemente disfarçam as transferências econômicas, removendo qualquer transparência e ocultando o fato de que essas transferências estão longe de serem *quid pro quo*. A forma dominante de imperialismo é o que Marx chamou de "lucro mediante expropriação". No geral, o imperialismo requer não apenas a extração de tributos, mas também a

---

[15] *Ibid.*, p. 100-101.

[16] Herman Daly e John Cobb, *For the Common Good: Redirecting the Economy toward Community, the Environment, and a Sustainable Future* (Boston: Beacon Press, 1989).

reestruturação de economias inteiras para atender às necessidades das potências imperiais centrais.[17]

Se avaliarmos os *processos* que ocorrem nas cadeias de valor-trabalho, fica claro que o imperialismo, como Ghosh coloca, "não diminuiu realmente nada"; ele apenas "mudou de forma ao longo do último meio século", especialmente se usarmos "uma noção mais expansiva do que constitui 'território econômico'". Não se limita apenas à terra, recursos naturais e trabalho; também inclui "a busca e o esforço para controlar novos mercados – definidos tanto pela localização física quanto pelo tipo de processo econômico".[18] Isso é bem ilustrado nos estudos de caso apresentados no capítulo "'Somos apenas costureiras': estudos de caso de duas empresas indonésias", nos quais multinacionais, sediadas na tríade (Estados Unidos e Canadá, Europa Ocidental e Japão) e operando na Indonésia, competem entre si para controlar o enorme mercado local ao se engajarem na produção do entorno e aplicarem uma miríade de estratégias de *marketing*, não apenas para capturar as demandas dinâmicas desse mercado específico, mas também para criar desejos.

O que as multinacionais devem manter acima de tudo para perpetuar esse sistema exploratório de apropriação global em funcionamento é o controle monopolista sobre finanças e tecnologia, respaldado pelo poder imperial dos Estados no centro do sistema. Como explicou Samir Amin, o controle exercido no centro da economia mundial é mantido pelos cinco monopólios: finanças, tecnologia, recursos do planeta, comunicações e poder militar.[19] A manutenção desses cinco monopólios requer o papel ativo dos

---

[17] Karl Marx e Frederick Engels, *Collected Works*, v. 13 (Nova York: International Publishers, 1975), p. 14; Karl Marx, *Theories of Surplus Value*, part 1 (Moscou: Progress Publishers, 1963), p. 41-43. [Ed. bras.: *Teorias da mais-valia*: *história crítica do pensamento econômico*. Rio de Janeiro: Civilização Brasileira, 1980]; John Bellamy Foster e Brett Clark, "The Expropriation of Nature", *Monthly Review* 69/10 (mar. 2018), p. 5.

[18] Ghosh, "Globalization and the End of the Labor Aristocracy".

[19] Samir Amin, *Capitalism in the Age of Globalization* (Londres: Zed, 1997), p. 4-5.

Estados no centro. O "capitalismo de monopólio generalizado" de hoje, argumenta Amin, depende das operações combinadas da tríade para garantir que o sistema funcione sem problemas, com Washington, como poder hegemônico, fornecendo a principal coordenação.[20] O controle financeiro, tecnológico e de comunicações no centro, apoiado pelo controle militar e geopolítico exercido pelos Estados capitalistas, permite às multinacionais sediadas nos principais Estados imperiais realocar a produção globalmente sem medo de apropriação, permitindo-lhes extrair a maior parte do valor produzido.

O capital global garante que sua dominação dentro das cadeias de valor-trabalho não seja impedida. Como observa James O'Connor em *The Corporations and the State* [As corporações e o Estado], os monopólios multinacionais pressionaram o governo dos Estados Unidos, as potências europeias e as agências internacionais dominadas pelos EUA para "formular e implementar políticas econômicas que criarão um ambiente de investimento 'atraente' no exterior, em particular nos países subexplorados".[21] Sob o pretexto de promover o desenvolvimento econômico, as potências imperialistas estavam tentando integrar esses países "subdesenvolvidos" "ainda mais estreitamente na estrutura do capitalismo mundial". As gigantes corporações dominam a política dos EUA e, como argumentam Baran e Sweezy, elas desejam "controle monopolista das fontes estrangeiras de suprimento e dos mercados estrangeiros". Para alcançar isso, elas precisam encontrar "não parceiros comerciais, mas 'aliados' e clientes dispostos a ajustar suas leis e políticas aos requisitos do Grande Negócio Estadunidense".[22]

---

[20]   Samir Amin, "Contemporary Imperialism", *Monthly Review* 67/3 (jul.-ago. 2015), p. 23-36.

[21]   James O'Connor, *The Corporations and the State* (Nova Yorkr: Harper and Row, 1974), p. 195-96.

[22]   Paul Baran e Paul Sweezy, *Monopoly Capital* (Nova York: Monthly Review Press, 1966), p. 201.

Os exemplos são muitos. Os "programas de ajuste estrutural" lançados pelo FMI e pelo Banco Mundial servem como uma condição para os países "em desenvolvimento" quando desejam obter financiamento para sua dívida. Eles consistem, como Jason Hickel coloca, em "um coquetel de três partes: austeridade, privatização e liberalização", e, como tal, têm sido um dos exemplos mais infames de como a "dívida do Terceiro Mundo" poderia ser transformada em um mecanismo que mantém o imperialismo vivo ao forçar os países perpetuamente endividados e subdesenvolvidos a servir aos interesses do capital do Norte Global. Esses programas exigem que os países mais pobres "redirecionem todos os seus fluxos de caixa e ativos existentes para o serviço da dívida", geralmente cortando seus gastos com serviços públicos como saúde e educação, e realocando-os para setores como agricultura, além de privatizar ativos públicos.

Além disso, os países subdesenvolvidos são "forçados a desregulamentar radicalmente suas economias", tornando a integração na economia mundial capitalista mais suave ao implementar políticas que resultam na redução das tarifas comerciais, abrindo seus mercados para concorrentes estrangeiros e outros processos. A suposição é que a taxa de crescimento econômico será aumentada, aliviando o fardo do repagamento da dívida, mas o que realmente acontece é que esses países têm que "reverter suas reformas desenvolvimentistas". Na prática, essas políticas acabam impedindo-os de "usar a expansão monetária para impulsionar o crescimento e criar empregos". Esses programas de ajuste estrutural ainda são "amplamente utilizados" pelo FMI e pelo Banco Mundial para "assegurar o pagamento da dívida", mas agora estão disfarçados nos chamados Documentos Estratégicos de Redução da Pobreza.[23]

---

[23] Hickel, *The Divide*, p. 144-46, p. 208. Ver também Mike Davis, *Planet of Slums* (Nova York: Verso, 2006), p. 151-73. [Ed. bras.: *Planeta favela*. São Paulo: Boitempo, 2006.]

Estes mecanismos não são os únicos e certamente não são os piores. Nos últimos 20 anos aproximadamente, diversos tratados, acordos e outras regulamentações – sejam de âmbito global, regional ou bilateral – têm se multiplicado. Esses mecanismos são utilizados pelo capital global para impor "regras, regulamentações e modos de comportamento aos governos e às suas populações". Eles se materializam em uma série de tratados repressivos e acordos que tornam as políticas lançadas pelo FMI e pelo Banco Mundial "comparativamente quase insignificantes". E o que é mais importante é que "essas regras operam até mesmo para países que não estão na posição de devedores suplicantes às instituições financeiras internacionais, e assim requerem que todos os países restrinjam suas políticas de maneiras diretamente relacionadas às possibilidades de gerar desenvolvimento autônomo nos países da periferia".[24]

Aqui estão alguns exemplos multilaterais relevantes para o tema das cadeias de valor-trabalho: 1) o Acordo sobre Medidas de Investimento Relacionadas ao Comércio (Trims), que foi projetado para "aumentar os vínculos entre investidores estrangeiros e fabricantes locais"; 2) Aspectos dos Direitos de Propriedade Intelectual Relacionados ao Comércio (Trips), que visa proteger o monopólio do conhecimento por multinacionais, mas também "restringe a engenharia reversa e outras formas de inovação imitativa que historicamente foram usadas para a industrialização"; 3) as negociações em curso sobre Acesso ao Mercado Não Agrícola (Nama) na OMC para cortar mais tarifas nos países do Sul Global, "o que os privará ainda mais de um instrumento político crucial para apoiar suas indústrias nascentes".[25]

---

[24] Ghosh, "The Creation of the Next Imperialism", p. 147.

[25] Ghosh, "Globalization and the End of the Labor Aristocracy". Estados centrais como os Estados Unidos frequentemente agem como os principais atores nesses tratados e acordos. Em casos excepcionais, como o que ocorreu em janeiro de 2017 durante a administração Trump, quando os Estados Unidos se retiraram do Acordo de Associação Transpacífico (TPP), o acordo "comercial

Muitos desses objetivos visam perpetuar o que Peter Evans se refere como "desenvolvimento dependente", um conceito que também está intimamente relacionado ao imperialismo. Como um sistema de acumulação, argumenta Evans, o imperialismo

> garante que qualquer empresa lucrativa tenderá a se concentrar em tecnologia projetada para as condições sociais dos países centrais e se concentrará em tipos de produção de baixo retorno e rotineiros em locais periféricos, mas os interesses das multinacionais aumentam poderosamente essas tendências.[26] São precisamente esses interesses que impulsionam a criação de tratados e acordos, um esforço combinado pelas multinacionais, cujos interesses visam proteger, e pelos Estados do Norte Global (especialmente a tríade)

emblemático de Obama", a decisão não foi tomada porque os Estados Unidos decidiram lutar contra as desigualdades globais. Ao contrário, a decisão de se retirar – apresentada como um "compromisso dos Estados Unidos com o comércio livre e justo" pela Casa Branca – foi mais provavelmente uma resposta política reacionária ao declínio da aristocracia trabalhista que prejudicou a maioria da população trabalhadora dos Estados Unidos. Ver Peter Baker, "Trump Abandons Trans-Pacific Partnership, Obama's Signature Deal", *New York Times*, 23 jan. 2017; "TPP: What Is It and Why Does It Matter?", *BBC News*, 23 jan. 2017; Office of the United States Trade Representative, "Trans-Pacific Partnership": https://ustr.gov/. Na verdade, o que as pessoas chamam de "globalização" beneficiou em grande parte o capital global do Norte, mas não a maioria da classe trabalhadora no Norte Global. Um novo relatório da McKinsey mostra que, na última década, muitas pessoas – principalmente jovens com baixo nível educacional e mulheres, especialmente mães solo – em países do Norte Global sofreram com "piores resultados econômicos", em que 65% a 70% dos domicílios em 25 economias avançadas "estavam em segmentos da distribuição de renda cujos rendimentos reais estavam estagnados ou haviam caído" entre 2005 e 2014 (citado em Ghosh, "Globalization and the End of the Labor Aristocracy"). Trump também busca reescrever o Tratado Norte-Americano de Livre-Comércio (Nafta), mas "as mudanças propostas ao acordo falam principalmente das necessidades corporativas, especialmente os novos capítulos que aumentam a proteção dos direitos de propriedade intelectual e promovem maior liberdade transfronteiriça para o comércio eletrônico e digital". Martin Hart-Landsberg, "The Trump Administration: Lots of Noise but Nothing Changed for U.S. TNCs", *Reports from the Economic Front*, 25 mar. 2019: http://economicfront.wordpress.com.

[26] Peter Evans, *Dependent Development: The Alliance of Multinational, State, and Local Capital in Brazil* (Princeton: Princeton University Press, 1979), p. 37.

onde essas multinacionais têm sede. O objetivo é dificultar que os países emergentes alcancem o mesmo nível, para que também possam preservar seus "antigos poderes imperiais".[27] Isso é, em parte, uma resposta ao fato de que os Estados Unidos, o líder dessas potências após a Segunda Guerra Mundial, têm mostrado sinais de ser "significativamente mais fraco tanto econômica quanto politicamente".[28] Enquanto isso, instituições financeiras globais e regionais, como o FMI, o Banco Mundial e o Banco Asiático de Desenvolvimento (BAD), continuam a servir como tentáculos do poderoso capital global. Esse comportamento pode ser visto em suas respostas a eventos que são considerados como afetando a "competitividade" de um país no mercado de trabalho global.

Vamos tomar a Indonésia como exemplo. Em 2005, em resposta a uma série de aumentos no salário-mínimo, o BAD publicou um relatório que afirma que "regulamentações trabalhistas" são uma "preocupação séria, mais do que as habilidades trabalhistas", fazendo com que a Indonésia tenha dificuldade de melhorar seu clima de investimento. Da mesma forma, os salários-mínimos também "pesam muito sobre as operações das empresas" – uma declaração que ecoa um relatório do Banco Mundial publicado dez anos antes, no qual as tentativas do governo indonésio de aumentar o salário-mínimo após as crises dos anos 1990 foram recebidas com críticas de que a política colocaria em risco a competitividade da Indonésia no mercado de investimentos.[29]

Esse comportamento não mudou muito nos últimos anos. Em um relatório de 2013 da equipe técnica do FMI sobre a Indonésia, a instituição destacou especificamente o "aumento dos custos unitários do trabalho" na indústria como resultado do "crescimento nos custos trabalhistas" – causado, entre outras razões, pelos "níveis elevados de salário-mínimo em relação aos

---

[27] Ghosh, "The Creation of the Next Imperialism", p. 158.

[28] Ghosh, "Globalization and the End of the Labor Aristocracy".

[29] Asian Development Bank, "Improving Investment Climate in Indonesia", *Joint Asian Development Bank-World Bank Report (2005)*, p. 10; Nisha Agrawal, "Indonesia: Labor Market Policies and International Competitiveness", *World Bank Working Paper* 1515 (set. 1995).

salários médios" e "regulamentações rígidas do mercado de trabalho" – que "superou os ganhos de produtividade". O relatório oferece ainda uma solução para esse problema percebido, argumentando que reduzir a rigidez das regulamentações e "alinhar os aumentos do salário-mínimo com o crescimento da produtividade" ajudaria a "aumentar a competitividade no setor de manufatura da Indonésia" e, assim, "ofereceria maiores oportunidades para trabalhadores do setor informal de baixa remuneração" ao "gerar mais empregos".[30]

Os diversos mecanismos pelos quais a produção é controlada na periferia, incluindo as economias emergentes, nas quais as condições *quid pro quo* ou de troca igual são violadas, e por meio dos quais os países imperiais mantêm sua dominação, são concretamente ilustrados no caso da Indonésia. Não surpreendentemente, o aumento nos custos unitários do trabalho na Indonésia foi motivo de preocupação para o FMI, que enfatizou que o aumento afetaria negativamente a competitividade do país no setor manufatureiro. Uma afirmação semelhante é feita em um relatório de 2016 do BAD sobre "tendências e desafios" do mercado de trabalho da Indonésia, no qual "ganhos de produtividade" são considerados necessários "para garantir que a Indonésia continue competitiva na economia global". Portanto, fatores que podem aumentar a produtividade, incluindo "conhecimento de estratégias no local de trabalho para melhorar a produtividade, como gerenciamento do tempo de trabalho, ergonomia e medidas de saúde e segurança", precisam ser alcançados.[31]

Tudo isso pode ser traduzido como uma preocupação com a capacidade da Indonésia de manter sua posição de baixo custo dentro das cadeias de valor-trabalho. Nesse contexto, o que é visto como

---

[30] International Monetary Fund, *Indonesia: 2013 Article IV Consultation* (Washington: FMI, December 2013), p. 24.

[31] Emma R. Allen, *Analysis of Trends and Challenges in the Indonesian Labor Market*, ADB Papers on Indonesia n. 16 (Manila: Asian Development Bank, mar. 2016), p. 34.

alarmante pelas instituições financeiras globais, alinhadas com o capital global, é que os custos unitários do trabalho na Indonésia têm aumentado. Como vimos no capítulo "Cadeias de valor-trabalho das mercadorias: relações de poder e classe na economia mundial", o aumento nos custos unitários médios do trabalho nas indústrias de transformação, em relação aos Estados Unidos, foi de cerca de 12% de 1995 a 2014, com algumas flutuações no meio do caminho. Isso foi motivo de preocupação apesar de a diferença nos custos unitários do trabalho entre os países do Norte e do Sul (incluindo a Indonésia) continuar sendo significativa. E uma vez que o aumento no salário-mínimo é uma das principais causas do aumento dos custos unitários do trabalho, é "compreensível" que a questão de um salário-mínimo mais alto seja frequentemente destacada como uma preocupação nos relatórios publicados por instituições financeiras internacionais, que frequentemente enfatizam que os países do Sul Global devem manter sua "competitividade", uma palavra que é realmente um eufemismo para "explorável".

O aumento relativamente recente do salário-mínimo na Indonésia ocorreu após uma série de grandes greves que começaram a ocorrer após a queda de Suharto em 1998, incluindo duas greves gerais que aconteceram em 2012 e 2013, nas quais os trabalhadores exigiram, entre outras coisas, o fim da política de baixos salários e das práticas de terceirização, em que as empresas contratam trabalhadores temporários de agências de emprego sem fornecer benefícios. Cerca de 2 milhões de trabalhadores participaram da primeira greve geral nacional após o fim da ditadura de Suharto; a greve foi realizada em 3 de outubro de 2012, e se espalhou por 35 cidades e distritos em 20 províncias e 80 complexos industriais em todo o país. Como resultado, foi observado um aumento médio de 48% no salário-mínimo em todas as regiões. Embora isso não reflita necessariamente um aumento nos salários reais, que têm se mantido estagnados, ainda é uma conquista importante. Em geral, entre 2011 e 2013, protestos e greves de trabalhadores trouxeram pelo menos "três grandes campanhas [em relação a salários e segurança no emprego], cujas demandas foram adaptadas às regulamentações governamentais". Embora as consequências das políticas trabalhistas repressivas de três décadas de Suharto, especialmente em relação à sindicalização, ainda possam ser encontradas hoje, e um aumento do salário-mínimo na Indonésia muitas vezes seja visto como uma conquista mínima por parte dos trabalhadores, tais ações coletivas são de fato uma forma de resistência nas atuais relações industriais "liberais, flexíveis e descentralizadas".[32] Pelo menos é o suficiente para fazer o Grande Capital suar, como visto pela reação dada por seus capangas financeiros.

Mesmo o relatório de 2016 do BAD destaca que o aumento nos custos unitários do trabalho no setor manufatureiro da Indonésia

---

[32] Fahmi Panimbang and Abu Mufakhir, "Labour Strikes in Post-Authoritarian Indonesia", em J. Nowak, M. Dutta e P. Birke (ed), *Workers' Movements and Strikes in the Twenty-First Century* (London: Rowman & Littlefield International, 2018), 22-23, 27-28; Emma Allen, "Raising Indonesian Labor Productivity", Asian Development Bank, 9 ago. 2016, http://adb.org. Em 2015, sob a administração de Joko Widodo, o governo indonésio emitiu um pacote de regulamentações (PP n. 78/2015) relacionado aos salários que foi alvo de críticas e levou a protestos por parte dos sindicatos trabalhistas. A regulamentação foi vista como atendendo aos interesses do capital em vez do trabalho, pois incluía cláusulas que, por exemplo, afirmavam que o aumento dos salários-mínimos é determinado pelo governo de acordo com cálculos emitidos pelo escritório de estatísticas do governo, contornando as negociações com os sindicatos trabalhistas e abandonando outras considerações, como o poder de compra dos trabalhadores. Durante sua segunda campanha eleitoral presidencial em 2019, Joko Widodo fez uma promessa de revisar essa lei caso fosse reeleito, embora seu atual Ministro do Trabalho, Hanif Dhakiri, já tivesse criticado as sugestões dos trabalhadores sobre como revisar a lei. Ver "Buruh Tolak PP 78 Tahun 2015 tentang Pengupahan", LBH Jakarta, 30 de out. 2015: http://www.bantuanhukum.or.id; Haris Prabowo, Jakarta, 30 de out. 2015: http://www.bantuanhukum.or.id; Haris Prabowo, "Serikat Buruh Tuntut Pemerintah Cabut PP 78/2015 Tentang Pengupahan", *Tirto.ID*, 24 out. 2018; Dimas Jarot Bayu, "Revisi PP n. 78 Tahun 2015 Akan Dikaji Setelah Real Count Rampung", Katadata, 23 abr. 2019; Riyan Setiawan, "Pemerintah Dituntut Cabut PP Pengupahan dan Turunkan Harga Pokok", *Tirto.ID*, 1 maio 2019.

entre 2000 e 2012, "superando os ganhos na produtividade do trabalho", foi resultado de aumentos nos salários-mínimos "aliado *ao crescente poder da mão de obra organizada*". Especialmente no caso dos aumentos do salário-mínimo dentro de setores manufatureiros específicos (divididos em níveis, dependendo do tipo de indústria), o relatório reconhece que o sistema "se desenvolveu em grande parte por meio de um processo de baixo para cima, no qual trabalhadores de várias indústrias se organizaram e negociaram salários mais altos que o salário-mínimo do distrito ou da província ao longo do tempo".[33]

Dado que o aumento arduamente conquistado nos salários-mínimos é algo que não pode ser desfeito (pelo menos não facilmente), na tentativa de controlar os custos unitários do trabalho, as instituições financeiras internacionais só podem pressionar por um aumento na produtividade do trabalho, de modo que o aumento nos salários-mínimos possa ser "alinhado", como informa o relatório do corpo técnico do FMI. Um artigo recente do BAD afirma que, embora a produtividade do trabalho na Indonésia tenha sido "bastante encorajadora", com um aumento médio de 4,3% entre 2011 e 2016, o que se torna preocupante é que esse aumento na produtividade parece estar "mais relacionado ao lento crescimento do emprego".[34]

---

[33] Allen, *Analysis of Trends and Challenges in the Indonesian Labor Market*, p. 22. Grifo acrescentado.

[34] Allen, "Raising Indonesian Labor Productivity". A produtividade de fato se tornou prioridade nos primeiros cinco anos (2014-2019) da administração de Joko Widodo, outro exemplo de como o estado atende aos interesses do capital. A produtividade foi listada como uma das nove prioridades – conhecidas como "Nawa Cita" – que se tornaram a agenda da administração e foi usada como "propaganda" de sua campanha presidencial em 2014: "Vamos aumentar a produtividade e competitividade das pessoas no mercado global". Os planos, focados em áreas como desenvolvimento de infraestrutura (construção e renovação de estradas, além de construção de aeroportos e zonas industriais) para aumentar os investimentos por meio de vários meios, enfatizaram a necessidade de criar regulamentações e burocracias mais favoráveis aos investidores. De um panfleto de campanha publicado no *site* do Comitê Eleitoral por Joko

A premissa aqui é que as pessoas que trabalham com "contratos de curto prazo" (que se tornaram mais comuns no mercado de trabalho, de acordo com o artigo do BAD) devem trabalhar mais para manter seus empregos e, assim, aumentar a produtividade por razões "erradas". A razão "certa" que o autor espera é que a produtividade seja alta devido a "ganhos de eficiência". Garantir que a produtividade se deve a ganhos de eficiência é importante porque, como argumenta o autor, "ganhos na produtividade do trabalho são essenciais para que a economia como um todo mantenha a competitividade". Em seguida, ela dá três sugestões para melhorar os ganhos de eficiência: "Uma melhor vinculação entre salários e produtividade, uma combinação aprimorada de flexibilidade para as empresas e segurança para os trabalhadores, e o fortalecimento de sistemas e incentivos para a formação de habilidades." As sugestões podem parecer benignas, pois parecem ser simpáticas aos trabalhadores. O artigo até encoraja uma negociação coletiva mais forte para que o cumprimento do salário-mínimo possa ser melhorado e os ganhos salariais provenientes do seu aumento possam ser "filtrados para todos os trabalhadores".[35]

No entanto, a questão não se resume apenas à conformidade no pagamento dos salários-mínimos. Empresas como Java Film e Star Inc. cumprem bem, e elas se envolvem em negociações coletivas com os sindicatos trabalhistas (embora reclamem disso). Aumentos na produtividade são essenciais para o funcionamento das cadeias de valor-trabalho, com o objetivo de manter os custos unitários do trabalho baixos. A sugestão apresentada pelo BAD enfatiza a ideia de que a vinculação entre salários e produtividade levaria a "custos unitários do trabalho reais estáveis e crescimento dos lucros". Para o capital global, os custos unitários do trabalho realmente precisam ser estáveis – mas *consistentemente baixos*. É

Widodo e Jusuf Kalla, "Jalan Perubahan Untuk Indonesia yang Berdaulat, Mandiri, dan Berkepribadian" (Jakarta: KPU, 2014). Tradução minha.

[35] Allen, "Raising Indonesian Labor Productivity".

por isso que, como os estudos de caso mostram, sempre que há um aumento nos salários, os clientes multinacionais pressionam fortemente seus fornecedores dependentes a aumentar a produtividade e eficiência, o que se resume a aumentar a produtividade dos trabalhadores no chão de fábrica por meio de uma série de reorganizações do trabalho. As multinacionais até interferiam diretamente. Como expresso em minhas entrevistas, os clientes "convocavam" os executivos da Java Film e da Star Inc. sempre que viam um alto desperdício na produção – ironicamente um resultado de suas demandas irrazoáveis por flexibilidade. Os clientes multinacionais impediam o aumento do custo de produção, para que pudessem evitar pagar mais aos seus fornecedores em seus pedidos de compra subsequentes. Uma gigante multinacional chegou ao ponto de oferecer a contratação de uma consultoria de gestão de classe mundial, às custas do cliente, para ajudar o fornecedor a revisar suas operações e encontrar "eficiências" nos seus processos de negócio. Qual seria o benefício para o cliente? Como explicou um executivo da Star Inc.: "Qualquer economia que pudéssemos alcançar com essas eficiências se traduziria em economia para eles em termos de preço de venda mais baixo."

O descompasso entre produtividade e renda é uma ocorrência comum; sugere que "os ganhos de produtividade foram ou retidos pelos empregadores ou repassados na forma de preços mais baixos para manter a competitividade", escreve Ghosh.[36] Ao contrário do que o BAD afirma, o que acontece na realidade *não é* exatamente que a produtividade já é alta (devido ao baixo crescimento do emprego) e então os salários acompanham. Em vez disso, é o contrário: sempre que há um aumento nos salários, o capital global, personificado em multinacionais, impõe aumentos adicionais na produtividade, por quaisquer meios necessários. E no processo, os "sistemas e incentivos" serão fortalecidos, mas apenas para aumentar o controle sobre o processo de trabalho e não para "formação de habilidades".

---

[36] Ghosh, "Globalization and the End of the Labor Aristocracy".

Mais importante, a "flexibilidade das empresas" será aprimorada, mas não a "segurança dos trabalhadores" (exceto no contexto em que a segurança no emprego é vista como um meio de investir em capital humano e promover o crescimento da produtividade do trabalho). Além disso, em relação à flexibilidade como um meio de aumentar a produtividade, o relatório de 2016 do BAD enfatiza que "aumentar a flexibilidade no mercado de trabalho é essencial para promover inovação e ganhos de produtividade", e que isso deve levar à "criação de melhores oportunidades de negócios e empregos melhores" – embora não esteja claro exatamente como um mercado de trabalho flexível pode ser traduzido em criação de empregos *melhores* para os trabalhadores – "enquanto força atividades de produção ineficientes a se reformarem".[37]

Mas deixando essa questão de lado, o ponto permanece claro: instituições como o BAD enfatizam a importância do crescimento da produtividade, liderado por ganhos de eficiência, para que os países possam permanecer competitivos nas cadeias de valor-trabalho. O fato de que esses ganhos são então capturados pelo capital oligopolista por meios exploratórios não é a preocupação deles. Desmascarar tal discurso dominante é importante. A estrutura das cadeias de valor-trabalho nos permite ver a extração de excedente, impulsionada pela acumulação de capital e escondida por trás da retórica dominante de competitividade, produtividade, eficiência, flexibilidade e afins. Isso nos permite examinar adequadamente as relações desiguais entre capital e trabalho que caracterizam a produção globalizada.

Uma análise de uma empresa específica, ou de um nó dentro da cadeia de valor, como na análise dos controles impostos às fábricas indonésias pelas multinacionais com as quais elas subcontratam, remove o véu que cobriu esses processos. Os principais exemplos incluem: 1) o controle do conhecimento tecnológico, por meio do qual as multinacionais podem exigir que os fornecedores apliquem

---

[37] Allen, *Analysis of Trends and Challenges in the Indonesian Labor Market*, p. 35.

ou não certos materiais ou técnicas – "transferidos" para estes últimos apenas de acordo com as necessidades dos primeiros – numa tentativa de reduzir os custos de produção; 2) a aplicação de requisitos exigentes, como a capacidade dos fornecedores de entregar sob demanda ou de acomodar pedidos flutuantes por meio de políticas de "*buffering*"; e 3) padronização de procedimentos, em que as multinacionais podem exigir uma série de regulamentos ao lidar com os fornecedores. Estes muitas vezes são disfarçados como "práticas comerciais justas", como certificações internacionais ou estruturas de custos abertos impostas aos fornecedores.

Por sua vez, esses meios de controle são então traduzidos em formas de controle em relação ao trabalho. A organização e reorganização do trabalho implementadas no ponto de produção, com o objetivo de atender aos requisitos exigidos pelos clientes multinacionais, acabam se tornando um mecanismo significativo dentro das cadeias de valor-trabalho em que o capital do Norte Global explora o trabalho no Sul. Os clientes multinacionais se beneficiam das políticas e práticas de gestão conduzidas pelos chefes nas empresas dependentes, como: 1) o sistema de incentivos que permite o controle invisível do trabalho acontecer, no qual os trabalhadores como grupo são forçados a aumentar sua produtividade por meio da ameaça de perder ganhos extras (isso é especialmente relevante porque as horas-extras são limitadas por políticas governamentais, enquanto os baixos salários dos trabalhadores tornam os ganhos extras não apenas desejáveis, mas essenciais); 2) a implementação de medidas específicas de desempenho dos trabalhadores, em que fatores como o volume de devoluções de produtos, o desempenho operacional e as reclamações de clientes são levados em consideração – e os trabalhadores são disciplinados quando "falham" em ter um bom desempenho; 3) o uso de controle direto no chão de fábrica, que inclui monitoramento das atividades dos trabalhadores para evitar que o descontentamento se transforme em ação organizada; e 4) a disseminação de propaganda que usa a retórica "lar/família" para domar atividades relacionadas a sindicatos, na qual os sindicatos são vistos como "infiltrados" que arruinariam o "lar" dos trabalhadores (ou seja, a fábrica) e suas "famílias" (incluindo a gestão).

Todas essas práticas são possibilitadas pela desqualificação do trabalho, dominada e moldada pela acumulação de capital, que transformou os trabalhadores em "meros executores" do trabalho e, portanto, os tornou vulneráveis.

Esse processo, no qual o capital de um país muito distante pode exercer controle sobre o trabalho do Sul Global, ocorre dentro de intrincadas cadeias globais de valor que aparentemente são descentralizadas. É uma característica definidora da nossa economia mundial atual. Como enfatizado por Amin, o "capitalismo contemporâneo" de hoje é marcado por "monopólios financeiros globalizados e generalizados" que "controlam rigidamente todos os sistemas de produção".[38] Os defensores frequentemente apresentam os fenômenos discutidos aqui como um resultado inevitável e neutro da "globalização", mas quando olhamos de perto e criticamente, fica claro que a fase atual da globalização não é nada mais do que uma nova fase do imperialismo, usada pelo capital e por seus instrumentos estatais para apresentar um "conjunto de demandas por meio das quais exercem controle sobre os sistemas produtivos da periferia do capitalismo global". E como sistema, diz Amin, "o capitalismo monopolista generalizado e globalizado garante que esses monopólios obtenham uma renda monopolista cobrada sobre a massa de mais-valia [...] que o capital extrai da exploração do trabalho". Quando falamos de como esse processo opera nas "periferias do sistema globalizado", continua Amin, "essa renda monopolista se torna uma renda imperialista".[39]

A estrutura das cadeias de valor-trabalho ajuda a tornar esse fenômeno claro. Ele também nos mostra a luta de classes que ocorre

---

[38] Samir Amin, *Three Essays on Marx's Value Theory* (Nova York: Monthly Review Press, 2013), p. 19.

[39] Samir Amin, *The Implosion of Contemporary Capitalism* (Nova York: Monthly Review Press, 2013), p. 15; Samir Amin, *The Long Revolution of the Global South* (Nova York: Monthly Review Press, 2019), p. 19.

no "local oculto da produção": desde a luta dos trabalhadores para encurtar a jornada de trabalho na era de Marx na Inglaterra, até as ameaças de protestos e greves que continuam rondando as plantas fabris na Indonésia do século XXI – o que deixa nervosos não apenas seus chefes, mas também os chefes de seus chefes (ou seja, as multinacionais), não importa quanto poder possuam. No fim das contas, os trabalhadores são os produtores diretos de mercadorias. Mesmo que possam ser substituídos por outros do exército industrial de reserva, as lutas dos trabalhadores sempre conseguem apresentar ameaças reais e assustadoras para seus chefes.

Um homem idoso, cujo filho trabalha em uma das fábricas que estudei, me contou em certa tarde: "Os trabalhadores são aqueles que produzem as mercadorias para a empresa. Se todos se recusarem a trabalhar, com certeza a empresa sofrerá. A empresa não consegue ver isso?" Certamente conseguem. Assim como o capital global, que governa a partir da metrópole. E é aí que reside a luta de classes, na qual uma classe trabalhadora unida pode lutar contra a exploração ao reconhecer como ela ocorre e confrontá-la onde ocorre. No contexto da indústria manufatureira, essa luta contínua significa a realidade de uma resistência continuada no local de produção, nos chãos de fábrica, um lugar pequeno, porém significativo dentro da intrincada configuração global das cadeias de valor-trabalho. Uma luta que deveria e pode florescer em um movimento internacional contra o capitalismo e o imperialismo nesta era da produção globalizada. Embora o trabalho tenha sido em grande parte contido enquanto o capital corre livremente, a solidariedade e a resistência não conhecem fronteiras. No século XIX, Marx e Engels declararam nas últimas frases do *Manifesto comunista*: "Os proletários não têm nada a perder a não ser seus grilhões".[40] Hoje, quando falamos de grilhões, também nos referi-

---

[40]   Karl Marx e Friedrich Engels, *The Communist Manifesto* (Nova York: Monthly Review Press, 1964), p. 62. [Ed. bras.: *Manifesto do Partido Comunista*. São Paulo: Expressão Popular, 2010.]

mos às cadeias de valor imperialistas que perpetuam a exploração e a expropriação da classe trabalhadora, cadeias que desesperadamente precisamos romper, porque temos um mundo a ganhar.

Apêndice 1
Notas estatísticas

A World Input-Output Database: Socio Economic Accounts (WIOD-SEA) [Banco Mundial de Dados de Insumos e Produtos: Cálculos socioeconômicos] é composta por dois lançamentos de dados distintos (mas sobrepostos). A versão de 2013 contém dados de 40 países, abarcando o período entre 1995 e 2011.[1] A de 2016 contém dados de 43 países, cobrindo o período entre 2000 e 2014.[2] Duas mudanças feitas na versão de 2016 são significativas para nossa análise. Primeiro, ela utiliza um esquema de classificação das indústrias atualizado (ISIC Rev. 4; a de 2013 usou ISIC Rev. 3). Segundo, a variável horas totais trabalhadas por pessoas ocupadas (H_EMP), referente a todos os trabalhadores – em oposição à categoria mais restrita de horas trabalhadas por empregados (H_EMPE) – foi eliminada.[3] Como os dados de H_EMPE são irregulares para muitos países e completamente indisponíveis para

---

[1] Abdul Azeez Erumban, Reitze Gouma, Gaaitzen J. de Vries, Klaas de Vries e Marcel P. Timmer, *WIOD Socio-Economic Accounts (SEA): Sources and Methods* (Bruxelas: WIOD, Seventh Framework Programme, 2012). Vale ressaltar que houve uma atualização em julho de 2014 – ver Reitze Gouma, Marcel P. Timmer, Gaaitzen J. de Vries, *Employment and Compensation in the WIOD Socio Economic Accounts (SEA): Revisions for 2008-2009 and new data for 2010-2011* (Bruxelas: WIOD, Seventh Framework Programme, 2014). Por coincidência, essa divulgação efetivamente termina em 2009 devido a grandes lacunas na disponibilidade de variáveis necessárias para calcular o custo unitário do trabalho para o período de 2010 a 2011. O lançamento de 2013 está disponível em: http://wiod.org.

[2] O lançamento de 2016 está disponível em: http://wiod.org.

[3] Os nomes de variáveis em maiúsculas referem-se às variáveis originais do WIOD--SEA, enquanto as variáveis em minúsculas foram geradas ou estimadas.

a China, desenvolvemos a seguinte técnica para calcular variáveis-chave na versão de 2016.

Mapeamos categorias industriais do conjunto de dados de 2013 a 2016 usando a tabela de mapeamento "ISIC Rev. 3 - Rev. 4" fornecida pelo WIOD.[4] Isso resultou na fusão de duas categorias ISIC Rev. 3 ("Têxteis e produtos têxteis" e "Couro, produtos de couro e calçados") em uma única categoria ISIC Rev. 4 ("Fabricação de têxteis, vestuário e produtos de couro"). Para evitar duplicações, calculamos a média dos dados para essas duas categorias industriais e então eliminamos os valores redundantes. Nos casos em que as categorias industriais ISIC Rev. 3 foram divididas em uma ou mais categorias industriais, apenas os dados para a categoria industrial ISIC Rev. 4 diretamente mapeada foram utilizados.

Para estimar H_EMP na versão de 2016, construímos três novas variáveis. Calculamos as duas primeiras variáveis a partir da versão de 2013 (por país, indústria e ano): a razão de horas trabalhadas (H_EMP) para horas trabalhadas por empregados (H_EMPE), ou "razão de horas" para abreviar; e horas trabalhadas por trabalhador (H_EMP/EMP), "horas trabalhadas". Uma terceira variável usou "horas trabalhadas anuais médias por pessoas empregadas" (ou "horas médias trabalhadas") das Tabelas Mundiais de Penn. Dados de Hong Kong foram usados para aproximar os números da China.

Em seguida, fundimos as variáveis na versão de 2016 (apenas para os anos de sobreposição de 2000 a 2009 no caso das duas primeiras variáveis) e criamos estimativas usando ou a variável H_EMPE (razão de horas) ou EMP (horas trabalhadas e horas médias trabalhadas). Nos anos em que mais de uma estimativa estava disponível, usamos o valor mais alto.[5]

---

[4] Reitze Gouma, Wen Chen, Pieter Woltjer, Marcel P. Timmer, *WIOD Socio Economic Accounts (SEA) 2016: Sources and Methods* (Groningen: WIOD, 2018), p. 26.

[5] É possível calcular os custos unitários do trabalho no conjunto de dados de 2016 sem fazer quaisquer estimativas das horas totais trabalhadas. O cálculo

Por fim, usando a versão de 2016 como base, estimamos dados para 1995-1999 usando a média móvel de cinco anos da mudança anual no custo unitário do trabalho da versão de 2013.[6]

O custo unitário do trabalho é dado pela razão entre compensação total do trabalho real (LAB) por hora e produção bruta por indústria a preços básicos correntes (GO) por hora (versão 2013: H_EMP; versão 2016: H_EMP estimada). A remuneração do trabalho (LAB) por hora (H_EMP, conforme explicado) foi convertida em dólares de 2017 usando dados de taxa de câmbio do Penn World Tables (para converter a moeda nacional em dólares)[7] e coeficientes de inflação do economista Robert Sahr.[8] Devido a inconsistências nos dados, excluímos os números para a indústria de "coque e produtos de petróleo refinado" do Reino

---

pode ser realizado usando a proporção de "Remuneração dos Empregados" (COMP) para "Total de Horas Trabalhadas pelos Empregados" (H_EMPE) no numerador. Isso produz resultados semelhantes aos obtidos usando a proporção de "Remuneração Total do Trabalho" (LAB) para "Total de Horas Trabalhadas pelas Pessoas Empregadas" (H_EMP). Criticamente, isso significaria excluir completamente a China e também remover milhões de trabalhadores do cálculo, quase todos os quais trabalham no Sul Global. De fato, essa é a prática da grande maioria dos economistas (e das instituições) dominantes hoje, que rotineiramente apresentam dados sobre países como Índia e China em séries distintas e não comparáveis, fazendo-os parecer meramente como pontos fora da curva.

[6] Com exceção da China, as duas publicações chegaram em resultados semelhantes. Decidimos apresentar os números em um único gráfico em prol da clareza. Com isso dito, deve ser enfatizado que os pesquisadores do WIOD dedicaram atenção especial à Grande Crise Financeira de 2007-2009 na versão de 2016, e é por isso que fizemos o esforço de usar esta última como nosso conjunto de dados base. Ver Marcel P. Timmer, Bart Los, Robert Stehrer, Gaaitzen J. de Vries, "An Anatomy of the Global Trade Slowdown Based on the WIOD 2016 Release", *GGDC Research Memorandum* (2016).

[7] Robert C. Feenstra, Robert Inklaar, Marcel P. Timmer, "The Next Generation of the Penn World Table", *American Economic Review* 105/10 (2015), p. 3150-82.

[8] Robert Sahr, "2017 Conversion Factors: Individual Year Conversion Factor Tables", *Oregon State University*, 2018: http://liberalarts.oregonstate.edu.

Unido. A inconsistência parece ter surgido porque há muitos poucos trabalhadores nessa indústria.

Deve-se observar que, ao apresentar dados de remuneração média por hora trabalhada no Gráfico 2, convertemos para dólares estadunidenses (2017) em vez de utilizar as taxas de câmbio de Paridade do Poder de Compra. A PPC é importante para responder a algumas questões, como equidade e padrão de vida, mas é enganoso ao abordar outras questões, como fluxos financeiros internacionais, preço de compra do trabalho, margens de lucro e arbitragem global do trabalho. São estas últimas questões que nos preocupam aqui. Como diz o Escritório de Estatísticas do Trabalho dos EUA ao tratar da Comparação da Remuneração por Hora na Indústria Internacional, é "o custo do trabalho para um empregador, e não a renda do trabalhador", que é importante.[9] A distinção entre o uso de PPC e dólares de mercado reais em tais cálculos pode ser facilmente compreendida se reconhecermos que, de acordo com o *Global Wage Report* [Relatório global de salários] da OIT 2018/19, "converter todos os salários médios dos países do G20 em dólares estadunidenses usando a taxa de câmbio de PPC resulta em um salário médio simples de cerca de 3.250 dólares por mês em economias avançadas e cerca de 1.550 por mês em economias emergentes".[10] No entanto, é óbvio que isso não reflete o *preço de compra* (custo do trabalho) que o capital internacional paga pelo trabalho em economias emergentes, em que as taxas de salário estão muito abaixo de 50% do salário médio nos Estados Unidos e em outras economias avançadas indicadas aqui, além das questões de poder de compra local. Como afirma o periódico *Finance and Development* do Fundo Monetário Internacional, "as taxas de câmbio de mercado são a escolha lógica quando envolvem fluxos financeiros".[11]

---

[9]   U.S. Bureau of Labor Statistics, "Technical Notes: International Comparisons of Hourly Compensation Costs in Manufacturing", ago. 2013: http://bls.gov.

[10]   ILO, *Global Wage Report 2018/19* (Genebra: ILO, 2018).

[11]   Tim Callen, "PPP *Versus* the Market: Which Weight Matters?", *Finance and Development* 44/1 (2007).

Tabela 2 – Indústrias de transformação (ISIC Rev. 4)

Código	Descrição
C10-C12	Produtos alimentícios, bebidas e produtos de tabaco
C13-C15	Têxteis, vestuário e produtos de couro
C16	Madeira e produtos de madeira e cortiça, exceto móveis; artigos de palha e materiais de trançado
C17	Papel e produtos de papel
C18	Impressão e reprodução de suportes gravados
C19	Coque e produtos de petróleo refinado
C20	Químicos e produtos químicos
C21	Produtos farmacêuticos básicos e preparações farmacêuticas
C22	Produtos de borracha e plástico
C23	Outros produtos minerais não metálicos
C24	Metais básicos
C25	Produtos de metal fabricados, exceto máquinas e equipamentos
C26	Produtos de computador, eletrônicos e ópticos
C27	Equipamentos elétricos
C28	Máquinas e equipamentos não classificados em outra categoria
C29	Veículos automotores, reboques e semirreboques
C30	Outros equipamentos de transporte
C31-C32	Móveis; outras manufaturas
C33	Reparação e instalação de máquinas e equipamentos

Apêndice 2
Notas sobre a metodologia para os estudos de caso

Os dados foram coletados por meio de observação e entrevistas com "informantes-chave" para analisar como o capital do Sul Global gerencia tanto seus trabalhadores quanto o relacionamento com clientes multinacionais. O objetivo aqui não foi buscar um grupo estatisticamente representativo de "amostras", mas obter informações detalhadas de indivíduos que conhecessem os problemas e estivessem dispostos a compartilhar as informações.[1] Embora algumas abordagens tradicionais do uso de técnicas de "informantes-chave" sejam consideradas uma forma de entrevista não estruturada na antropologia, a técnica foi desenvolvida de diferentes formas, incluindo o "uso focado de informantes-chave", no qual existem estruturas para as entrevistas (no meu caso, semiestruturadas). Aqui, como entrevistadora, estou familiarizada com as informações que serão buscadas dos entrevistados e tenho uma série de perguntas para usar durante as entrevistas.[2] Além das observações e entrevistas, também analiso os documentos das empresas – desde folhetos, vídeos, relatórios anuais e materiais de apresentação dos executivos – que me foram fornecidos durante o trabalho de campo.

---

[1] N. Kumar, L. W. Stern e J. C. Anderson, "Conducting Interorganizational Research Using Key Informants", *Academy of Management Journal* 36/6 (1993), p. 1633-51; Peter Evans, *Dependent Development: The Alliance of Multinational, State, and Local Capital in Brazil* (Princeton: Princeton University Press, 1979).

[2] Marc-Adelard Tremblay, "The Key Informant Technique: A Nonethnographic Application", *American Anthropologist* 59/4 (1957), p. 688-701.

Evito deliberadamente mencionar informações específicas sobre as empresas (Java Film e Star Inc., ambas são pseudônimos) para que suas identidades sejam protegidas. Isso inclui suas localizações exatas, os nomes e perfis de seus clientes, bem como seus concorrentes e outras características que possam arriscar seu anonimato. Conduzi o trabalho de campo em três etapas: 1) um estudo piloto na Java Film em 2012, no qual participei de várias reuniões de gestão e observei a fábrica pela primeira vez; 2) uma série de entrevistas semiestruturadas com a alta administração da Java Film em 2013, aliadas a mais observações da fábrica; 3) uma série de entrevistas semiestruturadas com a alta administração da Star Inc. em 2015, ao lado de observações da fábrica. As entrevistas foram feitas principalmente em indonésio, embora alguns participantes preferissem usar uma combinação de indonésio e inglês. As citações apresentadas aqui são traduzidas por mim.

Entrevistei 14 executivos da Java Film e 19 da Star Inc. Todos os entrevistados são citados anonimamente para proteger suas identidades. Seus cargos específicos e outras informações de adicionais – como idade, anos de trabalho, *status* educacional – e outros possíveis atributos identificáveis não são revelados neste relatório. Estou usando as informações obtidas nas entrevistas em relação ao conhecimento, às visões e às experiência dos participantes como membros da administração da empresa – assim, suas identidades pessoais são em grande parte irrelevantes nesse contexto. Também revelo o mínimo de informações possível sobre os clientes e concorrentes das empresas. Todos são referidos por pseudônimos também. As poucas informações que forneci aqui, como o país ou região em que a corporação está sediada, são dadas porque são consideradas necessárias para a discussão.